Histoire et Géographie

Classe de 8

ENSEIGNEMENT DE L'HISTOIRE ET DE LA GÉOGRAPHIE

CLASSES ÉLÉMENTAIRES

Classe de huitième : **Histoire et Géographie**, par M. SIEURIN, professeur au collége de Melun. 1 seul vol. in-8, avec cartes et figures. 2 fr. 50

Classe de septième : **Histoire et Géographie**, par M. SIEURIN. 1 seul vol. in-8, avec cartes et figures.................................. 2 fr. 50

PREMIER CYCLE

Sixième : **Géographie générale, Amérique, Australasie**, par MM. DUBOIS, professeur à la Faculté des lettres de Paris, et A. BERNARD, chargé de cours à la Faculté des lettres de Paris. 1 vol. in-16 cartonné toile...................................... 2 fr. 50

Cinquième : **Asie, Insulinde et Afrique**, par MM. DUBOIS, SCHIRMER et GUY.. *(sous presse)*.
Moyen âge et commencement des Temps modernes, par M. L.-G. GOURRAIGNE, professeur au lycée Janson-de-Sailly. 1 vol., cartonné. 3 fr.

Quatrième : **L'Europe**, par MM. DUBOIS, DURANDIN et MALLET. *(sous presse)*.
Les Temps modernes, par M. L.-G. GOURRAIGNE..... *(sous presse)*.

Troisième : **La France et ses colonies**, par MM. MARCEL DUBOIS et BENOIT (cours moyen). 1 vol. in-16, cartonné toile..................., 3 fr.
L'Époque contemporaine, par M. L.-G. GOURRAIGNE.. *(sous presse)*.

SECOND CYCLE

Seconde : **Géographie générale**, par M. MARCEL DUBOIS. 1 vol. in-16, cartonné toile...................................... 4 fr.
Histoire moderne, par M. GOURRAIGNE.......... *(en préparation)*.
Histoire de la civilisation jusqu'au Xe siècle, par M. SEIGNOBOS. 1 vol. in-16................................. 4 fr.

Première : **Géographie de la France et de ses colonies**, par M. DUBOIS. 1 vol. in-16, cartonné toile...................... 4 fr.
Histoire moderne, par M. GOURRAIGNE.......... *(en préparation)*.

Philosophie : **Histoire contemporaine**, par M. GOURRAIGNE. *(sous presse)*.

CARTES D'ÉTUDE pour servir à l'Enseignement de la **Géographie**, par MM. SIEURIN et DUBOIS.

    I. — FRANCE ET COLONIES. *9e édition*. 1 atlas in-4, cartonné 1 fr. 80
    II. — EUROPE. *8e édition*. 1 atlas in-4, cartonné........ 1 fr. 80
    III. — GÉOGRAPHIE GÉNÉRALE, ASIE, AFRIQUE, AMÉRIQUE, OCÉANIE. *8e édition*. 1 atlas in-4, cartonné.............. 2 fr. 50
    IV. — GÉOGRAPHIE GÉNÉRALE (classe de seconde)........ 2 fr. 25

NOUVELLES CARTES D'ÉTUDE, à l'usage des Classes élémentaires.

    LES CINQ PARTIES DU MONDE. — LA FRANCE. 1 atlas in-4, cart. 2 fr. 60

CARTES D'ÉTUDE pour servir à l'enseignement de l'**Histoire**, par MM. SIEURIN et COMBÉARD.

    FIN DU MOYEN AGE, TEMPS MODERNES ET CONTEMPORAINS, 1270-1901. *2e édition*. 1 atlas in-4, cartonné................ 2 fr. 50

10347-03. — CORBEIL. Imprimerie Ed. CRÉTÉ.

Histoire
et
Géographie

PAR

E. SIEURIN
PROFESSEUR AU COLLÈGE DE MELUN

PARIS
MASSON ET Cⁱᵉ, ÉDITEURS
120, BOULEVARD SAINT-GERMAIN

—

1904

AVANT-PROPOS

En écrivant ce livre destiné aux élèves de 8e et qui, pour la première fois, renferme, dans un format commode, l'histoire et la géographie, nous n'avons pas un seul instant oublié que nous nous adressions à de jeunes enfants : c'est dire que nous avons avant tout cherché la simplicité et la clarté, aussi bien dans le texte que dans les cartes qui l'accompagnent.

Le cours de géographie est divisé en 32 leçons; celui d'histoire, auquel un nombre d'heures double est accordé, en comporte une cinquantaine. Le programme pourra donc être facilement vu pendant l'année scolaire.

Chaque leçon débute par un résumé ; comme il est très court, le professeur pourra exiger qu'il soit admirablement su ; — le développement est suivi de quelques sujets de devoirs et d'exercices cartographiques ; nous n'en avons indiqué qu'un petit nombre, laissant au maître le soin de les compléter au besoin.

Beaucoup de lectures sont intercalées dans le texte : elles le complètent et l'éclairent. Le professeur indiquera celles qui devront être faites avec le plus de soin.

Le chiffre placé après chaque ville entre parenthèses indique sa population en milliers d'habitants ; il n'est donné qu'à titre de renseignement et de comparaison.

Cet ouvrage se suffit à lui-même : les cartes géographiques, très nombreuses et peu chargées, sont toujours en regard du texte ; — les croquis historiques renferment tous les noms qui se trouvent dans le livre ; l'élève devra toujours s'y reporter. — Tous ces croquis sont d'une lecture facile, d'une reproduction commode.

Il n'est pas besoin d'ajouter que nous nous sommes conformé à la lettre et à l'esprit du plan d'études du 31 mai 1902, et que cette publication n'est que le développement d'un programme officiel que nous avons suivi pas à pas.

Ce nouveau livre est en quelque sorte l'introduction aux cours de géographie et d'histoire que M. Marcel Dubois, MM. Gourraigne et Seignobos ont écrit pour les diverses classes de l'enseignement secondaire. Nous nous sommes efforcé de donner à de jeunes élèves, sous une forme aussi agréable et intéressante que le comporte la matière, une base solide de connaissances sérieuses qui les préparera à comprendre d'excellents ouvrages, partout si favorablement accueillis. — Nous osons espérer que nos collègues des classes élémentaires voudront bien examiner ce volume avec bienveillance ; nous les remercions d'avance des critiques et des observations qu'ils voudront bien nous adresser.

E. S.

HISTOIRE DE FRANCE

DES ORIGINES A 1610

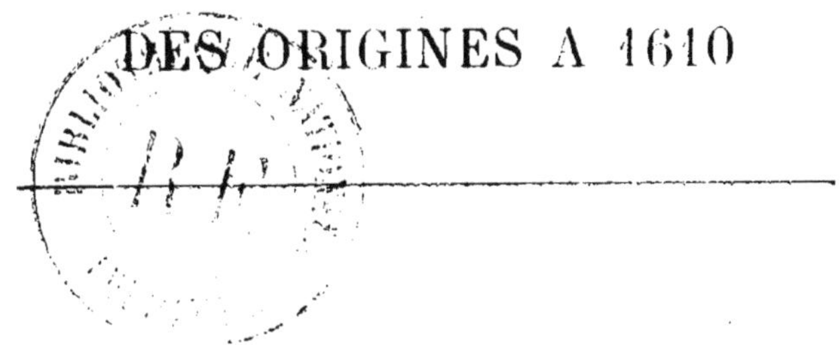

CHAPITRE PREMIER

LA GAULE

Ire LEÇON.

LA GAULE AVANT LA CONQUÊTE ROMAINE

Résumé. — Le pays que nous habitons s'appelait autrefois
la Gaule. La Gaule était plus grande que la France d'aujour-
d'hui, mais elle était peu cultivée et en partie couverte de
forêts. — Les Gaulois étaient grands et forts ; ils aimaient la
guerre et les aventures ; leurs habits étaient grossiers ; ils
adoraient beaucoup de dieux ; leurs prêtres s'appelaient
druides.

Notre pays s'appelait autrefois la *Gaule*. La Gaule avait
des frontières naturelles : elle était comprise entre l'Atlantique, les Pyrénées, la Méditerranée, les Alpes et le Rhin ;
elle était donc plus grande que la France d'aujourd'hui.

Ses habitants s'appelaient les *Gaulois*. Ils se divisaient
en trois grandes familles : les *Belges* au nord, les *Celtes*
au centre, les *Aquitains* ou *Ibères* au sud ; mais ils com-

prenaient un grand nombre de petits peuples qui se haïssaient et se faisaient la guerre ; sur les bords de la Méditerranée étaient établis les *Romains*.

Les Gaulois étaient grands et vigoureux ; ils laissaient croître leurs cheveux et portaient de longues moustaches tombantes : leur aspect était terrible. Ils aimaient passionnément la guerre et firent de nombreuses expéditions : ils allèrent jusqu'à Rome ; ils s'emportaient vite et se battaient souvent entre eux. — Les Gaulois n'étaient guère que des barbares : ils habitaient des maisons très grossièrement construites, sans cheminée, sans fenêtres, sans meubles : ils couchaient sur du foin ou des feuilles ; leur costume était simple : il se composait d'une *saie*, manteau de laine qui s'agrafait sur l'épaule et qui recouvrait la partie supérieure du corps, et d'une sorte de pantalon ou *braie*; ils portaient aux pieds des *galoches*, chaussures de cuir avec des semelles de bois. Ils fabriquaient des ornements en or, bagues et colliers, forgeaient des armes en fer, tissaient la laine et faisaient des vases et des poteries.

Les Gaulois adoraient toutes sortes de divinités : le soleil, la lumière, le tonnerre, les fontaines, les arbres, etc. ; on leur offrait des sacrifices humains. Leurs prêtres s'appelaient les *druides*; ils croyaient à l'immortalité de l'âme; une des principales cérémonies religieuses était la récolte du gui, plante parasite qu'ils coupaient sur les chênes avec une faucille d'or.

1ʳᵉ Lecture. — *Aspect de la Gaule avant la conquête romaine.* — La Gaule ancienne était un pays inculte, en grande partie couvert de forêts de chênes et de hêtres, peuplées d'animaux sauvages, surtout de porcs de grande taille qui servaient à la nourriture des Gaulois. Il n'y avait pas de villes, mais seulement des villages ; pas de routes, seulement des sentiers; en cas de danger, ils se retiraient dans des camps entourés de murs en terre (Gergovie, Bourges, Lutèce, etc.). Les bords des rivières étaient couverts d'étangs et de marécages. On ne rencontrait que fort peu de champs cultivés; la vigne était inconnue; et le vin, que les Gaulois aimaient beaucoup et qu'ils buvaient parfois avec excès, venait d'Italie. Le climat était plus froid qu'aujourd'hui. L'hiver, les rivières gelaient si fort qu'elles pouvaient porter des chariots. — Six ou sept millions d'hommes vivaient sur cette terre désolée.

Devoirs.   1. Faites la description de la Gaule ancienne. — 2. Dites tout ce que vous savez des Gaulois.

2ᵉ LEÇON.

CONQUÊTE DE LA GAULE

Résumé. — **La Gaule fut conquise cinquante ans avant Jésus-Christ par un général romain, Jules César. Il rencontra un terrible adversaire, Vercingétorix, qui fut vainqueur à Gergovie, mais qui, enfermé dans Alésia, dut se rendre à César. — César fit mettre à mort ce héros de l'indépendance gauloise.**

Un demi-siècle avant J.-C., un grand général romain, *Jules César*, entreprit la conquête de la Gaule. Il prit successivement la Belgique, la Bretagne, le Cotentin, l'Aquitaine, les pays de Sens et de Chartres. Dans cette lutte, César a été aidé par les divisions et les rivalités des divers peuples gaulois : c'est ce qui explique que dix années lui aient suffi pour s'emparer d'un pays aussi vaste. Quand une région était conquise, il y laissait, pour la défendre, des *camps* solidement établis et bien approvisionnés.

Cependant, quand la Gaule sembla définitivement soumise, les Gaulois comprirent la nécessité de faire taire leurs haines pour s'unir contre l'ennemi commun. Le chef de ce mouvement fut un jeune Arverne, *Vercingétorix*. César vint pour le combattre, mais il échoua devant *Gergovie* et dut se retirer du côté de Paris. Vercingétorix le poursuivit, mais César mit en déroute la cavalerie gauloise, et Vercingétorix alla s'enfermer dans *Alésia*. La place fut assiégée par les Romains. Affamés, les Gaulois furent obligés de se rendre. Le héros de l'indépendance voulut épargner la vie de ses compagnons; il monta sur son cheval de bataille, sortit de la ville, alla jeter aux pieds de César ses armes de guerre. Le vainqueur l'envoya à Rome et le fit mettre en prison; Vercingétorix n'en devait sortir, six ans plus tard, que pour être conduit au supplice.

Devoir. — César et Vercingétorix.

3ᵉ LEÇON.

LA GAULE ROMAINE

Résumé. — **Les Romains civilisèrent la Gaule à laquelle ils apportèrent leur langue, leurs institutions et leurs mœurs. Ils tracèrent des routes, construisirent des villes, élevèrent des monuments, ouvrirent des écoles.**

Les Gaulois adoptèrent très vite la langue, les institutions et les mœurs de leurs vainqueurs. Le pays fut sagement administré et devint florissant ; même les classes inférieures connurent le bien-être.

La Gaule fut divisée en quatre provinces : la *Narbonnaise*, l'*Aquitaine*, la *Lyonnaise*, la *Belgique*.

Les Romains fondèrent de grandes villes décorées de beaux monuments qui virent accourir la population gau-

Fig. 1. — Arènes de Nîmes.

loise. La plus importante fut Lyon; puis venaient Autun, Toulouse, Bordeaux. Ces villes étaient réunies par d'admirables routes dallées presque indestructibles.

Les Romains ont laissé sur notre sol, des temples, des théâtres, des arènes, des arcs de triomphe, des aqueducs, des thermes (bains chauds). Les plus remarquables de ces monuments sont les arènes de Nîmes et d'Arles, la Maison Carrée de Nîmes, les arcs de triomphe d'Orange, le pont

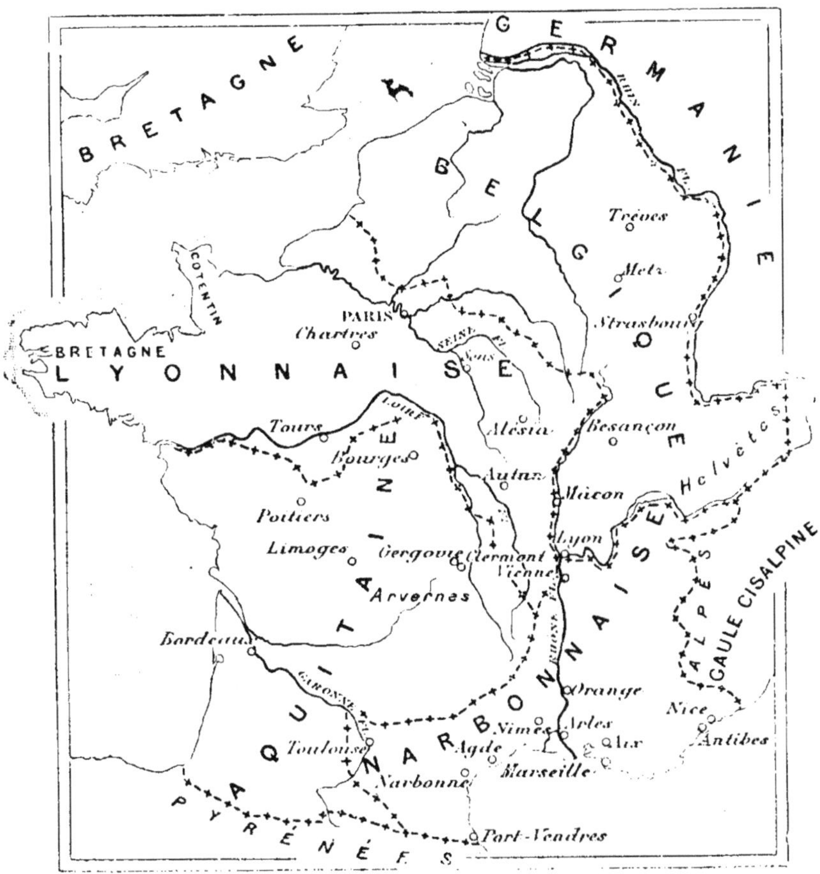

Fig. 2. — La Gaule romaine.

du Gard, magnifique aqueduc qui amenait à Nîmes les eaux des Cévennes.

La langue celtique, que parlaient les Gaulois, fut assez vite remplacée par le *latin*, apporté par les soldats de César. — Des *écoles* célèbres s'ouvrirent à Toulouse, à Bordeaux, à Autun; quelques Gaulois devinrent des écrivains renommés.

Devoirs. — 1. Les travaux des Romains en Gaule. — Les grands monuments romains.

4ᵉ LEÇON.

LE CHRISTIANISME EN GAULE

Résumé. — Le christianisme s'introduisit en Gaule à la fin du IIᵉ siècle. De nombreuses églises s'ouvrirent, mais les premiers chrétiens furent persécutés. Les évêques avaient une grande autorité; le plus populaire fut saint Martin de Tours.

A la fin du IIᵉ siècle, le christianisme fit son apparition en Gaule ; les premières églises s'ouvrirent à Lyon et à Vienne ; puis il s'en fonda d'autres à Tours, à Arles, à Toulouse, à Paris, à Clermont, à Limoges. Les premiers chrétiens furent persécutés et la Gaule eut bientôt ses martyrs : saint Pothin à Lyon, saint Denis à Paris.

Les *évêques* avaient l'administration d'un diocèse; ils acquirent une grande autorité. Le plus populaire fut *saint Martin*, évêque de Tours, qui fonda au IVᵉ siècle, près de Poitiers, le premier monastère de la Gaule.

Saint Martin. — Né en Hongrie d'un père officier, il fut amené tout jeune en Italie. Il se fit chrétien et prit du service dans l'armée.

Ensuite, il vint en Gaule. Un jour, aux portes d'Amiens, il rencontra un pauvre qui lui demanda l'aumône. Comme Martin n'avait pas d'argent, il coupa son manteau en deux et en donna une moitié.

Près de Poitiers, il fonda avec quelques autres solitaires le monastère de Ligugé, qui a été le premier couvent de la Gaule.

Sa réputation de sainteté était devenue si grande que les habitants de Tours, ayant perdu leur évêque, voulurent le remplacer par Martin. Il fut élu malgré lui (371).

Le reste de sa vie se passa à parcourir les campagnes pour convertir les idolâtres, pour faire élever des églises. On lui a donné le nom d'*apôtre des Gaules*.

2ᵉ Lecture. — Voici un exemple des nombreuses légendes racontées par les disciples de saint Martin :

« Dans un village, il avait renversé un sanctuaire et se préparait à abattre un arbre sacré. Les païens et leur prêtre voulurent l'arrêter. Il les engagea à couper eux-mêmes cet arbre consacré au démon. L'un d'eux lui dit : « Si tu as confiance dans le Dieu que « tu adores, nous couperons l'arbre, et tu te mettras dessous. Si « tu as confiance en ton Dieu, tu n'as rien à craindre. » Martin accepta. On l'attacha du côté où l'arbre penchait. Les païens se mirent à couper l'arbre ; les moines, compagnons de Martin, le croyaient perdu. Mais, au moment où l'arbre tombait, Martin, levant la main, fit le signe de la croix, et l'arbre, se relevant, tomba de l'autre côté. Les païens, convaincus par ce miracle, se convertirent. » (Seignobos.)

Devoirs. — 1. La Gaule chrétienne. — 2. Que savez-vous sur saint Martin ?

5ᵉ *LEÇON.*

LES INVASIONS DES BARBARES

I. — LES GERMAINS

Résumé. — **Au IVᵉ siècle, l'empire romain était très affaibli ; il n'avait plus de soldats pour le défendre. — C'est alors que les Barbares établis sur ses frontières l'envahirent. Les Germains pénétrèrent surtout en Gaule, et la dévastèrent ; les Francs s'établirent au nord, les Wisigoths dans le midi, les Burgondes à l'est.**

L'empire romain était très vaste, mais très divisé et par conséquent très faible. La classe moyenne, c'est-à-dire celle qui travaille et qui produit, avait disparu : il ne restait plus que de grands propriétaires et des esclaves. La misère était générale ; les soldats manquaient ; la guerre civile était partout.

Or, sur les frontières septentrionales de l'empire, s'agitait le monde barbare. Le principal de ces peuples était la *famille germanique*. Les *Germains* étaient divisés en un grand nombre de tribus qui se faisaient souvent la guerre ;

ils habitaient de misérables villages : ils étaient très pauvres.
— Ils n'avaient guère comme arme qu'une longue pique
en bois terminée par une pointe en fer. — Ils menaçaient
l'empire romain sur les bords du Rhin et du Danube. Les
Romains étaient obligés de surveiller leurs frontières ; mais

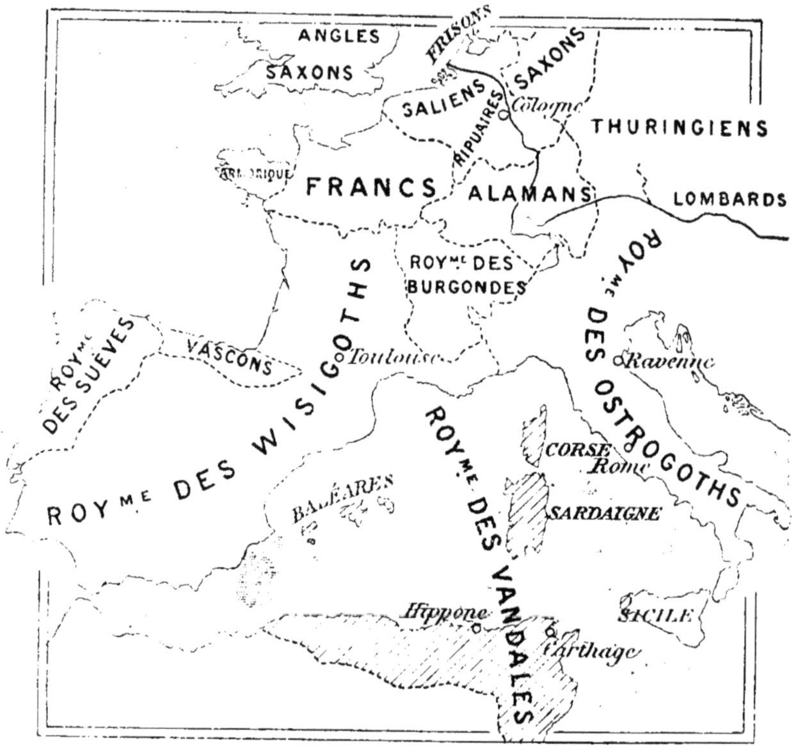

Fig. 3. — Europe occidentale après les invasions.

elles finirent par être franchies, surtout quand les Huns se
mirent en marche vers l'Occident : à la fin du IVᵉ siècle,
les Germains se précipitèrent en masse sur les terres
romaines ; c'est la *grande invasion* de 375.

Des peuples entiers pénétrèrent dans l'empire, s'y établirent et y fondèrent des royaumes. Les *Francs* se
fixèrent au nord de la Gaule, les *Wisigoths* au sud-ouest
et en Espagne, les *Burgondes* à l'est, les *Ostrogoths* occu-
pèrent l'Italie ; les *Vandales* s'installèrent dans le nord de
l'Afrique après avoir traversé la Gaule et l'Espagne.

En l'an 476, Rome fut prise et l'empire romain d'Occident cessa d'exister ; il ne restait plus que l'empire romain d'Orient, dont la capitale était Constantinople et qui devait durer jusqu'en 1453.

Devoirs. — 1. Les Germains. — 2. Les principaux royaumes barbares.

6ᵉ LEÇON.

II. — LES HUNS

Resumé. — **Au milieu du Vᵉ siècle, l'Europe occidentale fut envahie par les Huns, sous le commandement d'Attila. C'étaient les plus féroces des Barbares. Partis des plaines de la Hongrie, ils traversèrent la Germanie, passèrent le Rhin, pénétrèrent en Gaule, mais furent battus dans les Champs catalauniques. Après avoir ravagé le nord de l'Italie, Attila retourna mourir en Hongrie.**

Les Germains avaient envahi l'Empire romain, poussés par des peuples qui venaient du fond de l'Asie, les *Huns*. C'étaient des hommes de race jaune, petits, féroces et très laids. Ils ne changeaient de vêtement que lorsque celui qu'ils portaient tombait en pourriture.

Ils étaient nomades ; ils n'avaient pas de maisons; vêtus d'une « casaque de peaux de rats sauvages », ils voyageaient sans cesse, emmenant avec eux, sur des chariots, leurs femmes et leurs enfants. Les hommes passaient leur vie à cheval, ils mangeaient à cheval, ils dormaient à cheval, penchés sur le cou de leurs bêtes infatigables.

Ils buvaient le lait de leurs juments, mangeaient des racines sauvages et de la viande crue qu'ils attendrissaient en la mettant entre leurs cuisses et le dos de leur cheval.

Ils ne savaient se battre que dans les plaines. Ils se jetaient sur l'ennemi avec des cris affreux, tout en lançant des flèches. Quand ils étaient victorieux, ils faisaient d'horribles massacres ; ils semaient, partout où ils passaient, l'horreur et l'épouvante. Mais, derrière les remparts des villes, on pouvait leur résister facilement. C'est pourquoi les habitants des plaines de la Germanie s'enfuirent devant eux, c'est pourquoi beaucoup de cités romaines échappèrent à leurs ravages.

Attila. — Le plus célèbre roi des Huns fut Attila. « C'était un homme petit, à poitrine large, à grosse tête, avec de petits yeux, une barbe rare ; très brave à la guerre, toujours de sang-froid, terrible pour ceux qui lui résistaient, mais capable de se laisser fléchir. » Il se disait « le fléau de Dieu » et se vantait que l'herbe ne repousserait jamais là où son cheval avait passé.

A la tête de ses cavaliers, Attila marcha sur les Germains, puis il passa le Rhin et envahit la Gaule. Il prit Metz et massacra ses habitants ; il prit Reims et tua son évêque ; mais il ne put s'emparer de Troyes que défendit son évêque, saint Loup. Il se dirigea alors sur Paris ; épouvantés, les Parisiens s'apprêtaient à fuir ; mais sainte Geneviève les arrêta et sauva la ville. — Attila alla ensuite mettre le siège devant Orléans ; il y entra, mais bientôt le général romain Aétius l'en chassa, le suivit vers l'est, jusque dans les plaines de la Champagne. Une bataille s'engagea dans les environs de Châlons-sur-Marne. Attila fut vaincu et quitta la Gaule.

Il passa dans l'Italie du nord et dévasta la plaine du Pô ; pour échapper à ses cruautés, beaucoup de personnes se réfugièrent dans des îles au nord de l'Adriatique et fondèrent Venise. — Il songeait à aller saccager Rome, mais le pape saint Léon vint à sa rencontre et, par des présents, le détourna de son projet. Il gagna alors les bords du Danube, et mourut subitement en 453. Ses cinquante fils se disputèrent sa succession et bientôt le nom des Huns ne fut plus qu'un souvenir détesté.

Devoirs. 1. Les Germains. — 2. Les principaux royaumes barbares. — 3. Portrait des Huns. — 4. Attila.

7ᵉ LEÇON.

III. — LES FRANCS

Résumé. — Les Francs, après avoir passé le Rhin, s'établirent dans la Hollande et la Belgique actuelles. Ils aimaient beaucoup la guerre. Leur première capitale fut Tournai. Leurs premiers chefs connus furent Clodion et Mérovée. Ce dernier prit peut-être part à la grande bataille contre Attila.

Parmi les Barbares qui envahirent l'empire romain se trouvaient les Francs, établis d'abord entre le Rhin et l'Elbe ; ils se fixèrent dans le nord de la Gaule.

Ils aimaient beaucoup la guerre ; leurs armes étaient l'épée, la francisque, hache au manche court, le hang ou hameçon, pique de médiocre longueur terminée par une forte pointe et garnie de crochets en fer dont ils se servaient comme d'un harpon ; enfin, le bouclier.

Les Francs atteignirent successivement les rives de la Meuse, de l'Escaut, de la Somme. Leur première capitale fut Tournai. Leurs premiers rois, dont les noms nous sont parvenus, ont une existence douteuse. Il n'est pas certain que *Pharamond* ait existé. Il eût eu pour successeur *Clodion le Chevelu*. *Mérovée* combattit peut-être Attila ; il donna son nom à la race mérovingienne. Son fils *Childéric* n'a qu'une histoire légendaire. *Clovis* paraît avoir commencé à régner en 481.

Les invasions barbares sont terminées. Elles ont eu de graves conséquences. L'empire romain n'existe plus ; il s'est divisé en plusieurs royaumes indépendants. Partout les Barbares ont semé la dévastation ; il n'y a plus d'écoles ; les peuples vivent dans l'ignorance ; les habitants de l'Empire sont presque retournés à l'état sauvage ; la plupart résident à la campagne, car presque toutes les villes ont été détruites.

Devoirs. — 1. Établissement des Francs en Gaule. — 2. Conséquences des invasions barbares.

CHAPITRE II

LES MÉROVINGIENS

CLOVIS (481-511)

Résumé. — Clovis devint roi en 481. Il battit les Romains de Syagrius près de Soissons en 486. En 493, il épousa la catholique Clotilde. — Après avoir battu les Alamans à Tolbiac en 496, il se fit baptiser par l'évêque saint Rémy. Puis il défit les Wisigoths à Vouillé près de Poitiers, en 507. — Il mourut en 511, maître de la plus grande partie de la Gaule.

Lorsque Clovis devint roi, la situation de la Gaule était la suivante : au nord se trouvaient les *Francs* ; entre la Somme et la Loire étaient cantonnés les *Romains*, sous le chef *Syagrius* ; à l'est, étaient les *Alamans* ; dans les vallées de la Saône et du Rhône dominaient les *Burgondes* ; au sud de la Loire, les *Wisigoths* avaient pour capitale Toulouse. La Bretagne était indépendante.

À la tête de ses Francs, Clovis attaqua d'abord les Romains ; il battit Syagrius près de Soissons et imposa son autorité jusqu'à la Loire.

Clovis épousa ensuite la nièce du roi des Burgondes, *Clotilde*. Cette princesse, qui était catholique, engageait sans cesse son mari à abandonner ses dieux pour adorer le sien. Il refusait. Mais en 496, il déclara la guerre aux Alamans des bords du Rhin qui s'étaient avancés jusqu'à Tolbiac pour attaquer un petit peuple franc. On raconta

qu'au plus fort de la bataille, Clovis, voyant ses soldats
plier, s'écria : « Dieu de Clotilde, si tu me donnes la victoire,
je jure de t'adorer ». Ses ennemis ayant pris la fuite, il tint

Fig. 4. — Gaule à l'avènement de Clovis.

sa promesse. Il se fit baptiser par *saint Rémy*, évêque de
Reims, avec trois mille de ses guerriers.

La cérémonie eut lieu dans l'église de Reims, admirablement décorée. Dans le baptistère, l'évêque dit à Clovis :
« Baisse la tête, doux Sicambre ; adore ce que tu as brûlé,
et brûle ce que tu as adoré ».

Clovis se trouvait être le seul prince catholique de toute
l'Europe ; aussi fut-il le protégé des évêques.

Après une expédition contre les Burgondes, Clovis

s'attaqua aux Wisigoths. Il les battit près de Poitiers, en 507, tua leur roi, s'empara de Toulouse et prit leur territoire.

Il mourut à Paris en 511, après avoir fait la conquête d'une grande partie de la Gaule ; mais il déshonora ses dernières années par le meurtre des petits rois Francs.

Devoirs. — 1. État de la Gaule à l'avènement de Clovis. — 2. Le baptême de Clovis.

9ᵉ LEÇON.

LES SUCCESSEURS DE CLOVIS

Résumé. — **Les fils et les petits-fils de Clovis se partagèrent le royaume des Francs. Leurs règnes furent ensanglantés par leurs querelles, surtout par la rivalité des deux royaumes de Neustrie et d'Austrasie, et par la lutte des deux reines Brunehaut et Frédégonde.**

Suivant la coutume franque, Clovis, avant de mourir, partagea son royaume entre ses quatre fils. Mais ils ne s'entendirent pas, se firent la guerre, répandirent partout la dévastation et le pillage. *C'est une triste époque* : les mœurs sont violentes, les haines acharnées, les assassinats fréquents ; les peuples sont malheureux.

La lutte fut surtout sanglante entre les deux royaumes de *Neustrie* et d'*Austrasie*. Deux femmes principalement se firent remarquer par leur haine et leur férocité : *Brunehaut* et *Frédégonde*.

Sigebert, roi d'Austrasie, et Chilpéric, roi de Neustrie, avaient épousé les deux filles d'un roi des Wisigoths : Brunehaut et Galeswinthe. Cette dernière fut assassinée par Chilpéric à la demande de Frédégonde, servante du palais qui remplaça sa rivale.

Pour venger sa sœur, Brunehaut força son mari à faire la guerre à Chilpéric. Ce dernier fut battu, mais Frédégonde fit assassiner Sigebert. Devenue toute-puissante, cette méchante femme commit meurtres sur meurtres et fit même tuer son mari. Puis les seigneurs d'Austrasie lui livrèrent son ennemie Brunehaut.

Brunehaut fut soumise à d'horribles tortures ; elle fut plusieurs fois cruellement battue, même sous les yeux des

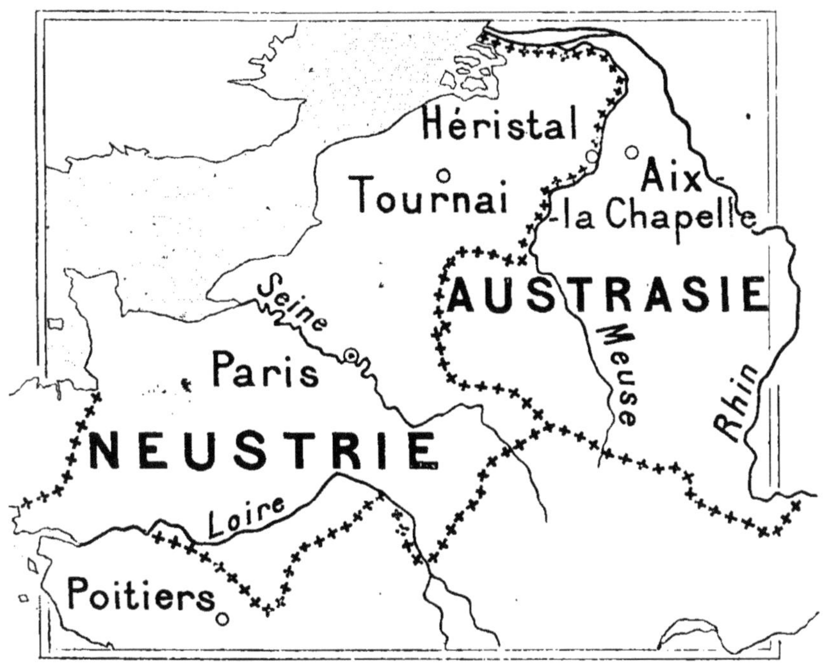

Fig. 5. — Neustrie et Austrasie.

soldats. Enfin, on imagina pour elle un supplice barbare. Devant toute l'armée, on l'attacha, par les cheveux, par un bras et une jambe, à la queue d'un cheval indompté. L'animal fougueux, avec ses pieds de derrière, lui broya d'abord la tête : puis prenant son élan, il traîna sur les cailloux du chemin le cadavre de la malheureuse qui n'était plus qu'une masse informe lorsque le cheval s'arrêta.

Devoirs. — 1. Mœurs de l'époque mérovingienne. — 2. Brunehaut et Frédégonde.

10ᵉ LEÇON.

LES ROIS FAINÉANTS ET LES MAIRES DU PALAIS

Résumé. — **Tous les États francs furent réunis par Dagobert ; mais après sa mort, les rois mérovingiens n'eurent aucune autorité : on les appelle les rois fainéants. Le pouvoir fut exercé par les Maires du palais. Les plus célèbres furent ceux d'Austrasie : Charles Martel battit les Arabes à Poitiers et son fils Pépin le Bref devint roi.**

Le plus puissant et le plus riche des successeurs de Clovis fut *Dagobert* qui régna de 628 à 638. Il fonda l'abbaye de Saint-Denis où furent enterrés les rois de France. Son nom est resté inséparable de celui de son ministre, l'orfèvre *saint Éloi*.

Après la mort de Dagobert, la barbarie et la misère reparaissent. Les rois qui se succèdent sur le trône sont presque tous fort jeunes. On les appelle les *rois fainéants* parce qu'ils ne gouvernent pas ; ils laissent le pouvoir à des intendants qu'on appelle *maires du palais* et qui ont toute l'autorité.

La lutte est toujours très vive entre la *Neustrie* et l'*Austrasie*. Après de longues années de guerres terribles, les Austrasiens restent vainqueurs, grâce à *Pépin d'Héristal*.

Son fils, *Charles Martel*, remporta à Poitiers, en 732, une grande victoire sur les Arabes ou partisans de Mahomet, qui, après avoir quitté l'Arabie, avaient conquis le nord de l'Afrique et l'Espagne.

3ᵉ Lecture. — *La bataille de Poitiers.* — Les Arabes s'avançaient en Gaule conduits par Abdérame. Les Francs vinrent au-devant d'eux. La rencontre eut lieu près de Poitiers. Les deux armées s'observèrent pendant une semaine sans oser commencer le combat.

Le matin du huitième jour, Abdérame, à la tête de ses soldats vêtus de laine blanche et montés sur de petits chevaux rapides, donna le signal de la bataille. Elle dura jusqu'au soir sans résultat décisif : la légère cavalerie arabe ne put entamer la lourde cavalerie franque. Mais vers la fin du jour, un corps de guerriers francs pénétra dans le camp ennemi. Craignant pour leurs trésors, les Arabes coururent les défendre, malgré les efforts de leur chef, et Charles Martel, se jetant au milieu d'eux, fit un horrible massacre. Abdérame fut tué, et pendant la nuit ses soldats abandonnèrent leur camp où les Francs trouvèrent le lendemain matin des richesses de toute sorte. — Charles Martel venait de sauver la France de l'invasion musulmane.

Après ce grand succès, Charles Martel était très puissant et véritablement le maître de la Gaule : les rois fainéants ne comptaient plus. Aussi, *Pépin le Bref*, fils de Charles Martel, se fit élire par les Francs et sacrer par le pape (752) : la dynastie carolingienne va succéder à la dynastie mérovingienne dont le dernier roi, Childéric III, fut tondu et enfermé dans un monastère.

4ᵉ Lecture. — *Les Arabes.* — Les Arabes venaient d'Arabie, péninsule qui se trouve au sud-ouest de l'Asie. Ils pratiquaient une religion qui leur avait été enseignée par *Mahomet* 570-632 et dont les préceptes se trouvaient renfermés dans le *Coran*, qui est l'Évangile des mahométans ou musulmans.

Voici les principaux enseignements du Coran : Il n'y a qu'un Dieu et Mahomet est son prophète ; — il faut obéir aux ordres de Dieu : prier cinq fois par jour, se laver avec de l'eau ou du sable, faire l'aumône, ne pas boire de vin, ne commettre aucune mauvaise action.

Dieu a tout réglé d'avance : rien n'arrive sans sa permission : les hommes doivent donc se résigner à la volonté divine ; les disciples de Mahomet sont fatalistes.

Les mahométans déclarèrent la guerre à ceux qui ne croyaient pas comme eux. Ils firent la conquête de la Syrie, de l'Empire des Perses, du Turkestan ; — à l'ouest, ils prirent l'Égypte, les pays que nous appelons aujourd'hui la Tunisie, l'Algérie et le Maroc. Puis ils franchirent le détroit de Gibraltar et s'emparèrent de toute l'Espagne. Ils passèrent les Pyrénées, mais Charles Martel les arrêta à Poitiers, en 732.

Leurs possessions étaient très vastes ; celles de l'ouest avaient pour capitale Cordoue, la ville des cuirs célèbres ; celles de l'est, Bagdad, « la ville des merveilles ».

Les Arabes eurent une civilisation très brillante. Ils construisirent de splendides édifices. Leur agriculture était savante ; leurs industries nombreuses : épées de Tolède, cuirs de Cordoue, tapis, mousselines, etc.

Devoirs. — 1. Maires du palais et rois fainéants. 2. La bataille de Poitiers.

CHAPITRE III

LES CAROLINGIENS

PÉPIN LE BREF ET CHARLEMAGNE

Résumé. — Pépin le Bref est le premier roi de la dynastie carolingienne. Il battit les Lombards en Italie et donna au pape les territoires qu'il leur enleva. — Son fils Charlemagne fut le plus puissant souverain de son époque. Il fit beaucoup de guerres, rouvrit les écoles, administra sagement ses domaines.

Pépin le Bref (752-768) est le premier souverain de la dynastie carolingienne (ce mot vient de Charles, en latin *Carolus*). Il fit beaucoup de guerres. Il conquit l'Aquitaine. Il battit les Lombards en Italie et donna au pape les territoires qu'il leur avait enlevés : c'est là l'origine du pouvoir temporel des papes qui devait durer de 755 à 1870.

Pour remercier le roi de ses donations, le pape le *sacra* lorsqu'il vint en France, c'est-à-dire qu'il ne lui posa la couronne sur la tête qu'après lui avoir frotté le front avec de l'huile consacrée : c'était une nouveauté qui avait une très grande importance : elle faisait de Pépin l'homme choisi par Dieu, le plaçait au-dessus de l'humanité, lui donnait auprès de ses sujets une haute puissance.

Pépin mourut en 768 après avoir régné 16 ans.

Son fils *Charlemagne* ou *Charles le Grand* lui succéda. Ce fut le plus puissant souverain de son époque. Il s'est fait remarquer comme *guerrier*, comme *restaurateur des lettres*, comme *administrateur habile*.

5ᵉ Lecture. — *Portrait de Charlemagne*. — Charles, dit son biographe Eginhard, était gros, robuste et d'une taille élevée, mais bien proportionnée. Il avait le sommet de la tête rond, les yeux grands et vifs, le nez un peu long, les cheveux beaux, une grande barbe, la physionomie ouverte et gaie ; qu'il fût assis ou debout, toute sa personne commandait le respect et respirait la dignité... Sobre dans le boire et le manger, il l'était plus encore dans le boire ; haïssant l'ivrognerie dans quelque homme que ce fût, il l'avait surtout en horreur pour lui et les siens... Doué d'une éloquence abondante et forte, il s'exprimait avec une grande netteté sur toute espèce de sujets. Ne se bornant pas à sa langue paternelle, il donna beaucoup de soins à l'étude des langues étrangères et apprit si bien le latin qu'il s'en servait comme de sa propre langue... Il s'habillait simplement, aimait monter à cheval et chasser les animaux sauvages dans les grandes forêts.

Devoirs. — 1. Pépin le Bref. — 2. Portrait de Charlemagne.

12ᵉ LEÇON.

GUERRES DE CHARLEMAGNE

Résumé. — **Charlemagne fit la guerre dans trois pays : en Italie, il battit les Lombards et confirma au pape les donations de Pépin ; — en Espagne, il prit aux Arabes le nord de ce pays ; à l'une de ces expéditions se rattache la légende de Roland ; — en Saxe, il fut très longtemps en lutte contre un peuple belliqueux qui ne se soumit qu'après la conversion de son chef Witikind et des déportations en masse.**

Charlemagne conduisit de très nombreuses expéditions, surtout vers trois pays : l'Italie, l'Espagne et la Germanie.

En *Italie*, il combattit Didier, roi des Lombards, détruisit sa monarchie, confirma au pape et agrandit même les donations faites par son père Pépin.

En *Espagne*, six expéditions furent dirigées contre les Arabes. Dans celle de 788, Charlemagne prit Pampelune,

Saragosse et Barcelone ; mais au retour, son arrière-garde fut détruite dans les passages des Pyrénées : *Roland*, préfet de la marche de Bretagne, y trouva la mort. Le résultat de ces sortes de croisades fut la conquête du nord de l'Espagne jusqu'à l'Èbre.

6ᵉ Lecture. — *La légende de Roland.* — Les poètes du moyen âge chantèrent les exploits de Roland ; ils en firent le neveu de Charlemagne et lui attribuèrent beaucoup de hauts faits qui n'existaient que dans leur imagination. Roland est ainsi devenu le héros de nombre de poèmes légendaires.

La légende racontait que Roland commandait l'arrière-garde de l'armée qui rentrait en France. Dans un étroit défilé des Pyrénées, à Roncevaux, il fut surpris par les ennemis et vit tous ses compagnons tomber sous leurs coups. Seul, il demeurait sur le champ de bataille, contemplant ses guerriers morts avec une grande douleur. Puis il descendit de cheval, tenant à la main son épée Durandal. Il la regarda avec tristesse, et ne voulant pas qu'un païen s'en servît après sa mort, il essaya de la briser contre un rocher. Mais il ne réussit qu'à fendre le rocher du haut en bas : l'épée demeura intacte. Alors il porta à ses lèvres son olifant, son cor d'ivoire, et sonna de toutes ses forces pour appeler les chrétiens à son secours ; mais personne ne vint. Ce que voyant, il se mit à sonner si fort qu'il se rompit les veines du cou. Cependant Charlemagne, qui était loin à la tête de l'armée, l'entendit, revint sur ses pas. Mais il était trop tard : Roland était mort et son épée était tombée aux mains des infidèles.

En *Germanie*, Charlemagne fit surtout la guerre aux *Saxons*, peuple belliqueux et païen, qui occupait le territoire situé entre les cours inférieurs du Rhin et de l'Elbe. De nombreuses expéditions qui ont duré plus de trente ans furent nécessaires pour les abattre.

7ᵉ Lecture. — *Soumission de Witikind.* — Déjà Charlemagne avait fait faire de nombreuses exécutions et d'odieux massacres, mais il comprit que le pays ne serait pas soumis tant que le chef Witikind resterait à la tête des troupes. Il fit dire à cet héroïque adversaire qu'il aurait la vie sauve s'il se rendait. Witikind hésita longtemps, par crainte et par amour-propre. Enfin il se décida à venir trouver Charlemagne en son palais d'Attigny, sur les bords de l'Aisne ; il apportait sa soumission. Puis il ne tarda pas à se convertir à la religion chrétienne ; il reçut le baptême et Charlemagne lui-même fut son parrain. — Malgré le départ de Witikind, les Saxons résistèrent encore dix ans, et pour se rendre définitive-

ment maître du pays, l'Empereur dut enlever de force une partie
de la population qu'il transporta ailleurs et qu'il remplaça par des
Francs et des prêtres.

Devoirs. — 1. Les guerres de Charlemagne. — 2. Roland à
Roncevaux.

13ᵉ LEÇON.

CHARLEMAGNE ET LES ÉCOLES

Résumé. — **Depuis l'invasion des Barbares, les écoles
étaient fermées : tout le monde était ignorant. Charlemagne,
qui aimait beaucoup l'instruction, fit venir des savants étrangers, fonda des écoles, s'intéressa aux progrès des élèves.**

Sous Charlemagne, il y eut une sorte de renaissance
littéraire. Comme presque tous les hommes de son temps,
Charlemagne était ignorant, mais il aimait l'instruction et
recherchait les gens instruits. Il fonda dans son palais une
école qui fut dirigée par *Alcuin*, l'homme le plus savant
de l'époque ; les études furent rétablies dans les monastères ; des écoles populaires furent fondées dans quelques
villages. On devait y apprendre la lecture, le calcul, la
grammaire et surtout le chant des offices religieux.

8ᵉ Lecture. — *Charlemagne visitant les écoles.* — L'empereur
se montra toujours le protecteur attentif des enfants laborieux.
On dit qu'il aimait visiter les écoles afin de se rendre compte
par lui-même des progrès des élèves. Il promettait des récom-
penses à ceux qui travaillaient bien, mais il menaçait les paresseux
de sa colère. Un jour, raconte un écrivain du temps, les enfants
des familles pauvres lui présentèrent des travaux très soignés,
tandis que les fils des nobles n'avaient à lui offrir que de très
faibles écrits. L'empereur fit mettre les premiers à sa droite, les
félicita, les encouragea et leur promit des abbayes et des dignités ;
quant aux autres, qu'il avait fait placer à sa gauche, il leur dit
d'une voix courroucée en les foudroyant du regard : « Ne vous
fiez pas à votre noblesse et à votre fortune. Sachez que si par votre
travail vous ne réparez vos négligences, vous n'obtiendrez rien de
moi. »

14ᵉ LEÇON,

ADMINISTRATION DE CHARLEMAGNE

Résumé. — Les possessions de Charlemagne étaient très vastes. En l'an 800, le pape le couronna à Rome empereur d'Occident. — Sa cour était nombreuse. Pour subvenir à ses dépenses, il avait de grands domaines admirablement administrés. Les magistrats provinciaux étaient surveillés par les missi dominici. — Charlemagne fit beaucoup de lois qu'on appelle Capitulaires. — Il mourut à Aix-la-Chapelle, en 814.

L'empire de Charlemagne était très vaste. Il avait réuni sous sa domination une partie des États que les Romains avaient possédés à l'ouest de l'Europe. Aussi en l'an 800, le jour de Noël, le pape Léon III le couronna *Empereur d'Occident* dans la basilique de Saint-Pierre de Rome. L'empire romain d'Occident, qui avait été détruit par les Barbares en 476, se trouvait donc rétabli. Le prestige de Charlemagne était très grand : sa renommée s'étendait si loin que le calife de Bagdad, Haroun-al-Raschid, lui envoya une ambassade avec de nombreux présents, des parfums, des épices, un éléphant et une horloge très curieuse pour l'époque : c'était un petit édifice avec douze portes : à chaque heure une porte s'ouvrait et il en sortait un personnage qui faisait le tour de l'horloge.

Pour entretenir sa cour, Charlemagne avait de *grands domaines*, sortes de fermes dont il tirait des provisions de toute sorte. Ils étaient surveillés par des intendants qui recevaient de l'Empereur des instructions très précises, très minutieuses et très sévères : ils devaient s'occuper du lard, du vin, du vinaigre, du beurre, du miel, des poules, des oies, des œufs qu'il faut vendre, des légumes du jardin, des fruits du verger, etc. — Ces instructions ou ces ordonnances relatives aux sujets les plus divers portent le nom de *Capitulaires*.

Les *comtes* qui administraient les provinces frontières, les *ducs* qui commandaient les armées, les *évêques* eux-mêmes étaient inspectés par des *Missi dominici* ou *Envoyés de l'Empereur.*

Charlemagne fut longtemps sans capitale. A la fin de sa vie, il se fixa à *Aix-la-Chapelle*, ville qu'il avait choisie à cause de ses eaux chaudes et des grandes forêts qui l'entouraient : il aimait les bains et la chasse. — Il y mourut en 814, après 46 ans de règne et âgé de 72 ans.

Devoirs. — 1. Charlemagne couronné empereur d'Occident. — 2. Administration de Charlemagne.

15ᵉ LEÇON.

LES SUCCESSEURS DE CHARLEMAGNE

Résumé. — **Les successeurs de Charlemagne furent très faibles. Son fils Louis le Débonnaire n'avait aucune autorité. Aussi, trente ans après la mort du grand Empereur, ses domaines furent partagés, au traité de Verdun, en trois parties par ses petits-fils : Charles eut la Gaule occidentale avec le nord de l'Espagne ; Lothaire, une longue bande de terre qui allait de la mer du Nord aux États du pape ; Louis garda les provinces du nord-est.**

Les successeurs de Charlemagne n'héritèrent pas de son génie ; ils ne surent pas maintenir sous leur domination les divers peuples que le grand Empereur avait soumis. Son fils, *Louis le Débonnaire* ou le *Pieux*, était plutôt un homme d'église qu'un roi. Dès 817, il partagea l'empire entre ses trois fils, *Lothaire*, *Pépin* et *Louis*. Mais un quatrième fils, *Charles*, étant né d'un second mariage, le Débonnaire voulut lui assurer une part de son héritage. Ses fils aînés se révoltèrent, lui imposèrent une *pénitence publique* et le firent mettre en prison.

Après la mort de Louis le Débonnaire en 840, Lothaire devint empereur ; mais ses deux frères Louis et Charles (Pépin était mort en 838) prirent les armes contre lui : il fut battu près d'Auxerre, à *Fontanet*, en 841. — Louis et Charles resserrèrent leur alliance à *Strasbourg*, en 842,

par un *serment* solennel. — Enfin en 843, au traité de
Verdun, l'empire de Charlemagne fut définitivement par-
tagé : Charles (dit le Chauve) eut la Gaule occidentale avec

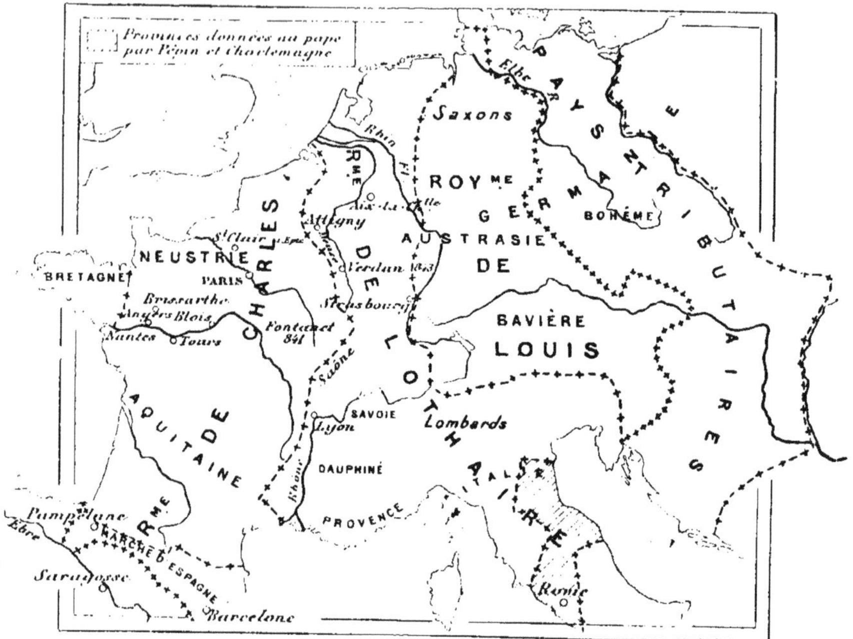

Fig. 6. — Traité de Verdun (843).

le nord de l'Espagne; Lothaire, une longue bande de territoire qui allait de la mer du Nord aux États du pape;
Louis (dit le Germanique) garda les provinces du nord-
est.

En 884, il ne restait plus, de la famille de Charlemagne,
que *Charles le Gros* en Germanie, *Charles le Simple* en
France.

Devoirs. — 1. Louis le Débonnaire. — 2. Traité de Verdun.

16ᵉ LEÇON.

LES INVASIONS DES NORMANDS

Résumé. — Après la mort de Charlemagne, la France fut envahie par les Normands, pirates qui venaient du nord de l'Europe sur des barques légères et qui remontaient les fleuves en ravageant le pays environnant. En 885, ils vinrent mettre le siège devant Paris qui fut vaillamment défendu par Eudes. Charles le Simple, par le traité de Saint-Clair-sur-Epte, en 911, leur donna la Normandie qui devint vite une province florissante.

Pendant tout le ixᵉ siècle, le domaine des Carolingiens fut troublé par les invasions des *Normands*.

Ces « hommes du Nord » étaient des pirates qui quittaient les pays peu riches du Danemark et de la Norvège pour

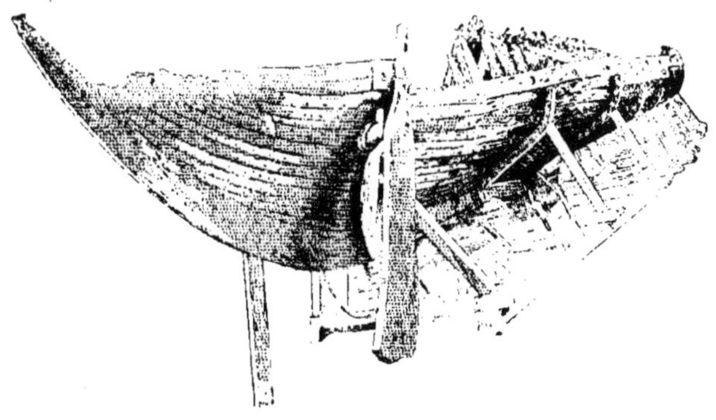

Fig. 7. — Barque du ixᵉ siècle (Musée de Christiania)
(C. Enlart. *Man. d'Archéologie franç.*)

aller chercher ailleurs ce que leur refusait le sol ingrat de leur patrie. Ces « rois de la mer » étaient des païens qui ne recherchaient que le pillage et le carnage. Après avoir affronté les périls de l'Océan sur leurs barques légères, ils remontaient le cours des fleuves, débarquaient en un endroit propice, parcouraient les campagnes environnantes.

enlevaient tout ce qu'ils pouvaient trouver, et semaient tant de ruines qu'on pouvait marcher très longtemps « sans voir la fumée d'un toit, sans entendre aboyer un chien ». Ils reprenaient ensuite la mer avec leur butin. — Un de leurs plus grands adversaires fut Robert le Fort, duc de France, qui périt à Brissarthe près d'Angers.

9ᵉ Lecture. — Ces irruptions n'eurent de commun avec les anciennes invasions barbares que les maux qu'elles causèrent. Ce n'étaient plus là des peuples quittant leurs foyers en masse pour se ruer pesamment sur des pays plus favorisés de la nature, mais bien des associations peu nombreuses de guerriers d'élite, sans femmes, sans enfants, sans esclaves, matelots et soldats tout ensemble, parcourant les mers, aussi rapides que les oiseaux de tempête, et opérant leurs descentes avec une soudaineté et une impétuosité qui paralysaient la défense et qui glaçaient de terreur leurs ennemis vaincus avant d'avoir rendu le combat. Dans les nuits orageuses, quand les marins des autres peuples se hâtent de chercher un abri et de rentrer aux ports, ils mettent toutes voiles au vent ; ils font bondir leurs frêles esquifs sur les flots furieux ; ils entrent dans l'embouchure des fleuves avec la marée écumante, et ne s'arrêtent qu'avec elle ; ils se saisissent d'un îlot, d'un fort, d'un poste de difficile accès, propre à servir de cantonnement, de dépôt et de retraite ; puis remontent le fleuve et ses affluents jusqu'au cœur du continent, sur leurs longues et sveltes embarcations aux deux voiles blanches, à la proue aiguë, à la carène aplatie, sur leurs « dragons de mer » à la tête menaçante, comme ils disent. Le jour, ils restent immobiles dans les anses les plus solitaires, ou sous l'ombre des forêts du rivage ; la nuit venue, ils abordent, ils escaladent les murs des couvents, les tours des châteaux, les remparts des cités ; ils portent partout le fer et la flamme ; ils improvisent une cavalerie avec les chevaux des vaincus, et courent le pays en tous sens jusqu'à trente ou quarante lieues de leur flottille.

(HENRI MARTIN, *Histoire de France.* Jouvet.)

10ᵉ Lecture. — *Ruse des Normands.* — Un des plus célèbres chefs des Normands fut Hastings. Partout où il passa, il brûla les villages et détruisit les monastères.

« Il était aussi rusé que hardi. On raconte qu'un jour, arrivé devant une ville, il en trouva les murailles si hautes et si bien gardées qu'il désespéra de la prendre. Il envoya donc dire à l'évêque qu'il était très malade et qu'avant de mourir il voulait se faire chrétien et recevoir le baptême. L'évêque crut que Hastings voulait sérieusement se convertir ; mais quelques jours après, on vint lui dire qu'Hastings était mort, et qu'il avait exprimé avant de mourir, le désir d'être enseveli comme un chrétien. L'évêque permit donc qu'on laissât entrer dans la ville le cercueil d'Hastings, suivi de quelques Normands. Le cortège funèbre entra dans la ville ; les Normands, qui paraissaient n'avoir pas d'armes, portèrent le cercueil dans l'église, et la cérémonie commença. Mais voilà que, tout à coup, le cercueil s'ouvre ; Hastings en sort, la hache à la main ; ses compagnons tirent leurs armes cachées ; ils tuent les prêtres, pillent le trésor de l'église, et ces brigands traversent la ville au milieu de la population épouvantée ; puis ils remontent sur leurs bateaux, emportant les trésors. »

(D'après Augustin Thierry.)

11ᵉ Lecture. — *Siège de Paris par les Normands*. — En 885, les Normands remontèrent la Seine et arrivèrent devant Paris montés sur 700 barques. Les Parisiens avaient pour chefs leur évêque Gozlin et Eudes, fils de Robert le Fort. La ville était alors renfermée derrière les fortifications de l'île de la Cité ; deux ponts protégés par des tours la mettaient en communication avec les faubourgs de la rive droite et de la rive gauche. Ces ponts et ces fortifications arrêtaient les barques des Normands.

Le siège dura treize mois. Les Normands employèrent, pour prendre la ville, tous les moyens usités à cette époque dans les sièges : tours roulantes remplies de soldats qui s'approchaient le plus possible des murailles, toit formé avec les boucliers élevés en l'air pour s'approcher des remparts dont les fossés avaient été comblés avec des arbres et même avec les corps des prisonniers, béliers ou poutres énormes qui battaient les murs.

Après plus d'une année de résistance courageuse, les Parisiens virent apparaître sur les hauteurs de Montmartre les troupes de Charles le Gros, un des descendants de Charlemagne. Mais au lieu de combattre, Charles acheta honteusement la retraite des Normands et leur permit d'aller piller la Bourgogne. Aussi, indignés de sa lâche conduite, les grands le renversèrent.

Un des successeurs de Charlemagne, *Charles le Simple*, traita avec le chef Rollon à *Saint-Clair-sur-Epte*, en 911. Il lui accorda la main de sa fille Gisèle et lui donna la partie de la Neustrie qui prit dès lors le nom de Normandie. Cette province, sous l'habile et sévère administration de Rollon, devint vite une des plus florissantes de la France. Rollon divisa les terres entre ses compagnons, releva les églises, répara les villes. Il établit une si exacte justice que beaucoup d'agriculteurs vinrent s'installer dans la Normandie.

Les Normands ne ravagèrent plus la France, mais ils firent encore de nombreuses expéditions. La plus célèbre est celle du duc de Normandie, Guillaume le Conquérant, qui s'empara de 'Angleterre en 1066.

17ᵉ LEÇON.

LA FÉODALITÉ

Résumé. — **Sous les faibles successeurs de Charlemagne, les seigneurs se rendirent indépendants, et leurs domaines ou fiefs devinrent héréditaires. C'étaient de véritables souverains qui rendaient la justice, levaient des impôts, battaient monnaie. Ils recevaient l'hommage de leurs vassaux. Leurs terres étaient cultivées par les paysans : vilains et serfs.**

Les Seigneurs. — Trop faibles pour se faire obéir, les successeurs de Charlemagne ne purent empêcher les comtes et les ducs de devenir sur leurs terres de *petits souverains indépendants*. Ces derniers commandèrent les forces militaires, rendirent la justice, levèrent des impôts, battirent monnaie. De plus, ils transmirent leurs titres à leurs descendants : leurs domaines devinrent *héréditaires*.

Au-dessous des comtes et des ducs se trouvaient des seigneurs de moindre importance qui, sur leurs terres, avaient tous les droits des grands seigneurs.

De sorte que la France était divisée en seigneuries grandes et petites que l'on appelait des *fiefs* ; il y en avait environ 3 000.

Si rien n'avait rattaché les seigneurs et les domaines, la France aurait disparu dans ce morcellement général. Heureusement des liens existaient entre les particuliers : les terres dépendaient les unes des autres.

Les grands seigneurs, ducs de Normandie, de Bourgogne, d'Aquitaine, comtes de Flandre, de Champagne, d'Anjou, du Poitou, de Toulouse, reconnaissaient un chef, qui était le roi de France. L'héritier d'un de ces vastes domaines se rendait auprès du roi et se déclarait son *homme*, c'est-à-dire lui faisait, la main sur les Évangiles, le serment de fidélité. Cette cérémonie solennelle s'appelait l'*hommage*. En retour, le roi, remettant à l'héritier un objet qui représentait le fief, comme une motte de terre ou une branche d'arbre, lui en reconnaissait la propriété : cela s'appelait l'*investiture*.

Les seigneurs avaient des *devoirs* envers le roi ; ils lui devaient surtout le service militaire. Mais à leur tour, ils avaient des *droits* sur les petits seigneurs qui étaient au-dessous d'eux et qui leur rendaient hommage. — On donnait le nom de *suzerain* à tout seigneur supérieur à un autre, le nom de *vassal* à tout seigneur dépendant d'un autre.

Les paysans. — Tous ceux qui ne possédaient pas de terre formaient la classe des paysans. On distinguait les

Fig. 8. — Laboureur.

serfs des *vilains* ou *manants*. — Les serfs faisent partie de la terre qu'ils cultivaient ; quand on la vendait, on les vendait avec elle ; ils ne possédaient donc rien ; ils n'avaient aucune liberté d'aucune sorte. Au-dessus d'eux se trouvaient les vilains ou manants ; ils ne devaient payer au seigneur qu'une *rente annuelle* et faire des *corvées* (service du corps), c'est-à-dire un certain nombre de jours de travail par an, sur ses routes, dans son château, sans recevoir aucune rétribution. Ceux qui s'acquittaient de ces obligations étaient les maîtres de ce qu'ils possédaient, mais souvent ils n'avaient que fort peu de chose et vivaient très misérables ; d'autant plus que souvent le seigneur, se livrant aux plaisirs de la chasse, ravageait leurs champs et que, en temps de guerre, leurs moissons étaient détruites, leurs maisons brûlées.

Devoirs. — 1. Qu'est-ce que la féodalité ? — 2. Misère des paysans.

18ᵉ LEÇON.

LA FÉODALITÉ (*Suite*).

Résumé. — Comme les seigneurs féodaux se faisaient souvent la guerre, ils se construisaient des châteaux forts pour se protéger. — Pour limiter les guerres privées qui semaient partout la désolation et la misère, l'Église établit la Trêve de Dieu et lança contre ceux qui lui désobéissaient, l'excommunication et l'interdit.

Les guerres privées. — Vers le xᵉ siècle, la justice disparut et la guerre devint l'état normal de la société : la force fut le seul droit. — Le roi est souvent en lutte avec ses vassaux. Les seigneurs se font continuellement la guerre. Ces guerres de province à province, de château à château portent le nom de *guerres privées*.

Fig. 9. — Armure en plaques de fer.

Pour se protéger contre leurs voisins, les seigneurs se construisirent des châteaux forts et se revêtirent entièrement de costumes en plaques de fer.

Le château féodal. — Le château féodal s'élevait sur une hauteur dominant le pays environnant. Il se composait d'un mur d'enceinte, avec une ou deux entrées fortifiées : il était entouré d'un cours d'eau ou d'un fossé artificiel que l'on franchissait sur un pont-levis.

La porte ou herse était en fer et glissait de haut en bas dans les rainures de l'épaisse muraille.

Dans l'intérieur, sur un tertre élevé, était bâti le *donjon*, tour aux murs très épais qui servait de demeure au seigneur et de refuge à la garnison en cas de siège ; autour du donjon se trouvaient les habitations des serviteurs, de la petite troupe de soldats qui formait la garnison, les magasins, les écuries.

Quand la sentinelle, qui du haut de la plateforme surveillait les environs, apercevait l'ennemi, elle sonnait la cloche d'alarme et le paysan venait avec sa femme et ses enfants chercher un refuge dans la cour du château. Les défenseurs, postés

Fig. 10. — Donjon de Laval (xiie siècle).
(C. Enlart. *Man. d'Archéologie franç.*)

sur le chemin de ronde qui longeait le mur d'enceinte, lançaient des flèches et laissaient tomber des pierres ou de l'huile bouillante.

Si l'ennemi forçait l'enceinte, les hôtes du château se retiraient dans le donjon : c'était un nouveau siège à recommencer.

Rôle de l'Église. — Pour limiter les guerres privées,

l'Église, qui était très riche et très puissante, établit la *Trêve de Dieu* : il était défendu aux seigneurs de se battre depuis le mercredi soir jusqu'au lundi matin, et pendant l'Avent et le Carême. Contre ceux qui lui désobéissaient, l'Église lançait l'*excommunication* ou l'*interdit*. L'excommunication était une arme terrible à cette époque : tout le monde fuyait l'excommunié, fût-il seigneur et même roi ; il était pour ainsi dire retranché de la société des vivants ; personne ne voulait le servir ; nul ne s'asseyait à sa table. « Nous le rejetons du sein de la sainte mère Église, disait l'évêque.... Qu'il soit maudit dans la ville, maudit dans les champs, maudit dans sa maison.... Qu'aucun chrétien ne lui parle ou ne mange avec lui ; qu'aucun prêtre ne lui dise la messe et ne lui donne la communion ; qu'il ait la sépulture de l'âne.... Et de même que ces torches jetées de nos mains vont s'éteindre, que la lumière de sa vie s'éteigne, à moins qu'il ne se repente et ne fasse satisfaction. » — L'interdit était la défense de célébrer les offices religieux sur tout un domaine : les églises étaient tendues de noir, les images des saints étaient voilées ; à la porte on plaçait des épines et des ronces pour indiquer que l'entrée était interdite.

Devoirs. — 1. Description d'un château féodal. — 2. La Trêve de Dieu, l'excommunication et l'interdit.

CHAPITRE IV

LES CAPÉTIENS

HUGUES CAPET ET LES PREMIERS CAPÉTIENS

Résumé. — Le chef de la dynastie capétienne fut Hugues Capet qui descendait du vaillant Robert le Fort. Ce n'était qu'un humble seigneur. Il occupait le Duché de France, c'est-à-dire le pays autour de Paris; mais afin de rendre la dignité royale héréditaire dans leur famille, les premiers Capétiens prirent soin de faire sacrer leur fils aîné de leur vivant.

De même que les derniers Mérovingiens, les derniers Carolingiens étaient des rois très faibles. Tandis que leur pouvoir diminuait, s'élevait dans la région de Paris une famille puissante, celle d'un guerrier, Robert le Fort. Robert était mort en combattant les Normands; son fils Eudes avait défendu Paris contre eux. Un de ses descendants, *Hugues Capet*, mit en prison le dernier roi Carolingien. Les évêques et les seigneurs du nord de la France l'*élurent* à Senlis roi des Francs, en 987. L'archevêque de Reims le *couronna* dans l'église de Noyon et le *sacra* dans la cathédrale de Reims. C'est ainsi que Hugues Capet devint le chef de la famille des *Capétiens*.

Les quatre premiers Capétiens (*Hugues Capet, Robert, Henri Ier, Philippe Ier*) ne sont que d'humbles seigneurs féodaux. Ils occupent le *Duché de France*, c'est-à-dire les départements actuels de la Seine, Seine-et-Oise, Seine-et-Marne, Oise, Loiret, et encore le roi n'est que le suzerain de différentes seigneuries comme les comtés de Chartres et de Corbeil ; il a souvent à lutter contre les seigneurs de

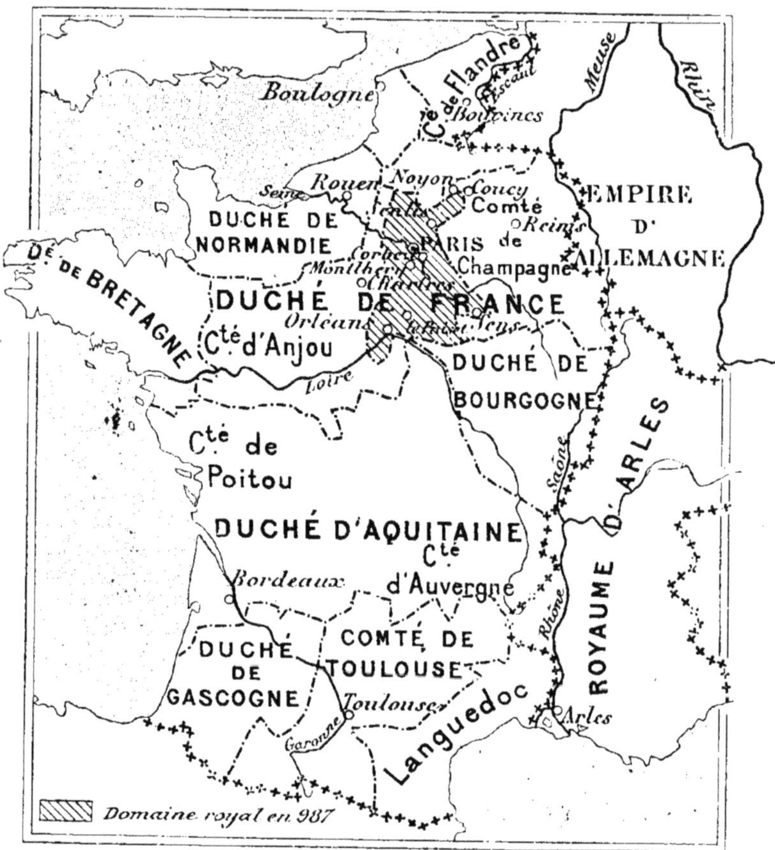

Fig. 11. — La France au temps de Hugues Capet.

Montlhéry et du Puiset. — Mais ces rois ont la précaution de faire élire par les seigneurs et sacrer par un évêque leur fils de leur vivant ; de sorte que la dignité royale devint peu à peu héréditaire dans la famille de Hugues Capet.

Il est à remarquer que les premiers chefs des dynasties mérovingienne et capétienne sont des princes puissants, comme Clovis et Charlemagne ; mais leurs successeurs s'affaiblissent de plus en plus ; ils perdent toute autorité et finissent dans un couvent ou une prison. — Au contraire, les premiers rois capétiens sont très faibles en face de seigneurs redoutables ; mais ils sont prudents et habiles, et leurs successeurs finiront par devenir les maîtres de la France. — C'est sous Philippe Ier qu'eut lieu la première croisade ; mais il eut la sagesse de n'y pas prendre part.

Devoir. — Faiblesse des premiers Capétiens.

20e LEÇON.

LA PREMIÈRE CROISADE

Résumé. — **La première Croisade fut une expédition entreprise pour reprendre Jérusalem aux Turcs. Elle eut pour causes la foi religieuse et la misère de l'époque. Elle fut prêchée par le pape Urbain II et le moine Pierre l'Ermite, et conduite par Godefroi de Bouillon. — Les Croisés traversèrent l'Europe, franchirent le Bosphore, et arrivèrent à Jérusalem en 1099, après plus de deux ans de marche. Ils prirent la ville et fondèrent le royaume de Jérusalem.**

On entend par croisade une guerre faite à des infidèles ou à des hérétiques avec l'assentiment de l'Église. Au xie et au xiie siècle, les croisades sont surtout des expéditions entreprises par les chrétiens pour enlever la Palestine aux Turcs musulmans. On en compte huit principales de 1095 à 1270. La première (1095-1099) est la plus importante.

Les causes. — La *foi religieuse* fut la première cause de la croisade. Avant 1095, beaucoup de pèlerins allaient à Jérusalem visiter le tombeau du Christ, mais les Turcs leur faisaient subir toutes sortes de vexations et d'outrages : ils étaient dépouillés de leur argent, insultés et battus. Ceux qui rentraient dans l'Europe occidentale racontaient toutes les misères qu'ils avaient endurées. Le pape, qui avait une grande autorité, profita de ces sentiments pour entreprendre la délivrance du Saint-Sépulcre.

Aux causes religieuses s'ajoutent les *causes sociales*. Les seigneurs qui, grâce à la Trève de Dieu, ne pouvaient plus se battre autant qu'ils l'auraient voulu, furent enchantés d'aller dépenser en Orient leur besoin d'activité. — Les paysans, très misérables, quittaient avec joie une terre qui les nourrissait si mal pour des pays inconnus où ils espéraient être plus heureux.

Le pape Urbain et Pierre l'Ermite. — En 1095 le pape *Urbain II* réunit un grand concile à Clermont en Au-

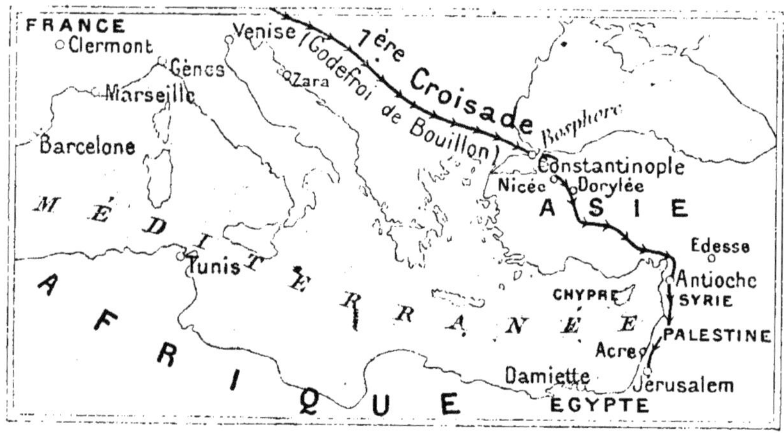

Fig. 12. — Les Croisades.

vergne. Une foule innombrable s'y rendit. Ses discours émurent les assistants qui au cri de « Dieu le veut! » jurèrent de prendre les armes pour délivrer le Saint-Sépulcre; ils déchirèrent des vêtements d'étoffe rouge, en firent des croix qu'ils fixèrent sur l'épaule gauche, par devant en allant à Jérusalem, par derrière en revenant. Puis *Pierre l'Ermite*, moine du diocèse d'Amiens qui était allé en Orient, parcourut la France en prêchant la guerre sainte; il excita un enthousiasme universel : les paysans arrachaient les poils de sa mule pour s'en faire des reliques.

Malheureusement des bandes mal armées et mal commandées, avec des femmes, des enfants et des vieillards, se mirent tout de suite en route sous la conduite de Pierre l'Ermite et de Gautier-sans-Avoir. Elles commirent beaucoup d'excès. Un petit nombre arrivèrent à Constantinople; ceux qui passèrent en Asie furent massacrés par les Turcs.

L'Expédition. — La véritable armée des Croisés, forte de 600 000 hommes, partit en 1096. Elle était divisée en trois corps qui devaient se retrouver à Constantinople. Le plus important était conduit par Godefroi de Bouillon.

Réunis à Constantinople, les Croisés franchirent le Bosphore. En Asie Mineure, ils éprouvèrent de grandes pertes : beaucoup moururent de soif en traversant des déserts arides ou périrent pour avoir trop bu lors de la rencontre d'un fleuve.

Quand ils quittèrent Antioche, ils n'étaient plus que 50 000. Enfin ils arrivèrent à Jérusalem après avoir enduré des souffrances sans nom. C'est le 15 juillet 1099 qu'ils purent entrer dans la ville, après plus de deux ans de marche. Le carnage fut horrible : 70 000 Turcs furent massacrés.

Les Croisés fondèrent en Syrie et en Palestine le *royaume de Jérusalem*. Godefroi de Bouillon en fut élu roi, mais il ne voulut porter que le titre de baron du Saint-Sépulcre. Toutes les villes de la côte tombèrent successivement aux mains des chrétiens.

Pour garder leur conquête, les Croisés créèrent des ordres à la fois religieux et militaires. Ces moines-guerriers étaient les *Hospitaliers* qui devaient soigner les malades et défendre les pèlerins, les *Templiers* qui s'engageaient à protéger les Croisés et à maintenir la sécurité des routes. — Malgré leurs efforts, Jérusalem retomba au pouvoir des Turcs en 1187.

Godefroi de Bouillon. — C'était le fils du comte de Boulogne ; il était duc de Lorraine. Il vendit ses domaines avant de partir pour la Terre Sainte. Il était très brave et très fort ; on dit que d'un coup d'épée, il coupait un Turc en deux ou fendait un cavalier de la tête à la selle. Il était très désintéressé et très pieux : il refusa de porter une couronne d'or là où Jésus-Christ avait porté une couronne d'épines. Il mourut à trente-huit ans.

Devoir. — Raconter la première Croisade.

21ᵉ LEÇON.

L'AFFRANCHISSEMENT DES COMMUNES

Résumé. — Au moyen âge, une commune est une ville qui se soustrait à la domination et à la tyrannie d'un seigneur pour se gouverner elle-même ; elle a un maire pour la diriger, des soldats pour la défendre. Louis VI le Gros favorisa cet affranchissement hors du domaine royal. — La Commune possédait un hôtel de ville avec une tour ou beffroi renfermant une cloche.

Nous avons vu que les serfs et les vilains, dans la société féodale, étaient indignement exploités par les seigneurs. Pour se soustraire à leur tyrannie, les paysans et les citadins s'associèrent afin d'obtenir pour leur village ou pour leur ville des garanties contre l'arbitraire des seigneurs en matière de justice et d'impôt. C'est là l'origine des *communes*.

Les plus anciennes sont celles du Mans et de Cambrai. Louis VI le Gros (1108-1137) les encouragea chez ses vassaux ; le mouvement se continua sous ses successeurs. — Tantôt l'affranchissement se fit par un accord intervenu à l'amiable entre le seigneur et les habitants ; quelquefois aussi, il ne fut obtenu qu'après des luttes sanglantes ; c'est le cas pour Laon et Amiens.

Les rois favorisèrent, hors de leurs domaines, l'établissement des communes, soit pour affaiblir la féodalité, soit pour augmenter leurs revenus, car les villes payaient au roi une forte somme pour obtenir une *charte*, c'est-à-dire un écrit sur parchemin où se trouvaient mentionnés les devoirs de la commune envers le seigneur, et ceux du seigneur envers la commune ; désormais les vilains ne paieront que la somme indiquée par la charte; ils se gouverneront eux-mêmes à l'aide d'un *conseil élu* et de *maires* choisis par eux qui tiendront leurs réunions dans la *maison commune*.

12ᵉ Lecture. — *Un seigneur accordant une charte de commune.*
— La plupart des seigneurs n'ont signé des chartes qu'après de longues résistances et bien des luttes. Cependant, il en est quelques-uns qui les ont accordées de bonne volonté. Tel est le cas de Baudry, évêque de Noyon. Il rassembla un jour tous les habitants de la ville, leur lut une charte qu'il avait préparée, et promit solennellement de respecter les libertés qu'il octroyait aux bourgeois ; à leur tour, ces derniers jurèrent qu'ils tiendraient les obligations mentionnées dans la charte. — L'évêque déclara que ceux qui violeraient leurs engagements seraient excommuniés.

La Maison commune. — Chaque commune nouvelle élevait un *hôtel de ville* ou maison commune. Ces monuments étaient généralement fort beaux. Ils étaient surmontés d'une tour ou *beffroi* dans laquelle se trouvait une *cloche*. Cette

Fig. 13. — Ancien hôtel de ville de Saint-Omer, xıvᵉ siècle. (C. Enlart, d'après statistique monumentale du Pas-de-Calais.)

cloche appelait les bourgeois aux armes, ou signalait les incendies, ou sonnait le *couvre-feu*. Dans les villes du moyen âge, les rues étaient étroites, tortueuses, obscures, peu sûres par conséquent, et quand la cloche sonnait le couvre-feu, chacun éteignait ses lumières, couvrait son feu avec de la cendre, et les soldats du guet tendaient aux extrémités des rues de grosses chaînes de fer.

13ᵉ Lecture. — *Louis VI à l'attaque du Puiset.* — Si Louis VI, hors de son domaine, favorisa les communes, dans son domaine il fit la guerre aux seigneurs turbulents qui terrorisaient les populations. Il fit raser le château de Montlhéry ; il ne respecta que le donjon qui existe encore : c'est une tour de 33 mètres de hauteur. Il s'attaqua surtout au sire du Puiset qui, autour de son château, volait, pillait et tuait. Louis VI vint assiéger la forteresse, aidé par les milices des communes : il put entrer par une brèche faite par un pauvre curé de campagne dans la palissade qui entourait le château. Le seigneur se retira dans le donjon, mais il fut forcé de se rendre et son château fut brûlé.

Devoirs. — 1. Qu'est-ce qu'une commune ? — 2. Parlez de la maison commune ?

Fig. 14. — Église du Dorat (Haute-Vienne). (C. Enlart, d'après *Ann. Archéol.*)

22ᵉ LEÇON.

L'ÉGLISE ROMANE ET L'ÉGLISE GOTHIQUE

Résumé. — L'église romane est une construction massive, aux murs épais ; les portes et les fenêtres sont surmontées d'un arc demi-circulaire. — L'église gothique ou ogivale est plus légère et plus hardie ; les flèches sont plus élancées, les nefs plus hautes ; l'arc demi-circulaire est remplacé par un arc aigu qu'on appelle ogive.

Les hommes du moyen âge ont construit trois sortes de monuments : des châteaux féodaux, des hôtels de ville, des églises.

Une fausse prophétie avait annoncé que la fin du monde arriverait en *l'an mille*. La date fatale passée, on fut bien étonné de vivre encore ; on oublia ses terreurs, on revint à l'espérance, partout on se mit à construire des églises, et chacun travailla à élever l'édifice.

Jusqu'au xııᵉ siècle, on construisit des *églises romanes*. Ce sont des constructions massives, aux murs épais soutenus par de lourds piliers ou contreforts : les portes et les fenêtres sont en *plein-cintre* ou arc demi-circulaire. — A l'intérieur, ces monuments sont bien décorés ; les peintures sont nombreuses et les sculptures souvent fantastiques. — Paris possède encore une église romane : Saint-Germain-des-Prés.

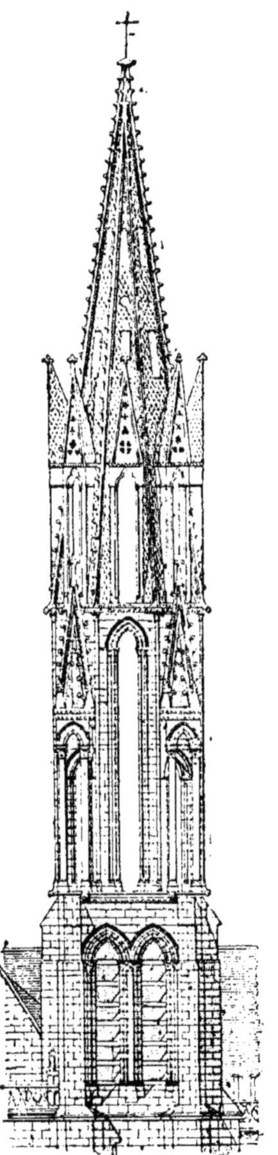

Fig. 15. — Flèche de la cathédrale de Senlis. (C. Enlart, *Manuel d'Archéologie française.*)

Au xii° et au xiii° siècle, la manière de construire change : le *style ogival* ou *gothique* succède au style roman. C'est alors que s'élèvent les belles cathédrales de Paris, de Rouen, d'Amiens, de Chartres, de Reims, de Bourges, de Strasbourg, et la Sainte-Chapelle de Paris.

Dans ces nouvelles constructions, le plein-cintre est remplacé par un arc plus ou moins aigu qu'on appelle *ogive*. — L'église gothique est plus *légère* et plus *hardie* que l'église romane : les murs, moins épais, sont percés d'ouvertures plus nombreuses et plus larges qui laissent passer plus de lumière à travers leurs vitraux ; les flèches sont plus élancées ; des colonnes plus minces supportent des nefs plus hautes. — A l'extérieur, les lourds contreforts de l'église romane sont remplacés par de légers arcs-boutants.

Devoir. — Comparer l'église romane et l'église gothique.

23° LEÇON.

PHILIPPE-AUGUSTE (1180-1223)

Résumé. — Philippe-Auguste entreprit la troisième Croisade au retour de laquelle il enleva aux Anglais la Normandie, le Maine, l'Anjou, la Touraine. — Il ne prit pas part à une quatrième Croisade qui se dirigea sur Constantinople. — Mais il vainquit à la grande bataille de Bouvines les Anglais et les Allemands coalisés contre lui. — Il embellit Paris. — Son fils Louis VIII (1223-1226) prit une partie du Languedoc.

Le fils de Louis le Gros, Louis VII le Jeune (1137-1180) entreprit la *seconde croisade* qui n'eut aucun résultat. Puis, malgré les sages conseils de son habile ministre Suger, il commit la faute grave de se séparer de sa femme, *Éléonore d'Aquitaine*, qui lui avait apporté en dot tout le sud-ouest de la France ; elle épousa *Henri Plantagenet* qui allait devenir roi d'Angleterre et qui se trouva ainsi beaucoup plus puissant en France que le roi de France lui-même.

Son fils Philippe-Auguste répara ses fautes. Avec Richard Cœur de Lion, successeur de Henri Plantagenet, il entreprit la *troisième croisade* (1189) parce que la ville de

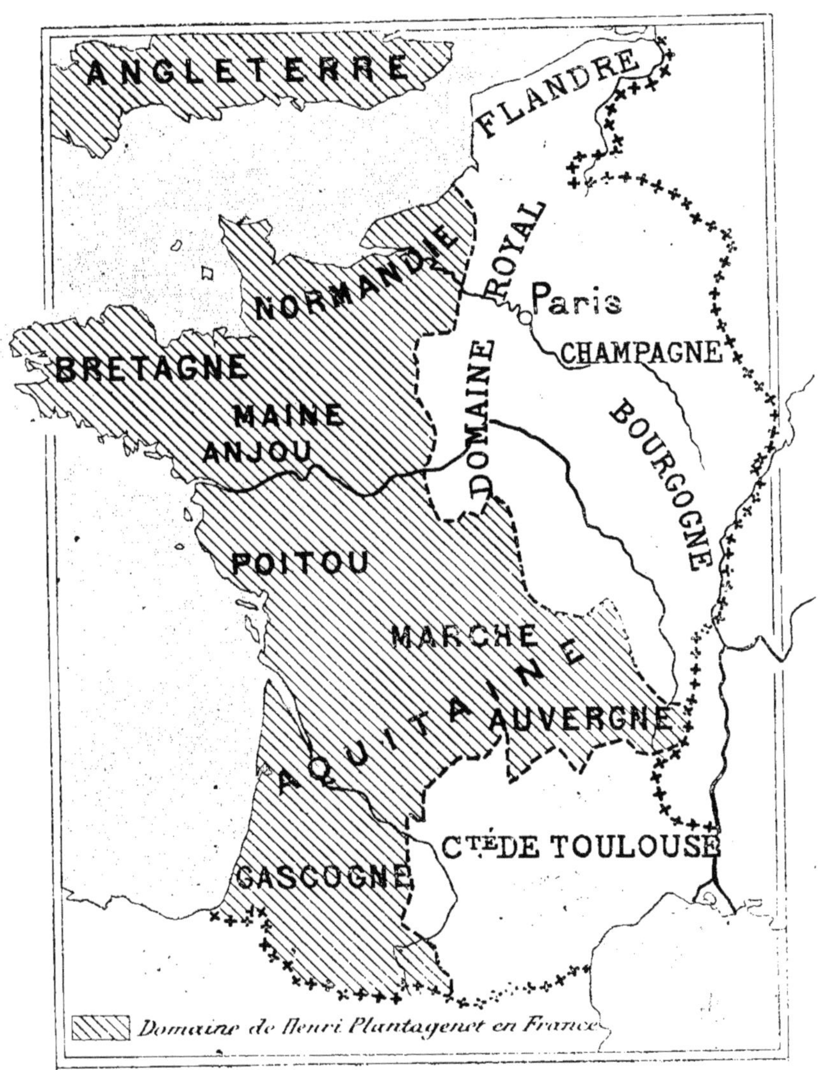

Fig. 16. — Domaines de Henri Plantagenet.

Jérusalem venait d'être reprise par les Turcs. Mais les deux amis se brouillèrent en Orient et Philippe revint en France; il profita de l'absence, puis de la mort de Richard, pour enlever une partie des domaines que les Anglais possédaient en France : Normandie, Maine, Anjou, Touraine, Poitou.

Le nouveau roi d'Angleterre, Jean sans Terre, et l'empereur d'Allemagne, Otton, formèrent alors, avec le comte de Flandre et le comte de Boulogne, une coalition contre la France. Mais Philippe écrasa ses ennemis à la grande bataille de Bouvines, en 1214, sauvant ainsi son pays d'une invasion ; c'est notre première victoire nationale.

14ᵉ Lecture. — *Bataille de Bouvines.* — « Le dimanche 27 juillet 1214, comme l'armée française commençait à s'engager sur le pont de Bouvines, les ennemis vinrent en grande foule l'attaquer par derrière. La journée s'avançait déjà, et le roi, qui ne s'attendait pas à une attaque, se reposait sous l'ombre d'un frêne, auprès d'une église. Des messagers accoururent, et lui annoncèrent à grands cris l'arrivée de l'ennemi. Aussitôt Philippe entra dans l'église, et, après y avoir fait une courte prière, il sortit, revêtit son armure, et, le visage animé, avec une joie aussi vive que si on l'eût appelé à une fête, il sauta sur son cheval. Philippe demeura tout le jour au plus fort de la mêlée, pendant que son chapelain et un prêtre priaient derrière lui ou chantaient des psaumes et des cantiques. Il était entouré des meilleurs chevaliers et des gens des communes : un chevalier portait sa bannière fleurdelisée. Du côté opposé, se tenait l'empereur Otton avec les chevaliers allemands. Philippe fit tous ses efforts pour pénétrer jusqu'à l'empereur. Il n'y réussit pas, et fut renversé de son cheval et sur le point de périr en se frayant un chemin à travers la triple ligne de fantassins qui protégeaient Otton. »

Otton courut aussi le risque de la vie. Il était le point de mire des plus audacieux chevaliers français. Un d'eux, Guillaume des Barres, profitant d'un moment où l'empereur venait d'être désarçonné, le saisit par le casque ; mais Otton, dégagé par les siens, sauta sur un cheval frais qu'on lui amena, et s'enfuit, montrant le dos à ses chevaliers. « Nous ne verrons plus sa figure aujourd'hui », dit Philippe-Auguste.

Les Français remportèrent une victoire complète. Parmi les prisonniers se trouvait Ferrand, comte de Flandre. Il fut conduit à Paris, enchaîné dans une voiture traînée par deux chevaux. Sur son passage, les paysans et les moissonneurs accouraient et se moquaient de lui, en disant que « maintenant il était ferré ».

C'est encore sous le règne de Philippe-Auguste qu'eut lieu la *quatrième croisade* ; mais le roi n'y prit pas part. Les Croisés s'embarquèrent à Venise ; mais au lieu d'aller délivrer Jérusalem, ils se dirigèrent sur Constantinople, belle capitale de l'Empire grec, qu'ils prirent et pillèrent. Ils fondèrent en Orient un *Empire latin* qui ne dura guère. Ce sont surtout les Vénitiens qui ont profité de cette croisade (1204).

Philippe-Auguste agrandit Paris : il en fit paver les rues. Le Louvre fut commencé et Notre-Dame à peu près achevée. — L'*Université* fut fondée.

Le fils de Philippe, *Louis VIII*, ne régna que trois ans (1223-1226) ; il entreprit une croisade contre les *Albigeois* hérétiques et s'établit solidement dans le Midi.

Devoirs. — 1. La bataille de Bouvines. — 2. La troisième et la quatrième croisade.

24e LEÇON.

SAINT LOUIS (1226-1270)

Résumé. — Saint Louis fut un des meilleurs rois qu'ait eus la France. Sa mère Blanche de Castille gouverna d'abord pendant dix ans. — Il entreprit deux Croisades : la première se dirigea sur l'Égypte ; elle fut malheureuse, le roi fut fait prisonnier ; dans la seconde, saint Louis alla mourir de la peste à Tunis. — Ce fut un roi charitable et juste. — Son fils Philippe le Hardi (1270-1285) acquit le Languedoc.

Louis IX, que l'histoire appelle *Saint Louis*, resta pendant dix ans sous la tutelle de sa mère *Blanche de Castille* qui gouverna sagement le royaume.

A la suite d'un vœu fait pendant une grave maladie, Saint Louis entreprit une nouvelle *croisade* contre les Musulmans (1248). Il se dirigea sur l'Égypte, prit Damiette, livra une bataille et fut fait prisonnier avec une partie de son armée. Pendant sa captivité, il montra beaucoup de bonté et de courage, étonnant ses ennemis eux-mêmes par sa douceur et sa résignation. Pour se racheter, il rendit

Damiette et alla passer quatre ans en Palestine. — Il ne revint en France que lorsqu'il apprit la mort de sa mère.

Charité et justice de Saint Louis. — Saint Louis était bon, affable et modeste. Il soignait les pauvres et les malades avec beaucoup de dévouement. Il aimait les petits et les humbles. Lorsqu'il revint de sa première Croisade, son navire, près de l'île de Chypre, toucha un fond de gravier; on crut la coque endommagée et on voulut le faire passer sur un autre bateau. « Si je descends de la nef, dit-il, il y a ici cinq cents personnes qui resteront en l'île de Chypre, pour le péril de leur corps (car ils aiment tous leur vie, comme je fais la mienne) et qui jamais peut-être ne rentreront en leur pays. J'aime mieux mettre en la main de Dieu mon corps, ma femme et mes enfants, que de causer un tel dommage à tant de gens comme il y en a ici. » — Saint Louis créa l'hôpital des *Quinze-Vingts* (15 fois 20 ou 300) pour trois cents chevaliers auxquels les Musulmans avaient crevé les yeux.

La justice fit de grands progrès sous Saint Louis. Il abolit le *duel judiciaire*, dans lequel les juges faisaient battre les adversaires et donnaient raison au plus fort; désormais, ils ne prononçaient le jugement qu'après avoir entendu chacun exposer ses raisons. — Saint Louis interdit aussi les *guerres privées*, mais il y en eut encore après lui. — Puis il décida que la *cour de justice du roi* serait supérieure à celles des seigneurs; de sorte que ceux qui croyaient avoir été mal jugés pouvaient en appeler au roi dont l'autorité devenait ainsi très grande; son renom d'impartialité s'était répandu au loin et longtemps on raconta que Saint Louis rendait justice aux pauvres gens assis sous un chêne dans la forêt de Vincennes, ou sur les marches de la Sainte-Chapelle.

Mort de Saint Louis. — En 1270, Saint Louis partit pour une nouvelle croisade. Il se dirigea sur Tunis, afin d'exterminer les pirates musulmans qui dévastaient la Méditerranée. C'est là qu'il mourut de la peste, après avoir montré, dans ses derniers moments, beaucoup de patience et de résignation.

Son fils, *Philippe le Hardi*, qui régna de 1270 à 1285 agrandit la France du Languedoc.

15ᵉ Lecture. — *Résultats des Croisades.* — Les Croisades en Orient se terminent avec Saint Louis. Si les États fondés à Jérusalem et à Constantinople n'ont eu qu'une courte durée, si les pays conquis sont vite retombés aux mains des Turcs, ces expéditions ont eu néanmoins d'importants résultats. La *féodalité* fut affaiblie : beaucoup de nobles ne revinrent pas ; leurs terres passèrent à des femmes et à des enfants incapables de les défendre : les rois profitèrent de leur faiblesse pour accroître le domaine de la couronne ; — les peuples gagnèrent encore plus que les rois ; en Orient les inégalités des classes disparurent en partie : il n'y eut plus que des Français ; le nombre des communes augmenta : avant de partir le seigneur vendait aux vilains des libertés et des chartes. — Des relations commerciales s'établirent entre l'Orient et l'Occident. Le riz, la canne à sucre, le coton, le mûrier furent acclimatés dans le sud de l'Europe ; les arbres fruitiers, pêchers, figuiers, abricotiers, en France. De grandes cités méditerranéennes, Gênes, Venise, Marseille, Barcelone, devinrent très prospères : leurs navires allaient chercher en Orient des épices, des liqueurs, des tissus.

Devoirs. — 1. Saint Louis en Égypte et à Tunis. — 2. Charité et justice de Saint Louis.

25ᵉ LEÇON.

PHILIPPE LE BEL (1285-1314)

Résumé. — **Philippe le Bel battit les Flamands et leur enleva la Flandre française avec Lille. — Il lutta longtemps contre la papauté et força le pape à quitter Rome pour habiter Avignon. — Il abolit l'ordre des Templiers, réunit pour la première fois les États généraux, organisa le Parlement de Paris. — Il a laissé le souvenir d'un roi dépensier, violent et tyrannique. — Ses trois fils régnèrent après lui sans laisser d'héritiers directs.**

Philippe le Bel fut un politique énergique en même temps qu'un prince obstiné, avide et ambitieux. Il essaya de prendre les riches provinces flamandes. Battus à *Courtrai* en 1302, les Français furent vainqueurs à *Mons-*

en-Puelle (1304) : la Flandre française, avec Lille, fut le prix de cette victoire.

Un des principaux événements de ce règne est la lutte que Philippe le Bel soutint contre le pape *Boniface VIII*, lutte qui eut surtout pour cause les impôts établis sur le clergé par le roi de France.

Après la mort de Boniface, le trône pontifical fut donné à une des créatures du roi de France, *Clément V*, qui transporta le Saint-Siège de Rome à Avignon. Il y resta soixante-dix ans, de 1309 à 1378.

Sur les instances de Philippe, Clément V prononça l'abolition de l'ordre des *Templiers*, dont la richesse avait excité la convoitise du roi de France, toujours à court d'argent. Leur grand maître, Jacques de Molay, fut brûlé vif.

Le domaine royal fut augmenté de la Champagne et d'une partie de la Flandre.

C'est sous Philippe le Bel que se réunirent, en 1302, les premiers *États généraux*; ils comprenaient les délégués des trois classes de la nation, le clergé, la noblesse et le Tiers-État. — De ce règne date aussi l'organisation du *Parlement* de Paris, la plus haute cour de justice du royaume.

Mais Philippe créa d'odieux impôts, surtout la *gabelle* ou impôt sur le sel, et il altéra les monnaies.

Ses trois fils régnèrent successivement après lui, et moururent sans laisser d'héritier mâle : **Louis X le Hutin, Philippe V le Long, Charles IV le Bel.** — En 1328, la race des Capétiens directs était éteinte. La couronne va passer dans la maison de Valois.

16ᵉ Lecture. — *La loi salique.* — La loi salique ou loi des Francs Saliens ne permettait pas à la femme d'hériter de la terre. On l'appliqua pour la première fois sous les trois successeurs de Philippe le Bel, qui ne laissaient que des filles. Il fut alors décidé que les femmes ne règneraient pas en France et ne pourraient transmettre à leurs fils un droit qu'elles ne possédaient pas. C'est pour cela qu'à la mort de Charles IV le Bel, la couronne fut donnée à son cousin germain Philippe de Valois.

Devoir. — Philippe le Bel et la papauté.

Les Capétiens directs et les Valois.

Hugues Capet (987-996).
Robert (996-1031).
*Henri I*er (1031-1060).
*Philippe I*er (1060-1108).
Louis VI le Gros (1108-1137).
Louis VII le Jeune (1137-1180).
Philippe-Auguste (1180-1223).
Louis VIII (1223-1226).
Louis IX, ou saint Louis (1226-1270).
Philippe III le Hardi (1270-1285).

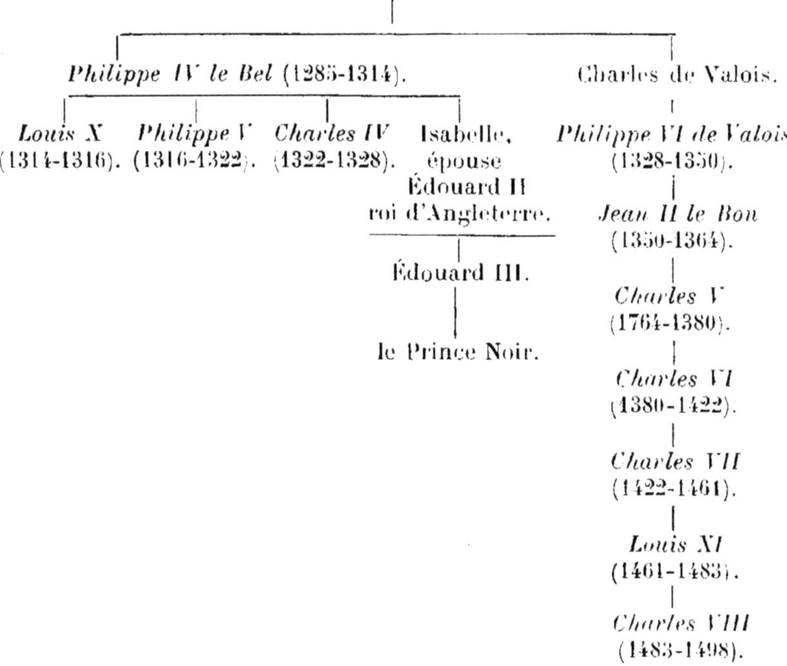

CHAPITRE V

LA GUERRE DE CENT ANS

26ᵉ LEÇON.

PHILIPPE DE VALOIS (1328-1350)

Résumé. — La guerre de Cent ans est une longue lutte entre la France et l'Angleterre : c'est une époque de malheurs et de misères pour notre pays. — Philippe de Valois se fit battre à Crécy, en 1346. Cette victoire des Anglais leur permit de prendre Calais qu'ils devaient garder plus de deux cents ans. — Philippe réunit le Dauphiné à la couronne.

Philippe de Valois, qui succéda au dernier des fils de Philippe le Bel, était le petit-fils de Philippe le Hardi et le neveu de Philippe le Bel. Ses droits à la couronne lui furent disputés par le roi d'Angleterre, Edouard III, petit-fils de Philippe le Bel par sa mère; mais il était écarté en vertu de la *loi salique* qui n'admettait pas les femmes sur le trône de France. Les prétentions d'Edouard III furent le prétexte d'une guerre entre la France et l'Angleterre, et que l'on appelle, à cause de sa durée, la *Guerre de Cent ans*.

Divisions de la Guerre de Cent ans. — 1° La France fut malheureuse sous les règnes de Philippe de Valois et de Jean le Bon; 2° elle se releva avec Charles V; 3° les défaites recommencèrent sous Charles VI; 4° les Anglais ne furent chassés de France que sous Charles VII, grâce à Jeanne d'Arc.

Philippe VI à Crécy, 1346. — En 1346, Edouard III débarqua en Normandie avec une forte armée. Il s'empara de plusieurs villes, s'approcha de Paris, puis, apprenant que les Français s'armaient, il fit retraite vers le nord. Philippe le poursuivit, l'atteignit au nord d'Abbeville, près du village de Crécy.

L'armée française n'arriva que vers deux heures ; elle marchait depuis le matin : hommes et chevaux étaient

Fig. 17. — Chevaliers en bataille.

fatigués. On eût mieux fait de remettre la bataille au lendemain, mais beaucoup de seigneurs voulurent se battre tout de suite. Le roi fit avancer les archers génois ; mais les cordes de leurs arcs étaient détendues par la pluie : criblés de flèches par les Anglais, ils commencèrent à fuir, et Philippe cria : « Tuez donc toute cette ribaudaille ». Alors les chevaliers passent sur le corps des Génois, ce qui produit un indescriptible désordre. Les Français se battent vaillamment, mais l'impétuosité et la bravoure des seigneurs ne peuvent rien contre la résistance et la discipline des Anglais. 30000 de nos soldats restaient sur le champ de bataille.

Les bourgeois de Calais. — Vainqueur, Edouard continua sa marche vers le nord, et alla mettre le siège devant Calais. La ville se défendit pendant près d'un an ; mais la famine l'obligea à se rendre. Le roi d'Angleterre exigea que six des plus notables bourgeois vinssent lui apporter les clefs de la ville, tête nue et la corde au cou, prêts à être pendus, si cela lui plaisait. Eustache de Saint-Pierre se dévoua avec cinq de ses compagnons. Quand les six bourgeois furent devant Edouard, il commanda qu'on fît venir le bourreau. Ils allaient être exécutés quand la reine d'Angleterre implora leur grâce. « Je vous les donne, dit le roi : faites-en ce que vous voudrez. » La reine les remit en liberté.

Après avoir pris possession de Calais, Edouard III chassa une partie des habitants et les remplaça par des Anglais. Les Anglais devaient garder cette ville 211 ans ; c'était pour eux une position importante qui, à tout moment, leur permettait d'entrer en France.

Avant de mourir, Philippe VI réunit à la couronne la ville de Montpellier et la province du Dauphiné : c'est à partir de cette époque (1349) que les fils aînés des rois de France ont porté le titre de *Dauphin*.

Devoirs. — 1. Grandes divisions de la guerre de Cent ans. — 2. La bataille de Crécy. — 3. La prise de Calais.

27ᵉ LEÇON.

JEAN LE BON (1350-1364)

Résumé. — Jean le Bon, roi prodigue et téméraire, se fit battre à Poitiers, en 1356 ; fait prisonnier, il est emmené en Angleterre. — Le traité de Brétigny, en 1360, donna aux Anglais une partie de la France. — Pendant ce temps, les Grandes Compagnies dévastaient notre pays.

Jean le Bon, c'est-à-dire le Brave, fut un roi dissipateur, violent et emporté, prodigue et cruel, chevaleresque et téméraire comme son père. Ces deux princes ne surent ni gouverner, ni combattre ; ils sont, en grande partie, la cause des désastres et des malheurs de la France.

En 1355, la guerre recommença avec l'Angleterre. Le prince Noir, fils d'Edouard, ravagea le centre de la France. Le roi Jean le rejoignit près de Poitiers ; une grande bataille s'engagea, les Français ne commirent que des fautes, aussi furent-ils complètement défaits. La journée fut un vrai désastre : au nombre des prisonniers se trouvait le roi de France, qui fut emmené captif à Bordeaux et de là en Angleterre. Pendant son absence, la France fut gouvernée par son fils, le dauphin Charles : il dut signer, en 1360, la *paix de Brétigny* qui donnait à l'Angleterre tout le sud-ouest de notre pays.

Après un court séjour en France, Jean le Bon retourna en Angleterre. Il y mourut en 1364.

Les Grandes Compagnies. — A l'époque de la Guerre de Cent ans, on entendait par *compagnies* des groupes de soldats étrangers qui servaient le roi de France sous la conduite de capitaines. Tant que durait la guerre, ils étaient occupés et recevaient une *solde* ; mais quand la paix était signée, ils restaient inoccupés et vivaient surtout de vols et de brigandages. Ils pillaient les maisons des paysans et commettaient tant d'atrocités que les vilains les craignaient beaucoup. Parfois aussi, se joignaient à eux des soldats licenciés des armées anglaises et ces bandes indisciplinées et sauvages devenaient la terreur des pays qu'elles traversaient.

17ᵉ Lecture. — *Les Grandes Compagnies*. — Les brigands n'ont aucune espèce d'égard pour les prisonniers qui tombent entre leurs mains. Pour les emporter dans leurs forteresses, tantôt ils les chargent sur des chevaux et leur lient les jambes par-dessous le ventre de ces chevaux ; tantôt ils les mènent en laisse comme des chiens. Un de leurs divertissements est de briser les dents des paysans à coups de cailloux et de leur couper les poings. Il n'est pas de tortures que les captifs des brigands n'aient à endurer... Ici, ils ont deux ou trois pots de cuivre suspendus aux mains et autant de chaudrons attachés aux pieds, afin qu'ils ne puissent faire le moindre mouvement sans qu'on s'en aperçoive, et on leur tenaille les pouces avec des grésillons. Là, ils sont fouettés tout le jour, et la nuit on les enferme dans une armoire, ou encore on les coule, la tête en bas, au fond d'un sac après leur avoir garrotté bras et jambes.... Dans les régions où ils peuvent boire du vin tout leur soûl, les gens des compagnies se montrent très friands de poisson salé, sans doute pour exciter davantage leur soif... Toutefois, c'est dans leur toilette qu'ils apportent le plus de recherche et déploient un luxe vraiment effréné. Si les plus pauvres se taillent des manteaux en faisant des trous pour y

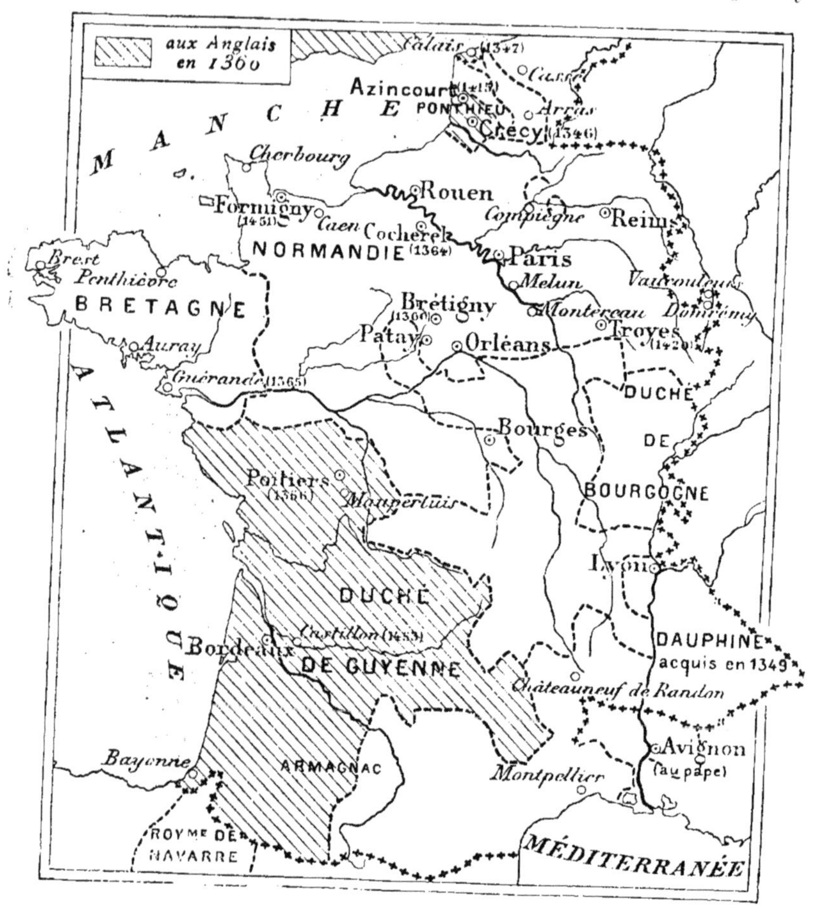

Fig. 18. — Guerre de Cent ans.

passer la tête dans les pièces de drap volées aux marchands, un mode d'habillement aussi sommaire est l'exception...

(D'après Siméon Luce.)

18e Lecture. — *Le grand Ferré.* — Les Anglais faisaient tant de ravages que les paysans eux-mêmes avaient pour eux une grande haine. Témoin l'histoire du grand Ferré.

Près de Compiègne se trouvait un village fortifié. Par crainte des Anglais, les habitants des pays voisins vinrent s'y réfugier avec un capitaine qu'ils avaient choisi, Guillaume aux Alouettes. Il était secondé par un paysan très vigoureux et d'une taille énorme : on l'appelait le grand Ferré. — Les Anglais arrivèrent bientôt pour chasser ces deux cents paysans. Ils entrèrent dans la place et tuèrent Guillaume. Le grand Ferré et ses compagnons voulurent le venger. Ils se ruèrent avec rage sur leurs ennemis ; avec sa hache, le grand Ferré en abattit quarante à lui tout seul. Mais échauffé par cette rude besogne, il but de l'eau froide ; la fièvre le prit ; il fut obligé de se mettre au lit, mais il garda près de lui sa bonne hache. Ayant appris sa maladie, les Anglais envoyèrent douze hommes pour le tuer. Sa femme, qui les vit venir, l'avertit. Il se leva, prit sa hache, sortit dehors et leur dit : « Ah ! brigands ! vous venez pour me prendre au lit ; mais vous ne me tenez pas encore. » Et s'adossant à un mur, il en tue cinq ; les autres se sauvent.

Le grand Ferré se recoucha ; il but encore de l'eau froide ; la fièvre le reprit et il mourut au bout de quelques jours, pleuré de tout le pays, car, lui vivant, les Anglais n'y seraient jamais revenus.

Devoirs. — 1. La bataille de Poitiers et ses conséquences. — 2. Les grandes Compagnies. — 3. Racontez l'histoire du grand Ferré.

28ᵉ LEÇON.

CHARLES V ET DUGUESCLIN

Résumé. — **Charles V et Duguesclin réparèrent les fautes de Philippe VI et de Jean le Bon. — Duguesclin était un Breton très brave qui conduisit en Espagne les Grandes Compagnies et qui enleva aux Anglais, sans risquer des batailles désastreuses, à peu près tout ce qu'ils possédaient en France ; on l'enterra à Saint-Denis. — Charles V, qui résidait habituellement à l'hôtel Saint-Pol, administra sagement son royaume.**

Bien que petit, pâle et chétif, Charles V eut un règne réparateur, parce qu'il sut s'entourer d'hommes habiles ; son nom est inséparable de celui de Duguesclin.

Duguesclin. — Duguesclin naquit, en 1320, près de Dinan, en Bretagne. Il était petit, très laid, mais très brave. Il n'avait que 15 ans lorsqu'il prit la carrière des armes; mais il devint vite un fort habile capitaine. Il plut à Charles V qui le chargea de débarrasser la France des Grandes Compagnies.

Duguesclin alla trouver leurs chefs à Chalon-sur-Saône : il but avec eux, leur promit de l'argent s'ils voulaient le suivre : il les conduisit en Espagne.

En Espagne, le roi de Castille, Pierre le Cruel, était l'ami des Anglais ; son frère Henri, révolté contre lui, était l'ami de la France. Duguesclin chassa Pierre et le remplaça par Henri; mais le prince de Galles arriva pour soutenir son allié. Duguesclin fut fait prisonnier et emmené à Bordeaux. On raconte qu'un jour, le Prince Noir dit à Duguesclin : Comment allez-vous, Bertrand? — A merveille, monseigneur, car on dit que je suis le plus grand chevalier du monde, puisque vous ne voulez pas me permettre de me racheter. — Ah! on dit cela ; eh bien ! fixezvous même votre rançon. » Duguesclin la fixa à cent mille livres, somme énorme pour l'époque. Et comme le Prince Noir s'étonnait, Duguesclin lui dit : « Il n'y a pas en France femme ou fille sachant filer qui ne prenne sa quenouille pour payer ma rançon. »

Devenu libre, Duguesclin fut nommé connétable par Charles V, c'est-à-dire général en chef des armées. Il recommença la guerre contre les Anglais ; mais se souvenant des désastres de Crécy et de Poitiers, il ne voulut pas livrer de grande bataille; il se contenta de faire aux ennemis une guerre d'escarmouches qui réussit admirablement: il les chassa de partout. Il mourut en faisant le siège de Châteauneuf-de-Randon, en 1380. Les Anglais ne possédaient plus que Bayonne, Bordeaux, Brest, Cherbourg et Calais. Charles V voulut qu'il fût inhumé à Saint-Denis, où l'on n'enterrait que les rois de France.

19ᵉ Lecture. — *La jeunesse de Duguesclin.* — Bertrand Duguesclin était, disait-on, le plus laid qui fût de Rennes à Dinan. Il avait la peau noire, le nez camus, de larges épaules, de longs bras et de petites mains. Ses parents mêmes ne l'aimaient point; ils ne lui permettaient pas de manger à table avec eux. — C'était un méchant garçon, au caractère intraitable : sa mauvaise volonté était si grande que ses maîtres ne purent jamais lui apprendre à lire. — Son grand plaisir était de faire combattre avec des pierres et des bâtons, les enfants du voisinage après les avoir partagés en deux camps; il sortait souvent de ces luttes la figure en sang.

Un jour, dans un tournoi, il alla se mêler aux combattants : comme la visière de son casque était baissée, personne ne le reconnaissait. Il lutta avec succès contre plusieurs chevaliers. Son père voulut venger les vaincus. Mais au grand étonnement de tout le monde, Bertrand refusa le combat. Il leva sa visière ; son père le reconnut : tout joyeux, il l'embrassa et lui promit de lui laisser suivre la carrière des armes.

Administration de Charles V. — Charles V administra sagement la France. Il fixa la majorité des rois à treize ans accomplis. Les cadets de la famille royale devaient recevoir de l'argent et non des terres, de sorte que le royaume pouvait croître et non diminuer. Il commença l'organisation de l'armée permanente. Il réorganisa les finances et fixa la valeur de la monnaie. Il construisit la Bastille, qui fut une forteresse avant d'être une prison d'État. Il acheva le Louvre. Mais il dépensa surtout des sommes considérables pour l'*Hôtel Saint-Pol*, sa résidence favorite ; il était situé sur la rive droite de la Seine, entre la rue Saint-Antoine, la rue Saint-Pol et la Bastille. C'était une vaste réunion de bâtiments pour le roi et sa suite, d'hôtels pour l'habitation des princes et des courtisans, et de jardins. C'est là qu'il s'entoura d'une cour brillante de savants et d'artistes.

Charles V mourut en 1380, âgé seulement de quarante-quatre ans. Son règne marque une période de succès : les Anglais sont chassés, les Grandes Compagnies ont disparu, la France est habilement administrée.

20ᵉ Lecture. — *L'hôtel Saint-Pol*. — C'était moins un palais qu'une réunion de demeures pour tous les grands personnages qui dès lors commençaient à se grouper autour du roi. On y comptait jusqu'à six préaux, douze galeries, sept ou huit grands jardins, une foule de cours et de distributions séparées.... Les bâtiments si divers qui formaient cette vaste agglomération étaient pour la plupart couverts de tuiles... ; les celliers, les cuisines, les écuries étaient couverts de chaume... L'hôtel Saint-Pol était en réalité une vaste métairie : le sage roi Charles V non seulement entretenait des fous dans ses maisons royales, mais encore y faisait nourrir diverses espèces d'animaux : des tourterelles, des lions, des paons, des oiseaux de basse-cour, des chapons de Flandre, etc. Il y avait des maisons pour les sangliers, pour les grands lions, les petits lions, etc. (D'après RENAN.)

Devoirs. — 1. Duguesclin. — 2. Administration de Charles V.

29ᵉ LEÇON.

CHARLES VI (1380-1422)

Résumé. — Sous Charles VI, la France est désolée par la guerre civile et la guerre étrangère. Le roi tombe fou à vingt-quatre ans ; les membres de sa famille se disputent le pouvoir ; les rivalités des Armagnacs et des Bourguignons ruinent le pays. — Nous sommes encore une fois vaincus par les Anglais à Azincourt en 1415, et le traité de Troyes, en 1420, reconnaissait le roi d'Angleterre comme héritier du trône de France.

Le long règne de Charles VI marque une effroyable crise : la guerre civile et la guerre étrangère vont de nouveau désoler notre pays. — Comme le roi n'avait que douze ans, ce furent ses oncles qui prirent le pouvoir ; mais avides et ambitieux, ils excitèrent beaucoup de révoltes qui furent cruellement réprimées. Quand le roi eut vingt ans, il renvoya ses oncles et reprit les sages ministres de son père. Malheureusement, quatre ans plus tard, comme il traversait la forêt du Mans pour aller faire la guerre au duc de Bretagne, un homme vêtu de blanc se montra brusquement sur son chemin, saisit la bride de son cheval et lui cria : « Ne chevauche pas plus loin, tu es trahi. » Cette soudaine apparition jeta le trouble dans l'esprit faible du roi. Peu de temps après, saisi de fureur, il met l'épée à la main, se jette sur ceux qui l'entourent, en blesse ou tue plusieurs. Enfin, on peut se rendre maître de sa personne et on le ramène au Mans dans une charrette. Il était fou, et il avait encore trente ans à régner.

Le pouvoir fut alors disputé entre son frère, Louis d'Orléans, et son oncle Philippe le Hardi duc de Bourgogne. Le duc d'Orléans était un beau jeune prince, aimant les lettres et les arts, mais très léger et grand dépensier ; il avait épousé la fille du riche duc de Milan, l'aimable et vertueuse Valentine Visconti. — En 1407, le successeur de Philippe, Jean sans Peur, fit assassiner son cousin

Louis d'Orléans : « Un soir qu'il rentrait de chez la reine,
où il avait soupé, fort gai, chantant, battant sa cuisse de
son gant, des hommes d'armes fondent sur lui, et le hachent
en morceaux. » Ce crime fut le signal d'une longue guerre
civile entre les *Bourguignons* et les *Armagnacs* (ces derniers étaient ainsi appelés parce qu'ils avaient à leur tête
Bernard d'Armagnac, beau-père du fils aîné du duc d'Orléans). Ces deux factions rivales couvrirent la France de
ruines et de misères.

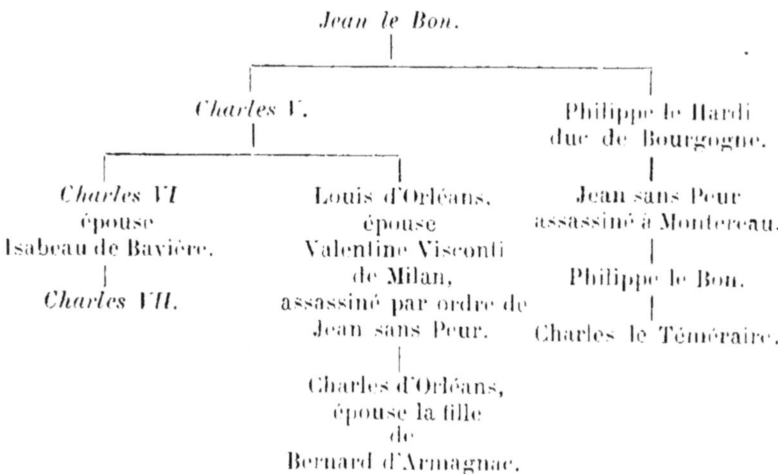

La guerre étrangère vint ajouter ses horreurs à celles de
la guerre civile. Le roi d'Angleterre, Henri V, envahit la
Normandie en 1415, traversa le Pays de Caux et rencontra
à *Azincourt* les Armagnacs qui étaient venus seuls défendre
la patrie. Ils éprouvèrent une grande défaite : les Anglais
prirent tout le nord de la France.

Les conséquences de la bataille d'Azincourt furent désastreuses : 1° une nouvelle guerre civile éclata ; Jean sans
Peur fut assassiné en 1419 sur le pont de Montereau ; 2° le
nouveau duc de Bourgogne, Philippe le Bon, d'accord avec
la reine Isabeau de Bavière, fit signer à Charles VI le *traité
de Troyes* (1420) qui reconnaissait le roi d'Angleterre,
Henri V, comme héritier du trône de France. Le résultat
de ce honteux traité fut que les Anglais devinrent maîtres
de tout le pays au nord de la Loire et qu'à la mort de
Charles VI, en 1422, la France eut deux rois, Charles VII
et Henri VI, fils de Henri V.

30e LEÇON.

CHARLES VII ET JEANNE D'ARC

Résumé. — Lorsque Charles VII succéda à son père, tout le nord de la France était aux Anglais. Jeanne d'Arc leur fit lever le siège d'Orléans, les battit ensuite à Patay, alla faire sacrer Charles VII à Reims, mais fut prise à Compiègne et livrée aux Anglais qui la brûlèrent vive à Rouen en 1431. — Les victoires de Formigny et de Castillon enlevèrent aux Anglais ce qu'ils possédaient en France et terminèrent la guerre de Cent ans.

Charles VII avait dix-neuf ans à la mort de son père. Il était paresseux, ombrageux et dur; c'était un cœur sec, une âme sans grandeur. — Il trouvait la France dans une situation très difficile. Les campagnes étaient dévastées par les Anglais, maîtres de tout le pays au nord de la Loire. En 1428, ils vinrent mettre le siège devant *Orléans*, place importante qui commandait le passage du fleuve.

La France semblait perdue. Elle fut sauvée par une jeune paysanne de Lorraine, *Jeanne d'Arc*.

Jeanne d'Arc naquit en 1412 à Domrémy. C'était une pauvre bergère, ignorante et pieuse, et qui souffrait beaucoup en entendant raconter les malheurs de la France, en voyant ses frères revenir sanglants des luttes avec les Anglais. Elle avait treize ans quand elle crut entendre des voix qui lui commandaient de marcher au secours du roi de France; elle eut des visions qui lui révélèrent sa mission : délivrer son pays des Anglais. Jeanne hésita pendant cinq ans. Enfin, en 1429, elle se décida, et partit avec une faible escorte pour Chinon, où se trouvait la cour. Le roi lui fit bon accueil; avec la petite armée qu'il lui confia, elle marcha sur Orléans, et fut assez heureuse pour forcer les Anglais à en lever le siège. Elle les battit ensuite à Patay et conduisit Charles VII à Reims pour le faire sacrer : le sacre avait une grande importance aux yeux des peuples de cette époque.

Elle considérait sa mission comme terminée et voulait retourner « près de son père et de sa mère, avec ses frères qui seraient si contents de la revoir ». On la retint. Mais elle échoua dans une attaque sur Paris, fut faite prisonnière à Compiègne par Jean de Luxembourg, qui la vendit 10000 francs aux Anglais. Ses ennemis la conduisirent à Rouen et commencèrent son procès. Accusée d'hérésie, elle fut condamnée à être brûlée vive. Charles VII ne fit rien pour sauver celle qui lui avait rendu sa couronne et elle subit son atroce supplice sur une des places de Rouen (30 mai 1431).

La mort de Jeanne n'arrêta pas les succès des Français. Charles VII, secouant sa paresse, fit la paix avec le duc de Bourgogne au traité d'Arras (1433); la Normandie fut reconquise après la victoire de *Formigny* en 1450; et la Guyenne fut complètement soumise après la victoire de *Castillon* et la *prise de Bordeaux* en 1453.

Seule la ville de Calais restait aux Anglais. La guerre de Cent ans était terminée.

21ᵉ Lecture. — *Administration de Charles VII.* — Dans les dernières années de sa vie, Charles VII s'occupa activement de remédier aux maux causés par la guerre et par les troubles intérieurs.

Il organisa une *armée permanente* qui fut notre première armée nationale ; pour l'entretenir, il créa des *impôts perpétuels* : la taille payée par le Tiers-État, les aides supportées par tout le monde. Jacques Cœur, fils d'un marchand de Bourges, mit de l'ordre dans les finances. Pour rendre la justice, deux Parlements furent institués à Toulouse et à Grenoble. Dans une assemblée d'ecclésiastiques et de laïques tenue à Bourges, les différentes taxes payées au pape furent abolies et l'Église de France recouvra son indépendance vis-à-vis du Saint-Siège, mais resta soumise au roi.

Devoirs. — 1. État de la France à l'avènement de Charles VII. — 2. Jeanne d'Arc. — 3. Fin de la guerre de Cent ans.

CHAPITRE VI

L'ABAISSEMENT
DE LA FÉODALITÉ

31ᵉ LEÇON.

LOUIS XI (1461-1483)

Résumé. — Louis XI fut un politique très fin et très rusé ; il eut surtout à lutter contre Charles le Téméraire, duc de Bourgogne. Il alla le trouver à Péronne, et faillit être victime de son imprudence. — Le Téméraire se fit battre par les Suisses à Granson et à Morat, et mourut au siège de Nancy en 1477. Sa fille Marie, qui avait une riche dot, épousa malheureusement Maximilien d'Autriche.

La Maison de Bourgogne. — A la fin de son règne, Charles VII était obéi et respecté. Cependant il n'était pas le seul maître en France. Beaucoup de seigneurs féodaux se considéraient encore comme rois sur leurs terres, et ne reconnaissaient aucune loi ni divine ni humaine, comme ce comte d'Armagnac, couvert de crimes, qui battait son confesseur quand il refusait de lui donner l'absolution. — Mais le plus puissant de ces vassaux était le duc de Bourgogne.

La maison de Bourgogne devait son origine à Jean le Bon qui avait donné le duché de Bourgogne à son fils Philippe le Hardi après la bataille de Poitiers. — *Philippe le Hardi* (1364-1404), *Jean sans Peur* (1404-1419), *Philippe le Bon* (1419-1467) avaient considérablement agrandi le domaine primitif. Il comprenait, au milieu du XVᵉ siècle :

la Bourgogne, la Franche-Comté, les comtés de Charolais,
de Mâcon, etc., d'une part; et d'autre part, la plus grande

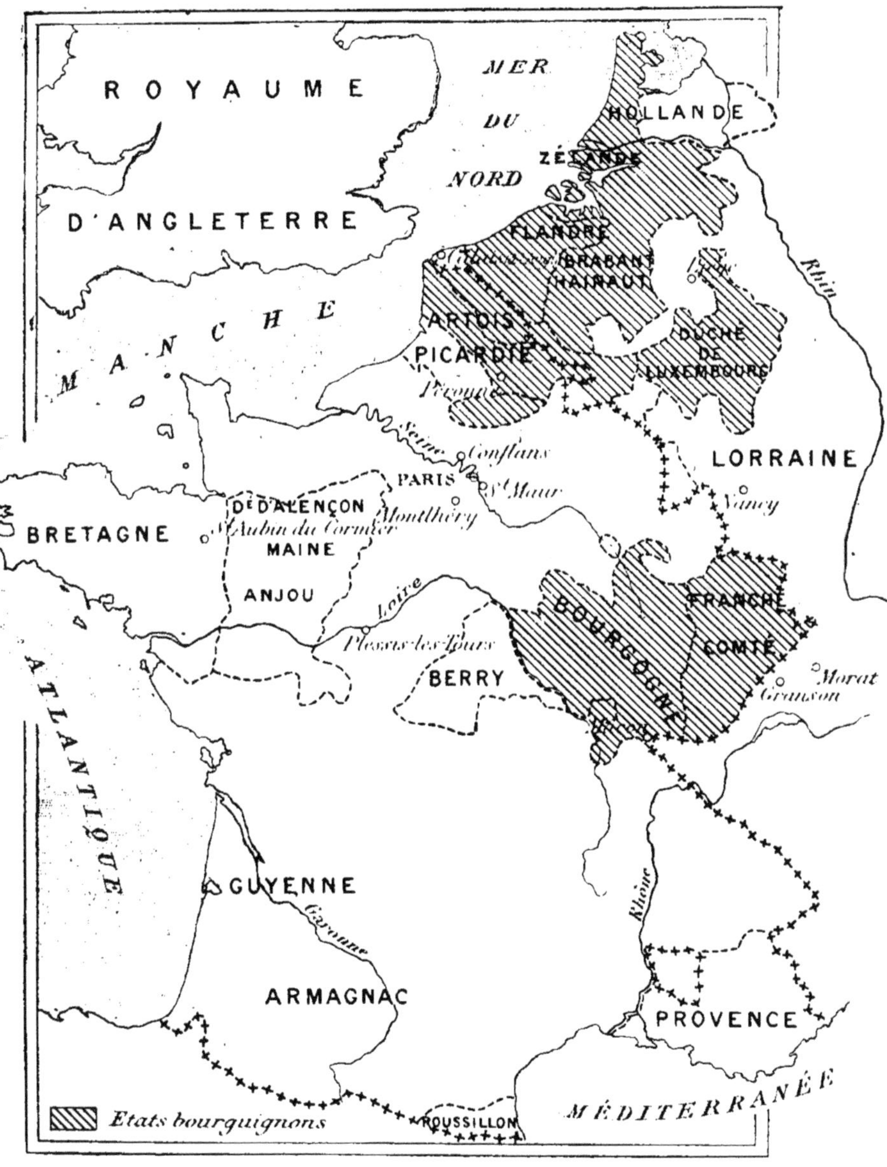

Fig. 19. — France à l'époque de Louis XI.

partie de la Picardie, l'Artois, la Flandre, le Brabant, le
Hainaut, la Zélande, la Hollande, le Luxembourg.

22ᵉ Lecture. — Rien n'égalait le faste insolent, parfois ridicule, des ducs de Bourgogne. « Ce ne sont que fêtes luxueuses, chevauchées, déguisements, danses, bizarreries voluptueuses. Les chevaliers bourguignons qui allaient combattre contre Bajazet à Nicopolis étaient équipés comme pour une partie de plaisir ; leurs bannières et les housses de leurs chevaux étaient chargées d'or et d'argent, leur vaisselle était d'argent, leurs tentes de satin vert ; des vins exquis suivaient dans des barques sur le Danube...

« Au troisième mariage d'un duc de Bourgogne, le gala sembla être une noce de Gamache ordonnée par Gargantua ; les rues de Bruges étaient tendues de tapisseries ; pendant huit jours et huit nuits, un lion de pierre versa du vin du Rhin, et un cerf de pierre versa du vin de Beaune ; aux heures des repas, une licorne versait de l'eau de rose ou du malvoisie... On estime que le duc a sur lui pour un million de pierreries. »

(Taine, Philosophie de l'art aux Pays-Bas.)

Par sa richesse, par sa puissance, par la situation et l'étendue de ses domaines, la maison de Bourgogne constituait donc le plus grave danger pour l'autorité royale ; aussi, c'est à elle que Louis XI s'attaqua pour donner aux autres seigneurs un salutaire enseignement.

Il avait d'ailleurs toutes les qualités nécessaires pour mener à bien une aussi délicate besogne. Dans son pourpoint de futaine, l'œil perçant et l'oreille au guet, il sut toujours profiter habilement des circonstances pour servir la cause de la royauté. Tous les moyens lui semblèrent bons pour arriver à ses fins : il était menteur, hypocrite, rusé ; il ne cherchait qu'à tromper ses ennemis, c'est-à-dire les *grands seigneurs* du royaume.

Après la bataille indécise de Montlhéry, livrée aux nobles mécontents, il se tourna contre le nouveau duc de Bourgogne, Charles le Téméraire. Il engagea la ville de Liége à se révolter contre son maître et se fiant aux séductions de sa parole, « tant douce qu'elle endormait tous ceux qui lui prêtaient l'oreille », il alla trouver Charles le Téméraire à Péronne. Mais peu de temps après son arrivée, le duc apprit la révolte de ses sujets. Il ne douta pas que le coupable était Louis XI, et il résolut de se venger. Pendant trois jours, il ne se déshabilla point, proférant sans cesse des menaces de mort contre le roi. Ce dernier, informé de ce qui se passait, prodiguait l'or et les promesses aux conseillers du Téméraire pour qu'ils parlent à leur maître en sa faveur. Enfin Charles vint le trouver ; la voix lui

tremblait tant il était ému ; le roi lui promit tout ce qu'il
lui demanda ; et il dut l'accompagner combattre les Liégeois
révoltés.

Mais une fois libre, il manqua, comme d'habitude, à sa
parole. Charles le Téméraire se jeta sur la Picardie, mais
ne put prendre Beauvais, défendu par Jeanne Hachette.
Alors il s'engagea imprudemment dans une guerre avec la
Lorraine, projetant de la réunir, ainsi que la Suisse, à ses
vastes États pour les souder ensemble. Il perdit tout, en
voulant trop gagner. Vaincu par les Suisses à Granson et
à Morat, il mourut au siège de Nancy, en 1477, et l'on ne
retrouva plus, quelques jours après, sur les bords glacés
d'un étang, que les restes mutilés de celui qui avait été le
grand duc de Bourgogne.

Louis XI, sans perdre de temps, dépouilla de ses provinces françaises l'héritière du prince défunt : Marie de
Bourgogne. Mais il mit tant de rapacité dans sa politique,
tant de mauvaise foi dans ses négociations que la duchesse
porta à Maximilien d'Autriche sa main et ses domaines.
Il eût été plus habile, de la part du roi, de préparer un
mariage entre son fils et la fille de son ancien rival. Elle
n'eût pas alors donné ses richesses à la maison d'Autriche
et commencé la fortune de Charles-Quint.

23ᵉ Lecture. — *Charles le Téméraire à Granson.* — En janvier 1476, à la tête de 40000 hommes, le Téméraire s'avance
contre les Suisses. Effrayés, ils offrent de se soumettre : mais le
duc prend la petite ville de Granson et massacre la garnison, bien
qu'il lui ait promis la vie sauve. Pour venger cet outrage, les
Suisses armés de longues piques descendent de leurs montagnes
pour reprendre la ville. Une bataille s'engage. Cernés entre le
lac de Neuchatel et la montagne, les Bourguignons ne peuvent se
défendre ; pris de panique, ils se sauvent « comme fumée épandue
par vent de bise ». — Les vainqueurs trouvèrent dans le camp
du Téméraire de grandes richesses dont ils ignoraient la valeur :
de la vaisselle d'or et d'argent, des vases précieux, de beaux
meubles, l'épée de gala et le trône d'or du duc, son chapeau enrichi
de pierreries, son collier de la Toison d'or, un magnifique dia-
mant.

Devoirs. — 1. La maison de Bourgogne. — 2. Louis XI à
Péronne. — 3. Les Suisses à Granson.

32e LEÇON.

LOUIS XI (*Suite*).

Résumé. — Les dernières années de Louis XI furent très tristes ; il les passa dans son château de Plessis-lès-Tours ; il avait surtout peur de la mort. — Louis XI a travaillé à faire l'unité de la France en combattant la féodalité. Il a réuni à la couronne de grands domaines comme la Provence, la Bourgogne, la Picardie. — Sa fille, Anne de Beaujeu, continua son œuvre pendant la minorité de son frère Charles VIII ; elle battit les seigneurs révoltés à Saint-Aubin-du-Cormier, et fit épouser à son frère l'héritière de la Bretagne.

Louis XI à Plessis-lès-Tours. — Louis XI passa ses dernières années dans son château de Plessis-lès-Tours qui ressemblait plutôt à une forteresse étroitement gardée qu'à une demeure royale. Ce château était entouré d'un fossé profond et de barreaux de fer en forme de grille ; des arbalétriers veillaient nuit et jour et tiraient sur tous ceux qui s'approchaient avant l'ouverture de la porte. Le roi avait une crainte affreuse de la mort. Il ne quittait guère ses appartements et ne descendait même pas dans la cour. Il ne voyait pas son fils qu'il faisait élever au château d'Amboise. Il renvoya ses serviteurs parce qu'il s'en défiait ; il ne garda que son médecin parce qu'il avait peur de mourir. Il faisait acheter partout et à grands frais des chevaux, des oiseaux et des chiens pour faire croire qu'il était toujours bien portant. Il se faisait envoyer des reliques pour en essayer le miraculeux pouvoir. Il fit venir du fond de la Calabre un saint homme, François de Paule ; il se mit à genoux devant lui, le priant de lui allonger la vie. — Mais « il fallait qu'il passât par où les autres sont passés » : une attaque d'apoplexie l'enleva en 1483 ; il avait soixante et un ans.

À la mort de Louis XI, la royauté était devenue toute-puissante. La plupart des seigneurs qui avaient embrassé la cause du Téméraire étaient morts ou ruinés ; les autres tressaillaient d'effroi : c'est à l'usage de ces rebelles qu'il avait fait construire des *cages de fer* qu'il appelait ses *fillettes* et dans lesquelles on ne pouvait se tenir ni debout ni couché ; il y garda enfermés pendant plusieurs années quelques-uns des plus grands personnages du royaume, comme le cardinal La Balue qui lui avait donné le conseil d'aller trouver le Téméraire à Péronne. — Malgré la cruelle mauvaise foi du roi de France, il faut reconnaître qu'il a grandement travaillé à faire de notre pays « un seul État, une seule patrie, dans la main d'un seul maître ». — Il a réuni à la couronne le Roussillon, la Provence, la Franche-Comté, la Bourgogne, le Berry, le Maine, l'Anjou, l'Artois et la Picardie. Malheureusement le Roussillon, la Franche-Comté et une partie de l'Artois furent plus tard rendus par Charles VIII.

Anne de Beaujeu. — *Anne de Beaujeu* qui gouverna pendant la minorité de son frère (1483-1491), continua l'œuvre de Louis XI : « C'était, disait-il, la moins folle femme du royaume ». Elle réunit, en 1484, les États généraux à Tours ; le Tiers-État se montra hardi dans ses demandes : on parla de la souveraineté du peuple. — Dans la *guerre folle*, elle dompta les seigneurs rebelles ; ils avaient à leur tête Louis, duc d'Orléans, qui fut battu à Saint-Aubin-du-Cormier, près de Rennes, en 1488.

Le mariage de Charles VIII avec l'héritière de la Bretagne réunit cette province à la France, en 1491.

Devoirs. — 1. Louis XI à Plessis-lès-Tours. — 2. Anne de Beaujeu.

33e LEÇON.

LES PREMIERS IMPRIMEURS

Résumé. — L'invention de l'imprimerie est due à Gutenberg, de Mayence. Les premiers imprimeurs français s'installèrent à Paris sous le règne de Louis XI. Dès lors, on put se procurer des livres à meilleur marché. — Vers la même époque, on trouva la boussole et on fit usage de la poudre à canon. — De grands navigateurs se lancèrent sur les mers : Vasco de Gama passa le cap de Bonne-Espérance et arriva dans l'Inde ; Christophe Colomb découvrit l'Amérique, et un des navires de Magellan fit le tour du monde en passant par le sud de l'Amérique et le sud de l'Afrique.

La découverte du papier de chiffon précéda l'invention féconde de l'imprimerie. — Au moyen âge, on écrivait sur du parchemin ; mais il coûtait fort cher et les moines seuls, aux frais du monastère auquel ils appartenaient, pouvaient s'en procurer. L'usage du papier se répandit à partir du moment où le linge de corps étant passé dans la mode, on en utilisa les débris pour la fabrication de la pâte à papier.

Cependant cette découverte n'eût pas suffi s'il avait fallu continuer à écrire les livres à la main. Les bibliothèques manuscrites étaient d'un prix inabordable et la possession d'un seul livre constituait une petite fortune : une comtesse d'Anjou donna, pour un manuscrit, deux cents brebis.

Fig. 20. — Navire du xvᵉ siècle.

De tâtonnement en tâtonnement, Gutenberg de Mayence arriva à découvrir l'alliage de plomb et d'antimoine qui donnait des caractères ni trop durs ni trop mous ; ensuite, il trouva le moyen de fondre les caractères dans des moules, dont chacun servait à fabriquer un grand nombre de lettres semblables. — Le premier livre imprimé, une belle Bible, parut vers 1455.

L'*imprimerie* se répandit rapidement dans les autres villes de l'Europe. C'est sous le règne de Louis XI, en 1469, que trois ouvriers de Mayence vinrent s'installer à Paris dans les bâtiments de la Sorbonne et y imprimèrent des livres. Le roi les protégea parce qu'il aimait beaucoup la lecture. Un contemporain disait : « Il s'imprime autant de livres en un jour qu'on en copiait autrefois à la main dans une année. » La conséquence de cette magnifique découverte, c'est que les livres furent beaucoup moins chers et que l'instruction fut mise à la portée de tout le monde; en l'an 1500, on pouvait se procurer pour 2 fr. 50 de notre monnaie des ouvrages imprimés qui, manuscrits, se vendaient 4 à 500 francs cinquante ans auparavant.

Vers la même époque, l'usage de la *poudre à canon* permet aux rois de lutter avec avantage contre les seigneurs — et la *boussole* permet aux navigateurs de pouvoir toujours s'orienter et de se lancer sur des mers inconnues.

24ᵉ Lecture. — *Les grandes découvertes géographiques.* — Elles sont dues aux Portugais et aux Espagnols qui cherchaient les pays qui produisent des épices. Les Portugais se dirigèrent vers l'est : Vasco de Gama, après avoir passé le cap de Bonne-Espérance, navigua dans l'Océan Indien et aborda dans l'Inde. — Les Espagnols se dirigèrent vers l'ouest : Christophe Colomb, croyant aborder en Asie, trouva l'Amérique en 1492, et Magellan après avoir passé le détroit qui porte son nom pénétra dans l'Océan Pacifique; un de ses navires revint en Espagne par le cap de Bonne-Espérance, après avoir fait, en trois ans, le tour du monde.

Les résultats de ces découvertes furent importants : les Européens connurent le café, le thé, le sucre, la vanille, le poivre ; — l'or et l'argent affluèrent en Espagne, les travailleurs gagnèrent plus d'argent et purent acheter des terres ; — les routes nouvelles menèrent vers des mondes nouveaux ; la Méditerranée fut délaissée pour l'Atlantique, chemin de l'Amérique ; la voie du Cap conduisit dans les pays situés au sud et à l'est de l'Asie.

25ᵉ Lecture. — *Fin du moyen âge.* — La date de 1453 marque la fin du moyen âge et le commencement des temps modernes. Elle rappelle en effet trois faits importants : 1° *la découverte de l'imprimerie;* 2° *la fin de la guerre de Cent ans;* 3° *la prise de Constantinople par les Turcs;* en s'emparant de cette ville, Mahomet II détruisait cette « gigantesque moisissure de mille ans », l'empire romain d'Orient qui languissait depuis des siècles; il chassait vers les pays occidentaux les savants grecs qui emportaient les précieux manuscrits renfermant les œuvres des anciens.

CHAPITRE VII

LES GUERRES D'ITALIE

ÉTAT DE L'ITALIE A LA FIN DU XVᵉ SIÈCLE

Résumé. — Au XVᵉ siècle, l'Italie est divisée en petits États indépendants, jaloux et rivaux. Les principaux sont : les duchés de Savoie et de Milan, les républiques de Venise et de Florence, les États de l'Église, le royaume des Deux-Siciles. — L'Italie est riche par l'agriculture, l'industrie et le commerce ; elle a de grands écrivains et des artistes habiles ; mais elle est incapable de se défendre contre les peuples qui viennent du dehors.

Vers la fin du xvᵉ siècle, l'Italie ne forme pas une nation ; elle est divisée en petits États indépendants, jaloux et rivaux les uns des autres ; les souverains passent leur temps à se faire la guerre.

Les principaux États sont :

1ᵒ Le *duché de Savoie*, sur les deux versants des Alpes occidentales ;

2ᵒ Le *duché de Milan* ou *Milanais*. Il appartient à un enfant, Jean Galéas, de la famille des Sforza ; mais le pouvoir est aux mains de Ludovic le More, son oncle ;

3ᵒ La *République de Venise*, riche et florissante ;

4ᵒ La *République de Gênes* ;

5ᵒ La *République de Florence* ou *Toscane*, gouvernée par les *Médicis* ;

6° Les *États de l'Église*, avec Rome pour capitale. Le pape Alexandre VI, de la famille des Borgia, est un prince ambitieux, insatiable et perfide ;

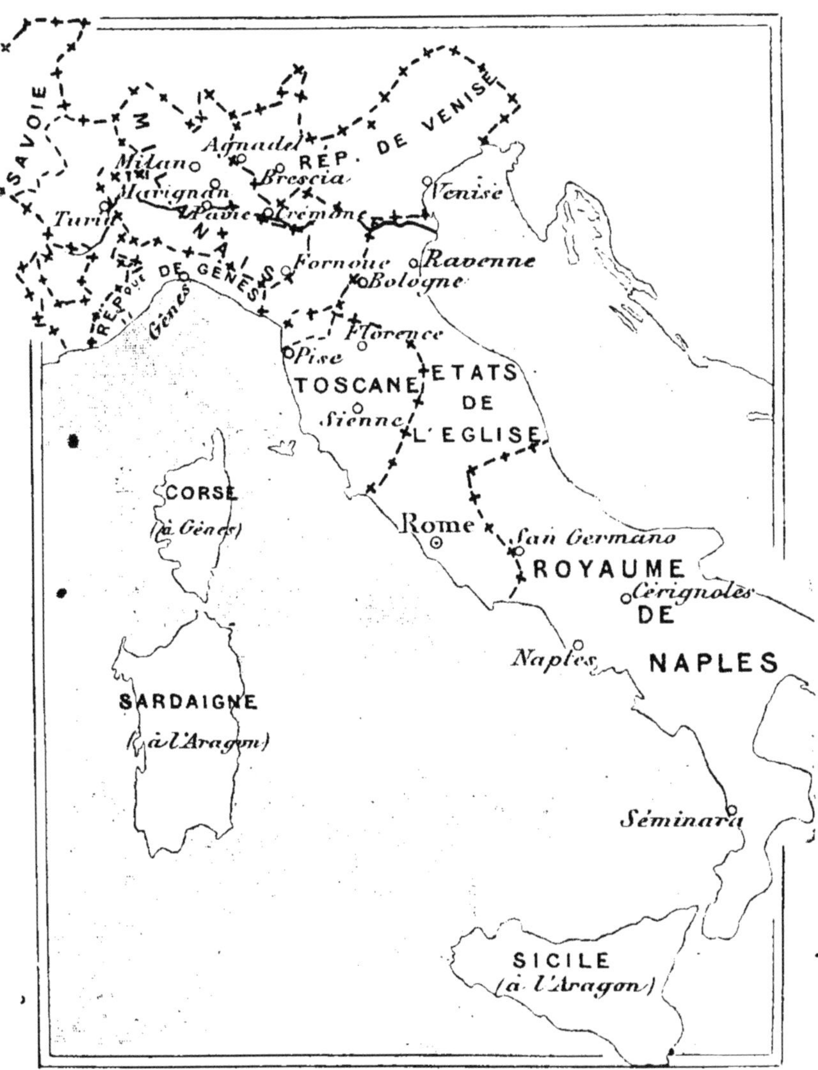

Fig. 21. — L'Italie à la fin du xv° siècle.

7° Le *Royaume de Naples* ou *des Deux-Siciles*.

L'Italie est prospère. Son agriculture, son industrie, son commerce l'enrichissent ; — les lettres et les arts y brillent d'un très vif éclat ; — mais au point de vue politique, elle est très faible et incapable de se défendre contre les invasions étrangères.

Or, pendant que la péninsule reste très divisée, d'autres pays, comme la France et l'Espagne, forment des monarchies ayant à leur disposition des armées nombreuses et disciplinées. Leurs souverains, qui n'ont plus à lutter contre des vassaux rebelles, vont sortir de chez eux pour dépenser au dehors leur fiévreuse activité. Aux guerres féodales vont succéder les guerres politiques, et c'est la riche Italie qui va d'abord servir de champ de bataille aux nations unifiées de l'Europe occidentale.

Devoirs. — 1. Principaux États italiens à la fin du xve siècle. — État de l'Italie à cette époque.

35e LEÇON.

CHARLES VIII (1483-1498)

Résumé. — Les causes des guerres d'Italie sont les droits de Charles VIII sur Naples, le caractère romanesque de ce prince, l'attrait et la division de la péninsule. — Charles VIII franchit les Alpes, traversa facilement l'Italie et entra à Naples en 1495. — Au retour, il battit à Fornoue une redoutable coalition ; mais après son retour en France, le royaume de Naples fut perdu.

Causes des guerres d'Italie. — Nous venons d'indiquer les *causes véritables* des guerres d'Italie, à savoir la création des nations modernes et l'état de la péninsule. Les *causes occasionnelles* sont : 1° les droits que Charles VIII prétendait tenir de la maison d'Anjou sur le royaume de Naples, et ceux que Valentine Visconti avait légués à son petit-fils Louis XII sur le Milanais ; 2° le caractère chevaleresque de Charles VIII et de François Ier ; 3° l'attrait que la belle Italie exerçait sur les imaginations des peuples occidentaux.

Événements. — Tout favorisa d'abord l'expédition de Charles VIII, qui ne fut guère qu'une promenade militaire.

Le roi de France franchit les Alpes le 1er septembre 1494, traversa Turin, Pise, Florence, Rome. Puis il entra triomphalement à Naples, le 22 février 1495.

Mais la conquête fut aussi éphémère qu'elle avait été facile.

Pendant que les Français s'abandonnaient aux délices d'une vie agréable sous un ciel enchanteur, une ligue puissante se formait à Venise pour les expulser de l'Italie. Maximilien d'Autriche, Ferdinand d'Espagne, le pape, Ludovic le More, la République de Venise s'unirent contre nous.

A cette nouvelle, Charles VIII laissa la moitié de ses troupes à Naples et marcha vers le nord avec 10000 hommes. Près de *Fornoue*, il rencontra l'armée coalisée, cinq fois plus forte que la sienne. Surpris par la *furie française*, les ennemis furent dispersés (6 juillet). Le roi put rentrer en France.

Mais la garnison laissée à Naples capitula. De sorte que cette première expédition en Italie n'a eu aucun résultat politique.

Le 7 avril 1498, Charles VIII mourut d'un accident au château d'Amboise.

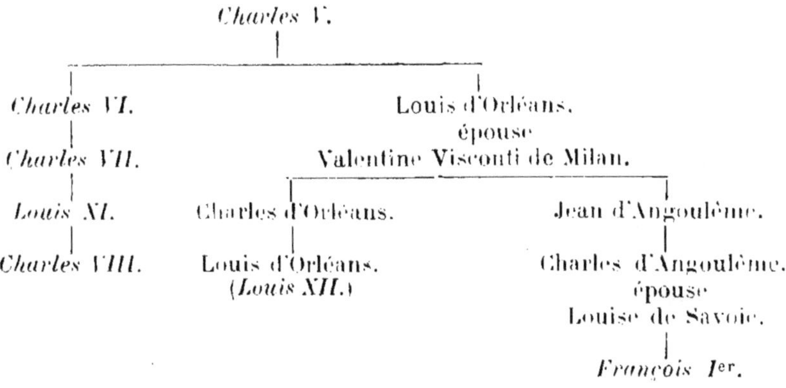

Devoirs. — 1. Causes des guerres d'Italie. — 2. Expédition de Charles VIII.

36ᵉ LEÇON.

LOUIS XII (1498-1515)

Résumé. — Louis XII conquit le Milanais, reconquit puis perdit le royaume de Naples, battit les Vénitiens à Agnadel. Malgré les victoires de Gaston de Foix, l'Italie fut abandonnée. — Louis XII fut un roi juste et bon qui a mérité le surnom de Père du Peuple.

Comme Charles VIII ne laissait pas d'enfant, son successeur fut le duc d'Orléans, petit-fils de Louis d'Orléans et de Valentine Visconti de Milan. — Il avait combattu Anne de Beaujeu, mais après sa défaite, il était devenu sujet loyal. Monté sur le trône, il se montra un souverain juste et bon.

Il épousa la veuve de son prédécesseur, Anne de Bretagne, afin de conserver à la couronne une province importante.

Aux droits qu'il tenait de Charles VIII sur le royaume de Naples, il ajoute ceux que lui avait transmis sa grand'mère sur le Milanais. Il entreprit de les faire valoir.

Conquête du Milanais. — Il s'attaqua d'abord au Milanais. Vaincu, Ludovic le More fut fait prisonnier. Le Milanais était conquis.

Conquête et perte de Naples. — Pour prendre le royaume de Naples, Louis XII traita avec Ferdinand le Catholique, roi d'Aragon. La conquête eut lieu, mais les alliés ne purent s'entendre pour le partage. La guerre éclata. Gonzalve de Cordoue, général espagnol, battit les Français à Séminara et à Cérignoles : de nouveau, le royaume de Naples était perdu (1503).

Nouvelle expédition en Italie. — Louis XII retourna en Italie pour détruire la République de Venise. Il battit les Vénitiens à *Agnadel* (1509). Mais une ligue puissante se forma pour nous chasser de la péninsule ; elle avait à sa tête le pape Jules II. — Attaqués de tous les côtés, les Français résistèrent grâce à un général de vingt-trois ans, *Gaston de Foix*, neveu de Louis XII, qui remporta la victoire de Bologne, mais qui trouva la mort à Ravenne, en 1512, au milieu d'un dernier triomphe : les Français furent alors chassés de l'Italie.

Mort de Louis XII. — Louis XII mourut le 1er janvier 1515, sans laisser d'héritier. Il fut très regretté. On lui a donné le surnom de *Père du Peuple* ; il se montra toujours en effet bon, juste, honnête et économe ; la France connut sous son règne une réelle prospérité.

Devoirs. — Louis XII en Italie.

37e LEÇON.

FRANÇOIS Ier (1515-1547)

Résumé. — **François Ier, prince chevaleresque, voulut reconquérir le Milanais ; la grande victoire de Marignan lui donna cette province. Les Suisses, qu'il avait vaincus, signèrent la paix perpétuelle. — Les guerres d'Italie sont terminées.**

Le successeur de Louis XII fut François d'Angoulême, son cousin, qui avait épousé sa fille Claude.

François Ier avait vingt et un ans. C'était un jeune homme élégant et beau, qui aimait la poésie et les arts — mais aussi le plaisir, le luxe, les fêtes magnifiques. Sa passion dominante était la chasse, la guerre, les exercices du corps violents et périlleux.

Aussi songea-t-il tout de suite à conquérir le Milanais. La victoire de *Marignan*, qu'il remporta sur les Suisses, lui donna cette province (14 septembre 1515).

26e Lecture. — *Bataille de Marignan.* — L'armée française était campée sur le plateau de Marignan. Le 13 septembre, à 3 heures de l'après-midi, arrivèrent les Suisses armés de longues piques. Le feu de l'artillerie et les charges de la cavalerie ne purent les arrêter ; ils montèrent jusqu'au plateau. La bataille ne cessa que vers minuit, avec la lumière de la lune ; elle n'avait pas eu de résultat : les deux armées étaient enchevêtrées l'une dans l'autre. — La lutte recommença au jour avec acharnement. Tous les assauts des Suisses furent repoussés. Vers dix heures du matin, ils battirent en retraite et regagnèrent Milan en bon ordre, laissant 12 000 des leurs. — On a dit que la bataille de Marignan avait été une *bataille de géants*.

Les cantons suisses traitèrent avec le vainqueur. Ils promirent de ne plus jamais combattre la France ; en retour, François Ier s'engagea à lever des soldats chez eux. — Ce traité dura jusqu'en 1789, et mérita bien le nom de « paix perpétuelle ».

François Ier restait maître du Milanais et d'une partie de l'Italie.

En 1516, les guerres *d'Italie* proprement dites sont terminées. Nous allons faire d'autres expéditions *en Italie* ; elles n'ont plus pour but de conquérir la péninsule, mais de lutter contre la puissante maison d'Autriche.

27ᵉ Lecture. — *La Renaissance*. — Une des conséquences heureuses des guerres d'Italie, c'est la Renaissance française, c'est-à-dire la résurrection des arts et des lettres. Les Français avaient été charmés par toutes les merveilles qu'ils avaient vues dans la péninsule : l'Italie possédait à cette époque une foule d'hommes remarquables, comme le grand peintre Raphaël et Michel-Ange, à la fois peintre, architecte, sculpteur et poète. De retour dans leur pays, les nobles se firent construire des châteaux que décorèrent des artistes italiens ramenés par eux. — La France eut aussi ses architectes comme Philibert Delorme et Pierre Lescot, ses sculpteurs comme Jean Goujon et Germain Pilon, ses peintres comme Jean Cousin et François Clouet. — Dans les lettres, s'illustrèrent les poètes Marot et Ronsard ; les prosateurs Calvin, Rabelais et Montaigne.

François Ier protégea les hommes célèbres de son époque et favorisa ainsi le mouvement de la Renaissance. Il fonda le Collège de France et l'Imprimerie royale. Le château de Fontainebleau, qu'il affectionnait particulièrement, fut embelli par les principaux artistes de l'époque, et sur les bords de la Loire s'édifièrent des châteaux célèbres comme Chambord.

Devoirs. — 1. Bataille de Marignan. — 2. Dites tout ce que vous savez sur les guerres d'Italie.

CHAPITRE VIII

RIVALITÉ DES MAISONS
DE FRANCE ET D'AUTRICHE

38ᵉ LEÇON.

I. — SOUS FRANÇOIS Iᵉʳ

Résumé. — François Iᵉʳ passa vingt-quatre ans à lutter contre Charles-Quint, empereur d'Autriche et roi d'Espagne, dont l'ambition menaçait la sécurité de l'Europe. Bayard s'illustra dans ces guerres. Mais en 1525, François Iᵉʳ fut vaincu à Pavie, fait prisonnier et emmené à Madrid.

La maison d'Autriche. — Au début du règne de François Iᵉʳ, la maison d'Autriche était très puissante. Les héritages des maisons de Bourgogne, de Castille, d'Aragon, d'Autriche étaient échus à Charles-Quint, petit-fils de l'empereur Maximilien et de Marie de Bourgogne, de Ferdinand d'Aragon et d'Isabelle de Castille.

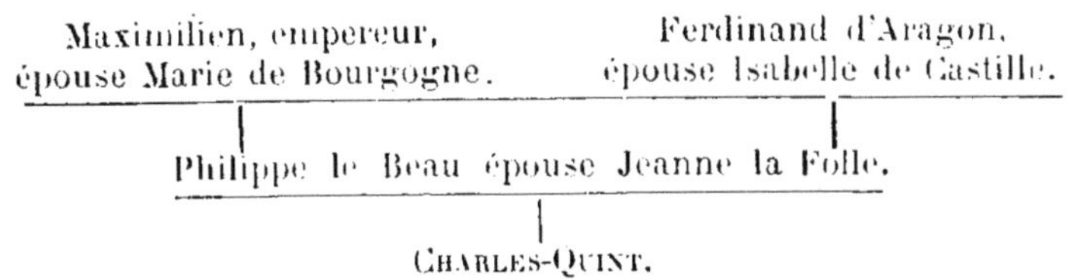

De plus, en 1519, il fut élu empereur à la mort de Maximilien. — La France n'avait jamais couru un plus grand danger : elle était enveloppée par un ennemi redoutable qui n'avait qu'un désir : conquérir toute l'Europe. Ce sera l'honneur de François I⁰ʳ d'avoir sauvegardé l'indépendance des petits États.

La lutte sous François I⁰ʳ. — La lutte entre François I⁰ʳ

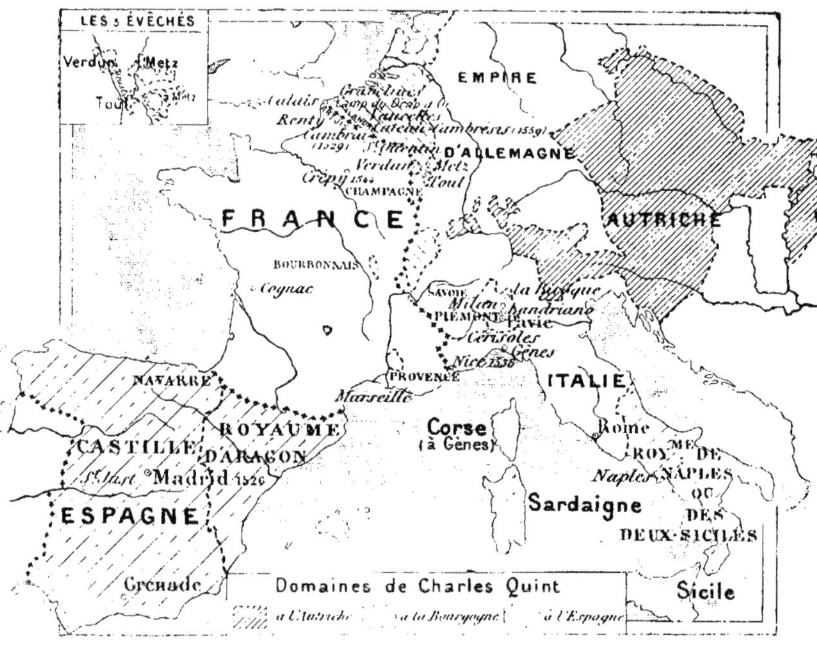

Fig. 22. — Rivalité des maisons de France et d'Autriche.

et Charles-Quint dura vingt-quatre ans. Elle se fit un peu partout, mais surtout en Italie, où souvent nous fûmes battus. Il est vrai que nous eûmes à déplorer presque en même temps la trahison du connétable de Bourbon et la mort de *Bayard* (1524).

28ᵉ Lecture. — *Bayard.* — Bayard naquit près de Grenoble, et à l'âge de treize ans se destina à la carrière des armes.

Il accompagna Charles VIII en Italie et se distingua à Fornoue. — Sous Louis XII, il assistait au siège de Milan ; un jour les Milanais tentent une sortie ; les Français les repoussent, mais Bayard, emporté par son ardeur, pénètre dans la place à la suite de ses ennemis et les portes de la ville se referment sur lui. Mais devant ses fières réponses, le duc lui rendit la liberté en disant : « Si tous les Français ressemblent à celui-ci, j'aurai un vilain quart d'heure à passer. » — Dans l'expédition de Naples, il arrêta seul, sur le pont de Garigliano, une armée espagnole. — Ses innombrables et merveilleux exploits, sa générosité, son désintéressement lui ont fait donner le nom de *Chevalier sans peur et sans reproche.*

En dirigeant une retraite près de Romagnano, Bayard fut atteint d'un coup d'arquebuse qui lui brisa la colonne vertébrale. Il se fit appuyer contre un arbre, le visage tourné vers l'ennemi, et se prépara à mourir. D'après la tradition, le duc de Bourbon aurait retrouvé Bayard et lui aurait témoigné son admiration et sa pitié. « Monseigneur, aurait répondu Bayard, il n'y a point de pitié pour moi, car je meurs en homme de bien ; mais j'ai pitié de vous, car vous servez contre votre prince, votre patrie, votre serment » (1524).

En 1525, François Ier alla mettre le siège devant *Pavie* ; mais il eut le tort d'accepter une bataille devant la place. Malgré ses prodiges de valeur, il fut jeté à bas de son cheval, blessé au visage et fait prisonnier. — Le soir de cette triste journée, il écrivit à sa mère une lettre qui renfermait ces paroles : « Sachez, madame, que de toutes choses il ne m'est resté que l'honneur, et la vie qui est sauve. » On en a fait le mot célèbre : « Tout est perdu, fors (excepté) l'honneur. »

Il fut conduit à *Madrid* et enfermé dans une étroite prison. Il ne recouvra la liberté qu'après avoir signé un traité déshonorant : il devait céder la Bourgogne, renoncer à ses prétentions sur Milan et Naples, restituer au duc de Bourbon tous ses domaines qui avaient été confisqués après sa trahison, payer une forte rançon, épouser la sœur de Charles-Quint. — Mais de retour en France, François Ier manqua à sa parole, et la lutte recommença. Elle devait durer encore une vingtaine d'années sans amener rien de décisif.

29e Lecture. — *Sac de Rome.* — L'un des événements les plus importants fut la prise de Rome. Le traître Bourbon montait à une échelle lorsqu'une balle lui cassa les reins. Ses soldats le vengèrent cruellement. Des milliers de Romains furent massacrés ; on n'épargna ni les couvents, ni les églises ; les ornements d'autels jonchaient les rues ; les riches maisons furent odieusement pillées ; les soldats torturaient les habitants pour leur faire avouer où ils avaient caché leur argent. Supplices et pillages durèrent près d'une année.

François Iᵉʳ mourut en 1547. — Il eut pour successeur son fils Henri II. Ce prince avait la force et la bravoure de son père, mais il ne possédait pas ses qualités. Comme son père, il était prodigue et ami des plaisirs, mais il était d'intelligence médiocre et de caractère faible. — Il avait épousé une italienne, Catherine de Médicis.

Devoirs. — 1. Possessions de Charles-Quint. — 2. Bayard. — 3. François Iᵉʳ à Pavie et à Madrid.

39ᵉ LEÇON.

II. — SOUS HENRI II

Résumé. — La lutte continua sous Henri II qui occupa les Trois-Évêchés : Metz, Toul et Verdun. Charles-Quint essaya vainement de reprendre Metz. Alors il abdiqua, laissant l'Espagne à son fils Philippe II. — Philippe II remporta une victoire à Saint-Quentin, mais il ne sut pas en profiter. Calais fut reprise aux Anglais. — La paix de Cateau-Cambrésis termina la guerre : la France renonçait au Milanais et au royaume de Naples, mais elle gardait Calais et les Trois-Évêchés.

La guerre contre la maison d'Autriche se continua sous le règne de Henri II. Ce prince lutta contre Charles-Quint de 1547 à 1556, puis contre Philippe II, de 1556 à 1559.

En 1551, Henri II occupa les Trois-Évêchés, *Metz*, *Toul* et *Verdun*. — Charles-Quint ne put reprendre Metz que défendait François de Guise. C'est alors que, désolé de voir échouer ses projets, il se retira dans un couvent, laissant l'Espagne à son fils Phillippe II, l'Autriche à son frère Ferdinand.

Philippe II remporta la victoire de *Saint-Quentin* (1557) qui lui eût ouvert la route de Paris s'il eût su en profiter. — Mais en janvier 1558, le duc de Guise fut assez heureux pour reprendre aux Anglais la ville de *Calais* qu'ils possédaient depuis deux cent onze ans. La reine d'Angleterre, Marie Tudor, en mourut de chagrin.

La paix de *Cateau-Cambrésis*, en 1559, termina la guerre.

La France renonçait au Milanais et au royaume de Naples, mais elle gardait Metz, Toul et Verdun, ainsi que Calais. Ces utiles acquisitions compensaient largement les domaines abandonnés au delà des Alpes.

Devoirs. — 1. Les principaux événements de règne du Henri II. — 2. Le traité de Cateau-Cambrésis.

40ᵉ LEÇON.

LA COUR DE FRANCE

Résumé. — **La Cour, c'est-à-dire l'entourage du roi, fut organisée sous François Iᵉʳ. Elle fut d'autant plus brillante que les dames y furent admises. Les fêtes étaient nombreuses et magnifiques ; on y recherchait les écrivains et les artistes. — La Cour se déplaçait et se rendait dans les châteaux de Fontainebleau, Amboise, Blois, Chambord.**

C'est surtout à partir de François Iᵉʳ que la *Cour* fut organisée. Ce prince voulut avoir en permanence autour de lui les officiers de sa maison (grand écuyer, grand échanson, grand veneur, etc.) et ceux du royaume (connétable, grand amiral, etc.). — A ces officiers, se joignirent des prélats, des ducs, des princes, des nobles de province. — La reine et la sœur du roi eurent aussi leurs maisons particulières.

Ces maisons réunies formèrent la Cour. Les dames et les demoiselles y étaient fort nombreuses. « Une Cour sans dames, disait François Iᵉʳ, est comme une année sans printemps et comme un printemps sans fleurs. » Aussi la Cour fut-elle une école de bon goût et de belles manières ; on y prisait les grâces et l'esprit ; on admirait les beaux tableaux et les belles poésies ; mais dans ce milieu léger et frivole, si la noblesse perdit sa grossièreté, elle se corrompit très vite. Elle perdit aussi son indépendance et ne chercha plus qu'à plaire au monarque ; et comme les seigneurs avaient besoin de beaucoup d'argent, ils se montraient très exigeants envers les paysans de leurs domaines qui, d'ailleurs, ne les voyaient plus et qui finirent par les détester.

La Cour, qui comptait 7 000 à 8 000 personnes, suivait le roi dans ses diverses résidences, dans ces châteaux que les artistes de la Renaissance avaient restaurés, construits et embellis : Fontainebleau, Amboise, Blois, Chambord. — Pour l'occuper et la distraire, on multipliait les chasses, les tournois, les luttes, toutes sortes d'exercices corporels. Il y avait souvent des morts et des blessés, mais ces plaisirs violents enchantaient une Cour qui était reconnaissante au roi de les aimer comme elle et d'y exceller. « Jamais n'avait été vu roi en France de qui la noblesse s'éjouit autant. »

30ᵉ Lecture. — François Iᵉʳ exerçait une véritable séduction sur tous ceux qui l'approchaient. Il avait près de cinquante ans lorsqu'un ambassadeur étranger disait de lui : « Le roi est beau, plutôt brun qu'autrement, très grand, large des épaules et de la poitrine, ardent et courageux, franc et aussi délié qu'aucun chevalier de ce monde, la mine toujours joyeuse, le visage long et plein. » — « Le roi est maintenant âgé de cinquante-quatre ans ; son aspect est tout à fait royal ; en sorte que sans avoir jamais vu sa figure ni son portrait, à le regarder seulement, un étranger dirait : C'est le roi. »

Devoirs. — 1. Caractère de François Iᵉʳ. — 2. La cour de François Iᵉʳ.

Fig. 25. — La vente des indulgences ; dessin de Holbein.

CHAPITRE IX

LES GUERRES DE RELIGION

41e LEÇON.

LA RÉFORME SOUS FRANÇOIS Ier ET HENRI II

Résumé. — La Réforme protestante est née des abus du clergé. Elle fut prêchée par Luther en Allemagne, par Calvin en France. — François Ier persécuta les non-catholiques, surtout les malheureux Vaudois. Sous Henri II, on condamnait les protestants au supplice du feu.

Depuis longtemps, de graves *abus* s'étaient introduits dans l'Église : on trouvait le clergé *trop riche*; les rois donnaient des évêchés et des abbayes à des artistes et à des capitaines; des prélats bien en cour accumulaient les bénéfices. On en était même arrivé à pouvoir racheter ses péchés en donnant de l'argent : le clergé vendait des *indulgences*. *Luther* en Allemagne et *Calvin* en France se firent les apôtres de la *religion réformée*. Ils supprimèrent quelques sacrements et certains exercices religieux; ils voulurent que les offices fussent célébrés dans la langue nationale. Ceux qui embrassèrent les doctrines nouvelles s'appelèrent *protestants* ou *huguenots ;* les partisans de Luther furent les *luthériens*, ceux de Calvin, les *calvinistes*.

La Réforme s'est introduite en France sous le règne de François Ier. Le roi, qui se décida à garder le catholicisme, persécuta ceux qui ne pensaient pas comme lui. Il s'acharna surtout contre les Vaudois, habitants laborieux et paisibles du Dauphiné et de la Provence. Une vingtaine de villages furent détruits ; plus de 3 000 personnes périrent de la main des soldats.

Henri II, qui avait des idées encore plus étroites que son père, redoubla de rigueur contre les réformés. Un édit portait la peine de mort contre tout protestant « qui oserait confesser sa foi ». Un membre du Parlement ayant protesté contre cet édit, fut condamné au supplice du feu.

Cependant le nombre des calvinistes augmentait sans cesse. Dès lors, le *parti catholique* et le *parti protestant* se placent nettement en face l'un de l'autre. Comme aucun d'eux ne voudra céder en rien à ses adversaires, la lutte dégénérera en guerre civile : c'est ce qu'on appelle les *guerres de religion*.

Cette période est une des plus tristes de notre histoire ; elle ruina la France ; elle amena partout la misère ; elle donna le désolant spectacle de Français combattant trente-six ans contre des Français, leurs frères, avec la plus cruelle rigueur.

Henri II mourut d'un accident en 1559 : dans un tournoi, il fut blessé à l'œil et il expira après onze jours de souffrances terribles. Il laissait quatre fils, dont trois, François II, Charles IX et Henri III, vont régner successivement après lui.

Devoirs. — 1. Causes de la Réforme. — 2. Luther et Calvin — 3. Catholiques et protestants. — 4. Henri II.

42e LEÇON.

LA REFORME SOUS FRANÇOIS II (1559-1560)

Résumé. — Les trois fils de Henri II, François II, Charles IX et Henri III, régnèrent successivement après lui. — Sous François II, deux familles se trouvèrent en présence : les Guises, catholiques ; les Bourbons, protestants. Par la conjuration d'Amboise, les protestants essayèrent d'enlever le roi à l'influence des Guises ; ils échouèrent et furent cruellement punis.

Incapable de gouverner, François II laissa tout le pouvoir aux oncles de sa femme Marie Stuart, les *Guises*, ardents catholiques. Les protestants se rallièrent alors aux

Bourbons, la maison la plus rapprochée de la famille régnante : ils descendaient d'un fils de saint Louis. — Ainsi se trouvaient en présence deux partis bien tranchés : les Guises et les Bourbons.

Les Guises.

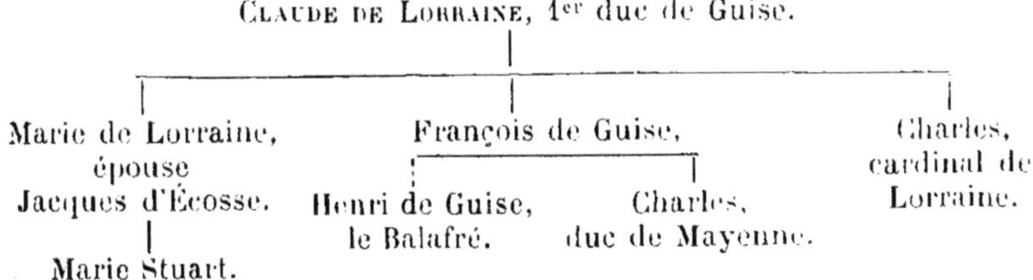

Les Bourbons.

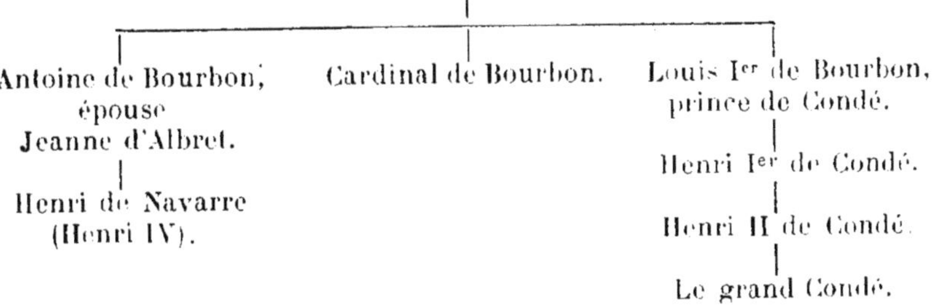

Les protestants essayèrent, par la *conjuration d'Amboise*, de soustraire le jeune roi à l'influence des Guises; mais les conjurés furent découverts et cruellement châtiés : douze cents périrent dans d'atroces supplices.

Peu de temps après, mourut François II : son frère Charles IX lui succéda.

31ᵉ Lecture. — *Marie Stuart.* — Quand François II mourut, sa veuve Marie Stuart n'avait que dix-neuf ans. Elle quitta son pays d'adoption en versant beaucoup de larmes. Sur le bateau qui l'emportait, on l'entendit souvent répéter : « Adieu, plaisant pays de France, je ne vous verrai jamais plus. » Elle qui aimait les plaisirs avec passion, elle allait régner sur les sauvages montagnards d'Écosse. — Jalouse de son intelligence et de sa beauté, la reine d'Angleterre Élisabeth la fit monter sur l'échafaud, après l'avoir retenue en prison pendant dix-huit ans.

Devoirs. — Les Guises et les Bourbons. — 2. La conjuration d'Amboise.

43ᵉ LEÇON.

CHARLES IX (1560-1574)

Résumé. — **Le sage chancelier Michel de l'Hospital eût voulu faire régner la paix entre les catholiques et les protestants ; il ne réussit pas. — La guerre commença en 1562 par le massacre de Vassy ; elle devait durer trente-six ans, jusqu'à l'Édit de Nantes. — Sous le règne de Charles IX, l'événement le plus important et le plus regrettable fut le massacre de la Saint-Barthélemy.**

L'affaire d'Amboise n'avait fait qu'attiser la haine mutuelle des deux partis. Un homme, le seul sage de son temps, eût voulu, en cette époque de troubles meurtriers, arrêter le cours de tous les massacres : c'est le chancelier *Michel de l'Hospital* dont la haute et noble figure domine tous ses contemporains.

32ᵉ Lecture. — Avec sa grande barbe blanche, son visage pâle, sa façon grave, écrivait un contemporain, on eût dit, à voir Michel de l'Hospital, que c'était un vrai portrait de saint Jérôme. Aussi plusieurs le disaient à la cour. Tous les états le craignaient, mais surtout messieurs de la justice, desquels il était le chef, et même quand il les examinait sur leurs vies, sur leurs capacités, sur leur savoir, tous le redoutaient, comme font les écoliers le principal de leur collège.

« Qu'est-il besoin, disait-il, de tant de bûchers et de tortures ? Il faut nous garnir de vertus et de bonnes mœurs, et puis après assaillir les hérésies avec les armes de charité, prières, persuasions et paroles de Dieu, qui sont propres à tel combat. »

Mais la belle modération de Michel de l'Hospital ne trouvait guère d'imitateurs.

Cependant la mère du jeune roi, Catherine de Médicis, parut s'associer au début de la régence à la politique conciliante du sage conseiller. Les Guises perdirent leur influence et les Bourbons revinrent en faveur. Ils y restèrent jusqu'au moment où la régente les trouva trop forts. Elle leur substitua alors le parti catholique. C'est ainsi que l'astucieuse princesse italienne en usait pour conserver son pouvoir. Elle opposait sans cesse les partis l'un à l'autre, pratiquant ce qu'on a appelé la *politique de bascule*.

Cependant la régente et le chancelier espérèrent au début, par des concessions mutuelles, rétablir l'accord entre les catholiques et les protestants. C'est à cet effet qu'eut lieu le *colloque de Poissy*. Les partis en sortirent plus irrités que jamais l'un contre l'autre et décidés à en appeler chacun à une nation étrangère. Les protestants demandèrent du secours à l'Angleterre; les catholiques s'adressèrent à l'Espagne.

L'occasion de la guerre civile fut le *massacre des protestants à Vassy*, en 1562 : les protestants célébraient dans une grange leur office religieux; les gens du duc de Guise voulurent les empêcher de continuer; une mêlée s'en suivit : quarante-deux protestants sans armes furent tués par les catholiques. — Des crimes atroces marquent les guerres religieuses; catholiques et protestants rivalisent de férocité. Les chefs sont lâchement assassinés, comme le catholique François de Guise par un protestant, le protestant prince de Condé par un catholique. Le catholique *Montluc*, gouverneur de Guyenne, parcourait sa province avec des bourreaux qui pendaient les réformés : « On pouvait connaître, dit-il lui-même, par où il était passé, car par les arbres sur les chemins on en trouvait les enseignes. » Le protestant *des Adrets*, dans le Dauphiné, précipitait les catholiques du haut d'une tour sur la pointe des piques. — Mais le fait le plus odieux fut le *massacre de la Saint-Barthélemy*. Il fut préparé par Catherine de Médicis qui obtint du faible Charles IX l'autorisation de tuer les protestants dans la nuit du 24 août 1572.

La cloche de Saint-Germain-l'Auxerrois donna le signal du massacre. On commença par le meurtre de l'amiral *Coligny* qui, à peine mort, fut jeté dans la cour par la fenêtre. Puis les catholiques se précipitèrent sur les protestants et en massacrèrent un grand nombre.

Ce fut un odieux carnage qui restera éternellement comme une honte dans l'histoire. « La mort et le sang couraient dans les rues. » — Beaucoup de villes de province imitèrent Paris.

Le roi Charles IX mourut en 1574, à peine âgé de

vingt-quatre ans, hanté par les remords que lui causait la
Saint-Barthélemy. Deux jours après le massacre, prenant

Fig. 24. — Guerres de religion.

à part le grand chirurgien Ambroise Paré, il lui dit :
« Ambroise, je ne sais ce qui m'est survenu, mais je me
trouve l'esprit et le corps grandement émus, c'est tout ainsi
que si j'avais la fièvre, me semblant à tout moment, aussi

bien veillant que dormant, que ces corps massacrés se présentent à moi les faces hideuses et couvertes de sang. »

33e Lecture. — *La mort de Coligny*. — Un Allemand au service des Guises, Besme, frappe à la porte de Coligny. L'amiral se lève. « N'es-tu pas l'amiral ? lui dit l'assassin. — C'est moi-même. Jeune homme, tu devrais respecter mes cheveux blancs. Cependant fais ce que tu voudras ; tu n'abrègeras pas beaucoup ma vie. » Besme lui plonge son épée dans le ventre. « As-tu fini ? lui crie le duc de Guise d'en bas. — C'est fait, répondit-il. — Jette-le donc par la fenêtre. » Le cadavre est jeté dans la cour où le duc de Guise le frappe du pied.

Devoirs. — 1. Le massacre de la Saint-Barthélemy. — 2. Michel de l'Hospital.

44e LEÇON.

HENRI III (1574-1589)

Résumé. — **Sous Henri III, les catholiques formèrent une Ligue qui mit à sa tête Henri de Guise. Le roi eut à lutter contre la Ligue et contre les protestants ; il fit poignarder le duc de Guise ; puis il s'allia avec Henri de Navarre, le plus proche héritier de la couronne, et il alla mettre le siège devant Paris ; il y fut assassiné par Jacques Clément.**

Henri III, frère de Charles IX, régna jusqu'en 1589. C'était un prince efféminé et ridicule qui ne fit rien pour apaiser les guerres civiles. Les Guises, toujours très puissants, avaient en face d'eux *Henri de Navarre*, fils d'Antoine de Bourbon et de Jeanne d'Albret, et le plus proche héritier du trône. Entre les deux, un parti se forma, celui des *Politiques* ou *modérés*, qui blâmait les excès et désirait l'union. Immédiatement les catholiques organisèrent un groupe opposé : celui de la *Ligue* ou *Union catholique* qui reconnut pour chef le duc *Henri de Guise*, surnommé le *Balafré*, à cause d'une blessure qu'il avait reçue à la joue dans un combat.

Malgré le succès des protestants à *Coutras*, les Français

ne pouvaient se résoudre à mettre sur le trône Henri de Navarre, parce qu'il était protestant : c'était cependant lui le plus proche héritier de la couronne, car Henri III n'avait pas d'enfants. — D'autre part, la popularité d'Henri III allait décroissant: la population parisienne appela Henri de Guise, dont la bravoure la séduisait; les nobles le nommaient *notre grand* : « La France était folle de cet homme-là, car c'est trop peu dire amoureuse ».

Le roi avait donc contre lui la Ligue et les protestants; il se retira à Blois où il convoqua les États généraux. Ils lui refusèrent de l'argent. Croyant que le duc de Guise était l'auteur de tout le mal, il résolut de s'en débarrasser. Le matin du 23 décembre 1588, le Balafré assistait au Conseil. On vint lui dire que le roi le demandait. Il se rendit près de lui, mais comme il soulevait la portière du cabinet, huit gentilshommes choisis par Henri III se jetèrent sur le duc et le poignardèrent. Le roi sortit de son cabinet, et pour s'assurer que son ennemi était bien mort, il poussa le cadavre du pied. « Il est encore plus grand mort que vivant », dit-il.

Ce meurtre ne fit qu'accroître la haine des ligueurs; à Paris, le peuple prit le deuil, on tendit de noir les églises. Mayenne fut nommé chef de la Ligue. Alors le roi s'allia à Henri de Navarre pour venir mettre le siège devant Paris. Il fut lui-même frappé à mort par le moine Jacques Clément, en 1589. — La race des Valois était éteinte.

Henri III ne fut pas regretté; quand la duchesse de Montpensier, sœur du Balafré, apporta la première dans Paris la nouvelle de l'assassinat du roi, elle était presque folle de joie; l'image de Jacques Clément, qui avait été massacré sur-le-champ, fut offerte dans les églises à l'adoration du peuple. Les Parisiens espérant que Mayenne allait leur amener Henri IV garrotté, louaient des fenêtres pour le voir passer; mais Henri IV, suivant l'expression d'un contemporain, « usait plus de bottes que de souliers ».

Devoir. — 1. Henri III, Henri le Balafré, Henri de Navarre.

45ᵉ LEÇON.

HENRI IV (1589-1610)

Résumé. — **Abandonné par une partie de l'armée, Henri IV dut lever le siège de Paris. Il se dirigea vers Dieppe, battit Mayenne à Arques et à Ivry, revint mettre le siège devant Paris dont il ne put s'emparer. Il dut se décider à abjurer la religion protestante pour se faire catholique afin de rallier la majorité de ses sujets. C'est alors que Paris lui ouvrit ses portes.**

34ᵉ Lecture. — *Jeunesse de Henri IV.* — Henri IV naquit en 1553, au château de Pau, en Navarre; on y montre encore l'écaille de tortue qui lui servit de berceau. Il fut élevé avec les enfants du pays; il partagea leurs jeux, leurs luttes, leurs courses à travers la montagne. Il était assez batailleur. Catherine de Médicis disait de lui : « Ce petit moricaud n'est que guerre et que tempête. » Dans la nuit de la Saint-Barthélemy, il faillit être tué; il ne sauva sa tête qu'en se faisant catholique; mais cette brusque conversion forcée ne pouvait être sincère. Il quitta la cour et se remit à la tête des protestants. Pour lutter contre la Ligue, Henri III s'allia avec lui; la mort du roi de France fit de Henri de Navarre l'héritier légitime du trône.

Avant de mourir, Henri III avait désigné Henri de Navarre comme son successeur; mais ce prince était protestant. Abandonné par une partie des soldats, il dut lever le siège de Paris; mais il se décida à conquérir son royaume puisque ses sujets refusaient de lui ouvrir les portes de leurs villes.

Il se dirigea vers Dieppe pour recevoir les secours de l'Angleterre. Mayenne vint l'attaquer près d'*Arques* (1589) mais fut complètement battu. L'année suivante, le roi rencontra ses ennemis à *Ivry*. Au début de l'action il dit à ses compagnons : « Si vos enseignes vous manquent, ralliez-vous à mon panache blanc; vous le trouverez toujours au chemin de la victoire et de l'honneur. » La victoire de Henri IV, plus brillante encore que celle d'Arques, lui ouvrit la route de Paris. Mais le roi dut faire le siège de sa capitale. Siège terrible : Paris se trouva réduit par la famine. Les hôpitaux étaient pleins des cadavres de gens morts de faim, dans les rues se traînaient des mourants et des affamés, les églises étaient changées en étables ; une mère mangea son enfant. Mais un général espagnol vint au secours de la capitale et força Henri IV à lever le siège. — C'est alors qu'apitoyé par les souffrances de son peuple, il se décida, après bien des hésitations, à abjurer la religion réformée pour adopter celle de la majorité de ses sujets.

Fig. 25. — Entrée d'Henri IV dans Paris.

— Beaucoup de villes, dont Paris, se donnèrent à lui. — Mais il lui restait encore à *pacifier* et à *restaurer* son royaume.

Devoirs. — 1. Batailles d'Arques et d'Ivry. — 2. Le siège de Paris.

46e LEÇON.

PACIFICATION DE LA FRANCE

Résumé.   La paix de Vervins mit fin à la guerre étrangère, l'Édit de Nantes à la guerre civile. — Par la paix de Vervins, les Espagnols rendirent leurs conquêtes et quittèrent la France. — Par l'Édit de Nantes, Henri IV accordait aux protestants la liberté de conscience et de culte, et l'égalité des droits avec les catholiques. Ils conservaient de nombreuses places de sûreté, dont la principale était La Rochelle.

Paix de Vervins (1598). — Les Espagnols étaient intervenus dans nos luttes religieuses dans l'espoir de s'emparer de la couronne de France. Après l'abjuration de Henri IV, *ils comprirent qu'ils ne réussiraient pas.* De 1595 à 1598, la guerre traîna en longueur. L'événement le plus important est la victoire de Fontaine-Française en 1595. N'ayant plus d'argent ni l'un ni l'autre, Henri IV et Philippe II signèrent la paix à Vervins. L'Espagne restitua les places qu'elle occupait.

Édit de Nantes (1598). — Henri IV mit fin aux guerres de religion en promulguant l'édit de Nantes.

Cet édit célèbre établissait :

1° La liberté de conscience ;

2° Le libre exercice du culte dans un grand nombre de localités ;

3° L'égalité de droits civils avec les catholiques et accès égal aux charges publiques ;

4° Dans les Parlements, des chambres composées moitié de protestants, moitié de catholiques pour juger les procès des protestants ;

5° Les protestants conservaient pendant huit ans deux cents places de sûreté ; quelques-unes étaient de véritables forteresses, comme Saumur, La Rochelle, Montauban, Montpellier, Privas ;

6° Ils pouvaient tenir tous les trois ans des assemblées générales pour y délibérer de toutes les questions concernant la religion.

Il y a dans cet édit deux parties bien distinctes : 1° La *liberté religieuse* et la *liberté du culte* établissaient en France le régime de la tolérance ; cette mesure, aussi sage que nécessaire, ne sera pas respectée par Louis XIV. — 2° Les dernières clauses, qui étaient des garanties exigées par un parti défiant, établissaient « un État dans l'État » ; Richelieu enlèvera aux calvinistes ces *libertés politiques.*

Devoirs. — 1. La paix de Vervins. — 2. L'édit de Nantes.

47ᵉ LEÇON.

RESTAURATION DE LA FRANCE

Résumé. — Henri IV employa les douze dernières années de sa vie à réparer les maux causés par les guerres de religion. Il trouva dans Sully un collaborateur dévoué. L'ordre fut rétabli dans les finances ; l'agriculture fut encouragée, les premiers métiers à tisser la soie furent établis, les voies de communication se développèrent et le commerce prospéra. — Malheureusement Henri IV fut assassiné en 1610 par un misérable, Ravaillac.

Après quarante années de guerres civiles et religieuses, la France se trouvait dans une lamentable situation. Henri IV entreprit de la guérir des maux profonds dont elle souffrait. Il eut la chance de rencontrer dans un de ses anciens compagnons d'armes, *Sully*, un collaborateur laborieux, honnête et dévoué.

Finances. — La situation financière était déplorable. En 1596, Henri IV écrivait : « Je n'ai quasi pas un cheval sur lequel je puisse combattre ; mes pourpoints sont troués au coude et ma marmite est souvent renversée. »

En 1598, la dette de la France était énorme.

Sully établit une comptabilité régulière en créant un véritable budget, c'est-à-dire un état des recettes et des dépenses.

Pour remettre de l'ordre dans les finances, il chercha à *augmenter les recettes*. Pour cela il fit mettre aux enchères les impôts indirects que l'État affermait, et fit adjuger la ferme au dernier et plus offrant enchérisseur.

Il fit payer la taille par nombre de bourgeois qui avaient usurpé de faux titres de noblesse.

Il fit rendre gorge à des agents infidèles et restituer à l'État 500 000 écus.

Il *diminua les dépenses*, en supprimant des charges inutiles, en procédant à une sévère vérification des rentes ; les unes furent annulées, les autres réduites.

En 1604, Sully établit la *Paulette*, du nom du financier Paulet qui inventa cette mesure. Moyennant le paiement annuel du soixantième du prix de leur charge, les magistrats en devenaient propriétaires et pouvaient la vendre ou la transmettre à leurs enfants.

35ᵉ Lecture. — L'habile administration financière de Sully porta ses fruits : « Il a payé pour cent millions de dettes, racheté pour trente-cinq millions de domaines aliénés ; avant lui, quand on avait payé sur les recettes toutes les charges qui grevaient le trésor, il n'y avait plus que sept à neuf millions disponibles pour les dépenses publiques ; grâce à lui, cette somme atteignit près de vingt millions. Beaucoup d'argent avait été dépensé en travaux utiles. Un trésor de plus de vingt millions avait été amassé pièce à pièce en prévision des guerres futures. Plus de seize millions en argent étaient entassés dans les caves de la Bastille. »

(Lavisse, Sully, Hachette.

Agriculture. — Pour Sully, l'agriculture était la principale source de la prospérité publique. « Labourage et pâturage, disait-il, sont les deux mamelles de la France ; c'est pour elle les vraies mines et trésors du Pérou. » En conséquence, il appliqua tous ses soins à protéger le paysan, surtout contre les désordres des soldats ; il défendit aux collecteurs d'impôts de saisir les bestiaux et les outils des laboureurs.

Pendant les guerres civiles, les routes n'avaient pas été entretenues ; beaucoup étaient devenues impraticables. Sully les fit réparer et fit planter sur leurs bords des arbres pour les ombrager. — De plus, les ponts détruits furent reconstruits ; le canal de Briare fut creusé pour unir la Seine avec la Loire. — Les terres conquises sur la mer ou les marais furent exemptées d'impôts.

Industrie. — Sully prisait moins l'industrie que l'agriculture. Heureusement, sur ce point, Henri IV ne partageait pas les idées de son ministre. Il répandit la culture du mûrier pour élever des vers à soie ; les premiers métiers furent établis à Lyon, à Tours, à Nîmes. — Il encouragea une manufacture de drap à Paris, des fabriques de verre et de cristaux, des tapisseries de Flandre, etc.

Commerce. — Le commerce avait presque entièrement cessé pendant la période troublée des guerres de religion. Les travaux publics entrepris par Sully le ranimèrent. Les voies de communication, plus nombreuses et plus sûres, le facilitèrent. Le roi prit encore des mesures pour que les deux principales ressources du sol français, le blé et le vin, puissent sortir des provinces qui les produisaient et même être vendues à l'étranger.

À la même époque, Champlain colonisait le Canada et fondait sur le Saint-Laurent les villes de Québec et de Montréal.

Mort de Henri IV. — Le 14 mai 1610, Henri IV demanda son carrosse pour aller voir Sully qui était souffrant. Un embarras de voitures permit à un misérable, nommé Ravaillac, de porter au roi deux coups de couteau mortels. — Henri IV est le chef de la maison de Bourbon ; il en est aussi le représentant le plus aimé et le plus populaire.

Devoirs. — 1. Sully. — 2. État de la France en 1589 et en 1610.

48ᵉ LEÇON.

ÉTENDUE DE LA FRANCE EN 1610

Il y a une grande différence entre le domaine royal de Hugues Capet et la France telle que la laissa Henri IV.

Hugues Capet ne possédait guère que l'Ile-de-France. — Philippe-Auguste ajouta la Normandie, le Maine, l'Anjou, la Touraine et le Poitou ; — Louis VIII, le Languedoc ; — Philippe le Bel, la Champagne et la Flandre avec Lille ; — Philippe de Valois, le Dauphiné ; — Charles VII, la Guyenne et la Gascogne ; — Louis XI, la Bourgogne, la Picardie et la Provence ; — Louis XII, la Bretagne ; — Henri II, les Trois-Évêchés : Metz, Toul, Verdun ; — Henri IV, le Béarn et la Navarre.

La France s'est donc considérablement agrandie depuis Hugues Capet. Cependant elle a subi de terribles crises, surtout à l'époque de la guerre de Cent ans, et pendant les guerres de religion. Mais Henri IV a réparé les

Fig. 26. — La France en 1610.

maux de la guerre ; il laisse, en 1610, un pays étendu et respecté ; grâce à Sully, la situation financière est bonne ; l'agriculture, l'industrie et le commerce prospèrent ; malheureusement, sa mort, arrivée trop tôt, va livrer la France à des mains incapables.

36ᵉ Lecture. — *Paris à la fin du règne de Henri IV*. — Grande était l'attraction exercée sur la France entière, et déjà sur le reste de l'Europe, par cette ville de Paris où se rencontraient les cadets de Gascogne, les poètes de Normandie, les savants de l'Écosse, les soldats de l'Allemagne, les capitaines de la Hollande, les comédiens et les politiques de l'Italie : tous parlant leurs idiomes ou communiquant entre eux par une sorte de langue étrange dont le latin et le français italianisé faisaient le fond. Paris inspirait aussi aux étrangers une grande admiration et une grande envie par son climat tempéré, sa bonne humeur, sa vie facile, la sociabilité aimable et polie de ses habitants. — C'était déjà le Paris orné par Henri IV, embelli par le goût italien, s'accoutumant à la douceur d'une existence plus paisible et mieux ordonnée, s'ouvrant à la lumière, s'éclairant le soir de lanternes bien entretenues, s'arrachant à la crasse et à la boue du moyen âge, ordonnant mieux sa police et sa voirie.

(D'après Hanotaux.)

NOTIONS ÉLÉMENTAIRES

DE

GÉOGRAPHIE GÉNÉRALE

Ire LEÇON.

LA TERRE

Résumé. — La Terre que nous habitons est une immense boule ronde, isolée de toutes parts. Elle tourne autour du Soleil, qui la réchauffe et l'éclaire, en une année de 365 jours. Elle tourne sur elle-même en vingt-quatre heures que se partagent le jour et la nuit.

La surface terrestre est partagée par l'équateur en deux hémisphères et divisée en plusieurs zones : la zone torride, les deux zones tempérées, les deux zones glaciales.

Il y a quatre points cardinaux : le nord, le sud, l'est, l'ouest.

La *Terre* que nous habitons est une immense boule qui mesure 40 000 kilomètres de tour et environ 6 400 kilomètres de rayon. — Sa superficie est mille fois plus grande que celle de la France.

La Terre est isolée de toutes parts.

Elle tourne autour du Soleil, immense globe très chaud et très lumineux, plus d'un million de fois plus gros qu'elle, et qui lui déverse incessamment la lumière, la chaleur et la vie ; elle en est pourtant éloignée de 37 millions de lieues.

Autour du soleil tournent aussi, à des distances variables, d'autres *terres* qu'on appelle *planètes*.

Autour de la Terre tourne la *Lune*, qui n'est pas lumineuse par elle-même, mais qui nous renvoie la nuit la lumière du Soleil.

A des distances immenses de nous se trouvent les *étoiles* que nous apercevons quelquefois la nuit. Une *étoile* est un globe semblable à notre *Soleil* et qui comme lui éclaire probablement d'autres mondes. — La Terre sur laquelle nous vivons n'est donc qu'*un point dans l'Univers.*

Mouvements de la Terre.

— La Terre ne reste pas immobile. Elle est animée d'un double mouvement :

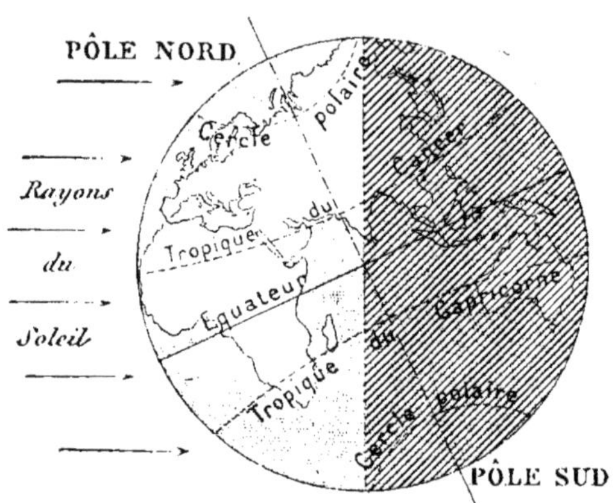

**ROTATION
DE LA TERRE SUR ELLE-MÊME
LE JOUR ET LA NUIT**

1º Elle tourne sur elle-même, comme une pomme traversée en son milieu par une longue aiguille que l'on roule entre ses doigts : les deux points où cette ligne imaginaire perce la surface du globe s'appellent *pôles* : l'un est le pôle nord, l'autre le pôle sud. La durée de la rotation est d'environ vingt-quatre heures, que se partagent inégalement le *jour* et la *nuit*.

2º Elle tourne autour du Soleil, et la durée de cette révolution s'appelle une *année*. Il se trouve que l'année contient 365 jours un quart. — Ce quart de jour, tous les quatre ans, fait une journée entière ; l'année compte alors 366 jours ; elle est dite *bissextile*.

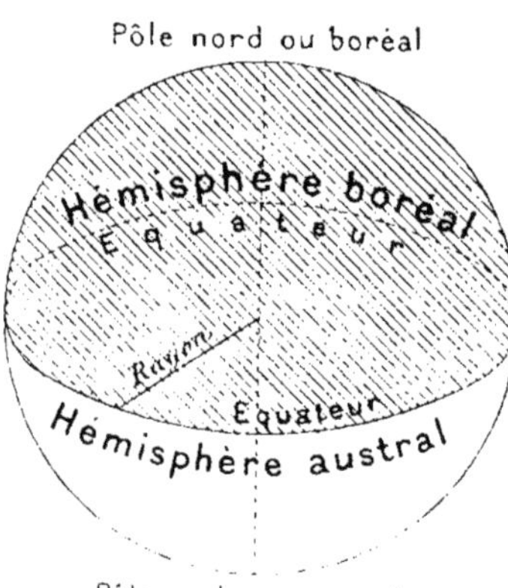

Équateur et hémisphères.

— Supposons qu'on enroule un fil autour d'un globe terrestre en le maintenant à égale distance des deux pôles, on aura ainsi représenté le cercle imaginaire qu'on appelle l'*équateur*. Il partage la surface terrestre en deux parties égales ou *hémisphères* : l'hémisphère boréal ou nord, ainsi appelé parce qu'il contient le pôle du même nom ; c'est celui que nous habitons ; — et l'hémisphère austral ou sud.

Zones terrestres. — La surface de la Terre se trouve répartie en plusieurs *zones* :

1° La *zone torride*, au nord et au sud de l'équateur. — L'été y est brûlant ; l'hiver y est très chaud.

2° Au nord et au sud de la zone torride se trouvent les deux *zones tempérées* ; les quatre saisons, printemps, été, automne, hiver, y sont généralement bien marquées.

3° Enfin les deux *zones glaciales* avoisinent les pôles. Il y fait très froid toute l'année.

ZONES TERRESTRES

Il est à remarquer que la saison chaude dans l'hémisphère boréal correspond à la saison froide dans l'hémisphère austral, — et réciproquement.

Points cardinaux. — Les points cardinaux, le *nord* ou *septentrion*, le *sud* ou *midi*, l'*est* ou *orient* et l'*ouest* ou *occident*, servent à s'orienter, c'est-à-dire qu'ils indiquent le chemin que l'on désire suivre, de quelle région souffle le vent, d'où viennent les nuages, etc. — La nuit, l'étoile polaire indique le nord ; dans le jour, le soleil, à midi, est au sud ; en tout temps, l'aiguille de la boussole se dirige vers le nord. — Sur les cartes géographiques, le nord se trouve en haut, le sud en bas, l'est à droite, l'ouest à gauche.

ROSE DES VENTS

LES MERS ET LES TERRES

Résumé. — **A la surface du globe, il y a trois fois plus d'eau que de terre.**

On distingue cinq grandes mers ou océans : l'océan Pacifique, l'océan Atlantique, l'océan Indien, l'océan Glacial arctique, l'océan Glacial antarctique.

On divise les terres en ancien continent et nouveau continent. L'ancien continent comprend l'Europe, l'Asie et l'Afrique. Le nouveau continent comprend l'Amérique. L'Océanie est formée de très nombreuses îles dont la plus grande est l'Australie.

La surface de notre globe est occupée par des *mers* et par des *terres*. L'eau recouvre à peu près les trois quarts de la surface terrestre : il y a donc trois fois plus d'eau que

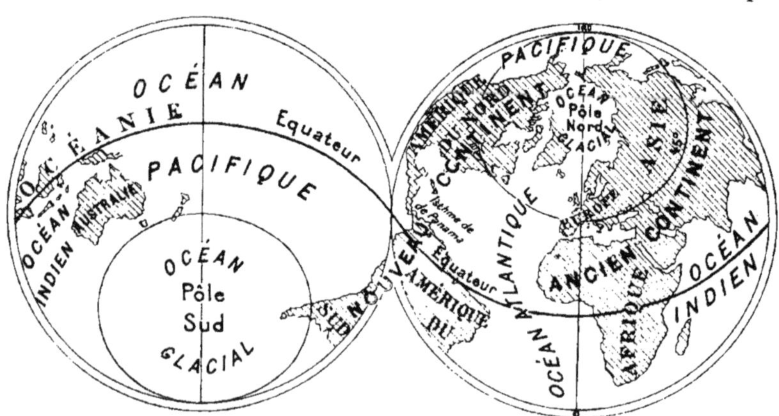

Fig. 31. — Les mers et les terres.

de terre. La plus grande partie des mers est au sud de l'équateur.

Toutes les mers communiquent entre elles ; mais on distingue cinq océans qui, à leur tour, forment des mers plus petites.

1° L'océan *Pacifique* est le plus vaste de tous : il couvre plus du tiers de la surface du globe ; il baigne l'ouest de l'Amérique, l'est de l'Asie et les terres océaniennes ;

2° L'océan *Atlantique* baigne l'ouest de l'Europe et de l'Afrique, l'est de l'Amérique : c'est celui qui voit le plus de navires sillonner ses eaux ; il forme la plus importante des mers secondaires, la *Méditerranée*.

3° L'océan *Indien* baigne l'est de l'Afrique, le sud de l'Asie et l'ouest de l'Australie ;

4° L'océan *Glacial du Nord* ou *arctique* :

5° L'océan *Glacial du Sud* ou *antarctique*.

1re Lecture. — L'eau de la mer est salée. — Répandue sur la surface continentale, la quantité de sel que renferme l'Océan formerait une couche de 10 mètres d'épaisseur. — Les mers froides dans lesquelles se jettent des fleuves abondants sont moins salées que les mers chaudes, surtout quand elles reçoivent peu d'eau douce. Ainsi la mer Baltique est quatre fois moins salée que la mer Rouge.

La plus grande partie des terres est située dans l'hémisphère nord. — On a l'habitude de diviser les terres en *ancien continent* et *nouveau continent*. L'ancien continent comprend :

1° L'*Asie*, qui occupe le tiers des terres émergées :

2° L'*Europe*, qui n'est qu'une presqu'île de l'Asie :

3° L'*Afrique*, qui est une île depuis que l'isthme de Suez est percé.

Le nouveau continent comprend : l'*Amérique du Nord* et l'*Amérique du Sud*, terres triangulaires reliées par une série d'isthmes, dont l'*isthme de Panama*.

L'*Océanie*, un peu plus grande que l'Europe, est formée de nombreuses îles dont la plus vaste est l'Australie.

Devoirs. — 1. Qu'est-ce que la Terre? — 2. Mouvements de la Terre. — 3. Quels sont les grands Océans? — 4. Grandes divisions des terres.

Exercice cartographique. — 1. Dessiner les zones terrestres. — 2. Les terres et les mers.

LES MARÉES ET LES COURANTS.

Résumé. — La marée est le mouvement périodique de la mer : la mer monte pendant six heures, puis descend pendant les six heures suivantes, pour toujours recommencer.

Les courants sont des sortes de fleuves qui parcourent les Océans et dont les eaux sont ou plus chaudes ou plus froides que celles qui les environnent ; le plus célèbre est le Gulf-Stream qui réchauffe l'Europe occidentale.

Le fond de la mer présente, comme la surface de la terre, des parties basses et des parties élevées ; certains endroits ont plus de 9 000 mètres de profondeur.

Dans la mer vivent de grandes quantités de poissons dont la fécondité est prodigieuse.

L'eau de la mer n'est pas immobile. L'agitation de sa surface est due aux *vagues*, aux *marées* et aux *courants*.

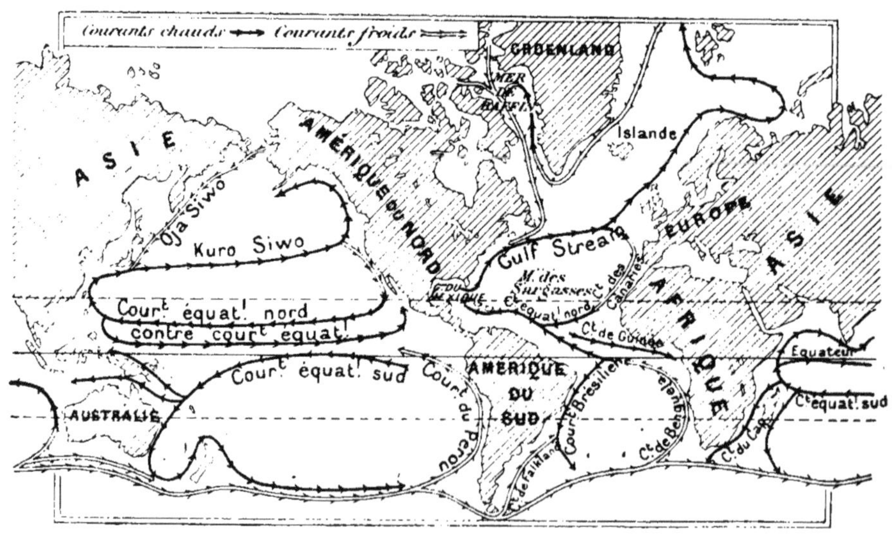

Fig. 32. — Les courants maritimes.

Vagues. — Les vagues sont causées par le vent ; elles sont d'autant plus hautes que le vent est plus fort.

Marées. — La marée est le mouvement périodique de

la mer. Pendant six heures environ, la mer monte; pendant quelque temps, elle ne monte ni ne baisse : c'est la pleine mer; puis elle redescend, pour recommencer au bout de six heures environ son mouvement d'ascension. — La marée montante s'appelle le flux ou flot ; la marée descendante, le reflux.

Les marées sont dues à l'attraction de la lune et du soleil, de la lune surtout, parce qu'elle est beaucoup plus proche de la terre. Elles se font principalement sentir dans les grands océans, au fond des golfes étroits ; elles peuvent atteindre la hauteur de 16 mètres. — Les mers fermées ou presque fermées, comme la Méditerranée, n'ont que des marées insensibles.

Courants. — Les courants sont des sortes de fleuves qui parcourent les océans et dont les eaux sont ou plus chaudes ou plus froides que celles qui les environnent.

Au nord de l'équateur, la côte occidentale des continents est baignée par un courant qui vient des régions tropicales : le *Gulf-Stream* réchauffe les côtes de l'Europe occidentale ; le *Kuro-Siwo*, celles de l'ouest de l'Amérique du Nord; — les côtes orientales de l'ancien et du nouveau continent, dans le même hémisphère, sont refroidies par des *courants polaires*.

Dans l'hémisphère sud, c'est le contraire qui se présente. La côte occidentale de l'Amérique du Sud est refroidie par le *courant du Pérou*, tandis que le rivage oriental est réchauffé par le *courant du Brésil*; — la côte occidentale d'Afrique est refroidie par le *courant de Benguela*, tandis que la côte orientale est réchauffée par le *courant du Cap*.

Les courants ont donc une grande influence sur le climat des pays qu'ils réchauffent ou refroidissent. Ils en ont eu jadis sur l'histoire et sur la civilisation ; ils en ont encore sur le commerce.

2ᵉ Lecture. — *Le Gulf-Stream.* — « Il est un fleuve dans l'Océan ; dans les plus grandes sécheresses, jamais il ne tarit; dans les plus grandes crues, jamais il ne déborde. Ses rives et son lit sont des couches d'eau froide entre lesquelles coulent à flots pressés des eaux tièdes et bleues. Nulle part sur le globe il n'existe un courant aussi majestueux. Il est plus rapide que l'Amazone, plus impétueux que le Mississipi, et la masse de ces deux fleuves ne représente pas la millième partie du volume d'eau qu'il déplace. » Maury.)

LE FOND DES MERS

Le fond de la mer n'est pas uniforme et plat ; il a ses vallées, ses plaines, ses plateaux, ses montagnes, ses hautes cimes qui viennent quelquefois former des îles à la surface de l'Océan. Les archipels ne sont que les parties culminantes des montagnes sous-marines ; c'est pourquoi ils présentent souvent des alignements curieux.

Mais, tandis qu'à la surface des continents, on trouve des pentes abruptes, des plaines basses avoisinant de hautes montagnes, dans la mer les pentes sont plus douces. Plusieurs causes contribuent au nivellement des mers : les apports des fleuves tendent à combler les fonds ; les matières lourdes restent près du rivage, tandis que les matières légères sont entraînées au loin par les vagues et les courants. — Les éruptions sous-marines fournissent des matières meubles qui quittent rapidement leur lieu d'origine. — Les icebergs, immenses blocs de glace détachés des glaciers polaires, entraînés par les courants dans des mers plus méridionales, fondent au contact des eaux chaudes et laissent tomber dans les profondeurs sous-marines les débris de toute sorte qu'ils renferment ; avec les siècles, de grands fonds se comblent.

Nous voulons simplement dire qu'il n'existe pas dans la mer de pentes aussi prononcées qu'à la surface terrestre : car non seulement le volume des mers est plus grand que celui des terres émergées, mais encore on trouve au sein des océans, des abîmes tels que les plus hauts sommets du globe y disparaîtraient complètement.

La profondeur moyenne des mers est d'environ 4 000 mètres ; mais tandis que chez certaines d'entre elles, comme la Manche et la Baltique, elle est peu considérable, il en est d'autres où la sonde n'atteint le fond qu'à plus de 9 500 mètres.

LA VIE SOUS-MARINE

La vie est très active au fond des mers, particulièrement la vie animale.

Les plantes marines appartiennent pour la plupart à la grande famille des *algues*; elles ont formé dans l'Atlantique la *mer des Sargasses*, plus grande que la France.

La vie animale est, sous l'équateur, d'une prodigieuse richesse, mais elle diminue à mesure que l'on avance vers les pôles, sans jamais cesser complètement. La pêche est encore très abondante dans les mers tempérées; dans les mers polaires, on va chasser la baleine et le phoque.

3ᵉ Lecture. — Tous les poissons ne restent pas toujours à la même place au sein des mers. Bon nombre *voyagent*. Au commencement de l'hiver, les harengs descendent des régions froides vers des climats plus tempérés. Les morues suivent le courant du Labrador en rangs pressés, mais la rencontre du Gulf-Stream les fait arrêter au sud de Terre-Neuve. Le maquereau va de la Norvège aux Canaries, du Groenland aux Antilles. Les saumons et les esturgeons, poissons marins, remontent les grands fleuves pour leur confier leurs œufs qui seraient moins en sûreté dans la mer.

Au sein des eaux, la *lutte pour la vie* est continuelle, plus âpre encore que sur la terre. Qui pourrait raconter les scènes terribles qui s'y déroulent? Les triomphateurs sont les mieux armés et les plus rusés. Les uns sont protégés par de dures carapaces ou, comme le poisson-scie, munis d'armes terribles; les autres simulent la mort pour tromper leurs ennemis ou sacrifient un membre (crabes, étoiles de mer) pour avoir la vie sauve. Ceux-ci savent se rendre invisibles, soit en se confondant avec le milieu qui les environne, comme les turbots et les poulpes, soit en sécrétant comme la seiche une liqueur noirâtre qui trouble l'eau; ceux-là se cachent sous des éponges qu'ils maintiennent sur leur dos avec leurs pattes de derrière, ou, affectant la forme d'un bouquet, se confondent avec les végétaux parmi lesquels ils vivent.

C'est grâce à leur *prodigieuse fécondité* que les poissons ne disparaissent pas dans ce combat de tous les instants, dans cette lutte sans merci. La morue a jusqu'à neuf millions d'œufs. « Le hareng se multiplie dans de telles proportions que, sans les nombreuses causes de destruction qui atteignent ces poissons depuis l'état d'œuf jusqu'à l'âge adulte, les mers tout entières, jusque dans leurs plus grands abîmes, seraient comblées à la troisième ou à la quatrième génération. En vingt ans, un seul couple pourrait reproduire une masse dix fois égale au volume de la terre. »

LES CONTINENTS

Résumé. — **A la surface de la terre, on distingue les plaines, les plateaux et les montagnes. — Les plus hautes montagnes sont, en Europe, les Pyrénées et les Alpes ; en**

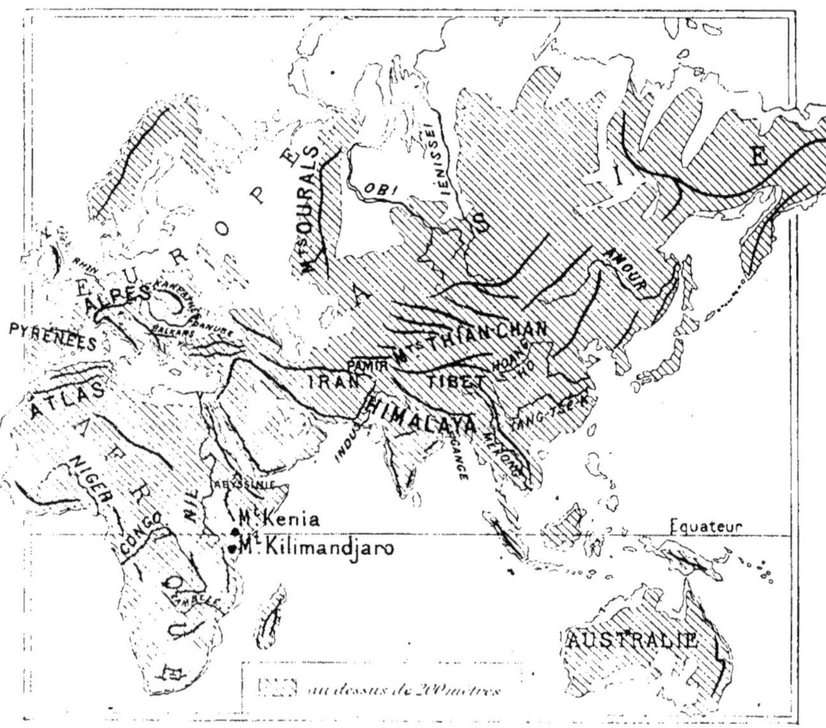

Fig. 33. — L'ancien continent.

Asie, l'Himalaya ; en Amérique, les montagnes Rocheuses et la Cordillère des Andes.

Les plus grands fleuves sont, en Europe, le Rhin, le Danube et la Volga ; en Asie, le Yang-tsé-Kiang et le Gange ; en Afrique, le Nil, le Niger et le Congo ; en Amérique, le Mississipi et l'Amazone.

Grandes montagnes. — La terre ferme n'a pas partout la même hauteur au-dessus du niveau de la mer. Les parties les plus basses sont appelées *plaines*; elles sont généralement très favorables au développement agricole et très peuplées. Les plaines élevées ont reçu le nom de *plateaux*; la vie y est généralement difficile. Les grandes hauteurs sont les *montagnes*; tantôt ce sont des chaînes uniques qui isolent deux mondes, tantôt ce sont des plissements parallèles difficiles à franchir, tantôt ce sont des massifs isolés par des vallées.

En Europe, les principales montagnes sont les *Pyrénées*, au sud de la France; les *Alpes*, qui possèdent le plus haut sommet de l'Europe centrale, le mont Blanc, qui a 4810 mètres; les *Karpathes*; les *Balkans*.

En Asie, les monts *Thian-Chan* et l'*Himalaya*, la plus haute chaîne du monde avec un sommet qui a 8840 mètres. — Les plateaux de *Pamir* et du *Thibet* sont très élevés. — Au nord de l'Asie se trouve la grande *plaine de Sibérie* qui se continue à l'ouest par la *plaine de l'Europe septentrionale*.

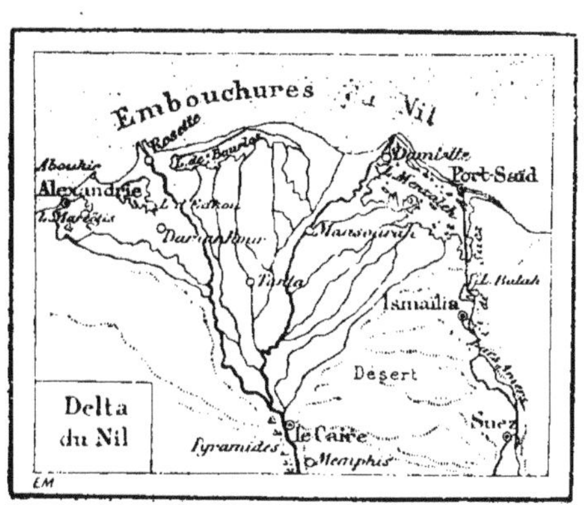

Fig. 34. — Delta du Nil.

En Afrique, se trouve l'*Atlas* au nord-ouest; le *plateau d'Abyssinie* à l'est; et sous l'équateur les monts *Kenia* et *Kilimandjaro*, très élevés.

L'Amérique du Nord a les *montagnes Rocheuses*; l'Amérique du Sud, la *Cordillère des Andes*.

Grands cours d'eau. — En Europe, les cours d'eau les plus longs, les plus abondants ou les plus utiles sont : le *Rhin*, la *Seine*, le *Rhône*, le *Pô*, le *Danube* et la *Volga*.

En Asie, les principaux fleuves sont : l'*Obi*, l'*Iénisséi*; — l'*Amour*, le *Hoang-ho*, le *Yang-tsé-Kiang*; — le *Gange* et l'*Indus*.

En Afrique : le *Nil*, le *Niger*, le *Congo* et le *Zambèze*.

Dans l'Amérique du Nord : le *Saint-Laurent* et le *Mississipi* ; dans l'Amérique du Sud : l'*Amazone* et le *Rio de La Plata*.

4ᵉ Lecture. — Pour qu'un fleuve soit navigable, il faut qu'il coule lentement dans une plaine basse, qu'il ait de l'eau toute l'année en quantité suffisante, que son embouchure soit profonde. Généralement, l'embouchure est profonde quand elle est unique : c'est ce qu'on appelle un *estuaire* ; elle est peu profonde quand le fleuve se divise en plusieurs bras : c'est ce qu'on appelle un *delta*. — Des fleuves qui descendent rapidement les pentes d'une montagne, qui ont trop d'eau à un moment donné pour être presque à sec quelque temps après, sont des *torrents* inutiles à la navigation et dangereux pour les riverains.

Fig. 35. — Le nouveau continent.

5ᵉ Lecture. — *Les volcans*. — Primitivement la terre était un globe en fusion dont la couche superficielle s'est peu à peu refroidie et solidifiée. Tout l'intérieur du globe est encore un immense réservoir de matières fondues portées à une très haute température ; la partie solide qui recouvre cette masse liquide s'appelle l'*écorce terrestre* : elle n'est pas plus épaisse par rapport à la terre que la peau d'une orange comparée à ce fruit.

Il arrive quelquefois que le feu central se trouve mis en communication avec la surface du globe par une sorte de cheminée dont la bouche extérieure s'appelle *cratère*. On a alors un *volcan*.

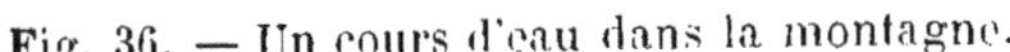

Fig. 36. — Un cours d'eau dans la montagne.

Fig. 37. — Un cours d'eau dans la plaine.

Les volcans vomissent des flammes, de la vapeur d'eau, des cendres, des aves, véritables fleuves de matières fondues qui coulent sur les pentes de la montagne en brûlant tout sur leur passage et qui ont quelquefois plus de 100 kilomètres de longueur; les pluies de cendres peuvent engloutir des villes entières.

Les volcans ne sont pas continuellement en éruption; mais quand le phénomène se produit, c'est un des plus grandioses et des plus terribles qu'il soit donné à l'homme de contempler.

Devoirs. — 1. Les courants marins. — 2. La vie dans les mers. — 3. Les grandes montagnes et les grands fleuves du globe. — 4. Décrire un volcan. — 5. Croquis des courants marins. — 6. Tracer les grands fleuves.

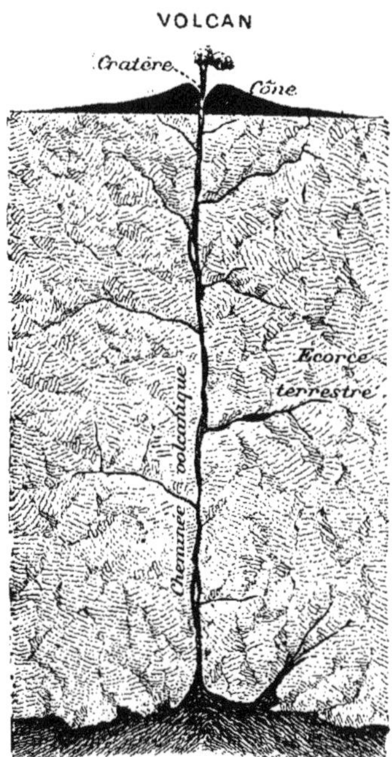

Fig. 38. — Dessin théorique d'un volcan.

PAYS CHAUDS ET PAYS FROIDS

Résumé. — **Les pays les plus chauds sont ceux qui sont voisins de l'équateur : sud de l'Amérique du Nord, nord de l'Amérique du Sud, presque toute l'Afrique, le sud de l'Asie, le nord de l'Australie.**

Les pays les plus froids sont ceux qui sont voisins des pôles : nord de l'Amérique du Nord, nord de l'Europe et de l'Asie.

À la surface de la terre, il ne fait pas partout également chaud et également froid. La température d'un lieu dépend : 1° de sa distance à l'équateur ; 2° de sa hauteur au-dessus du niveau de la mer ; 3° du voisinage ou de l'éloignement de l'Océan.

1° Les pays voisins de l'équateur, recevant directement les rayons du soleil, ont une température très élevée ; ceux qui sont proches des pôles sont très froids, parce qu'ils ne reçoivent que les rayons obliques du soleil, rayons qui sont sans chaleur.

2° Plus on s'élève en hauteur, plus la chaleur décroît. Par conséquent, les pays élevés sont des pays froids ; les plaines sont toujours plus chaudes que les montagnes voisines : même sous l'équateur, les hauts sommets sont toute l'année couverts de neiges persistantes.

3° La mer exerce sur le climat une influence adoucissante, parce qu'elle s'échauffe beaucoup moins vite que la terre et qu'elle garde bien plus longtemps la chaleur qu'elle a emmagasinée. En été, sa température est inférieure à celle de la terre ; en hiver, elle est plus chaude que la terre qu'elle baigne. — Les pays situés dans le voisinage de la mer sont donc, par elle, rafraîchis en été, réchauffés en hiver : ce sont des pays de *climats maritimes*. — Au contraire, ceux qui en sont éloignés échappent à cette bienfaisante influence ; les hivers y sont longs et rigoureux, les étés très chauds : de plus, les saisons intermédiaires, printemps et automne, y sont à peu près inconnues : ce sont des pays de *climats continentaux*. — Par exemple, à Brest, il n'y a que 11 degrés de différence entre janvier et juillet ; à Paris, cette différence est de 16°, à Nancy de 18, à Vienne de 22, à Moscou de 31, à Verkhoïansk en Sibérie de 67. C'est dans cette dernière ville, où les Russes ont établi un observatoire, que l'on a constaté la plus basse température : 63 degrés au-dessous de zéro.

Ainsi les pays situés immédiatement au nord et au sud de l'équateur ont de très grandes chaleurs toute l'année : sud de l'Amérique du Nord et nord de l'Amérique du Sud, presque toute l'Afrique, le sud de l'Asie, la plus grande partie de l'Australie.

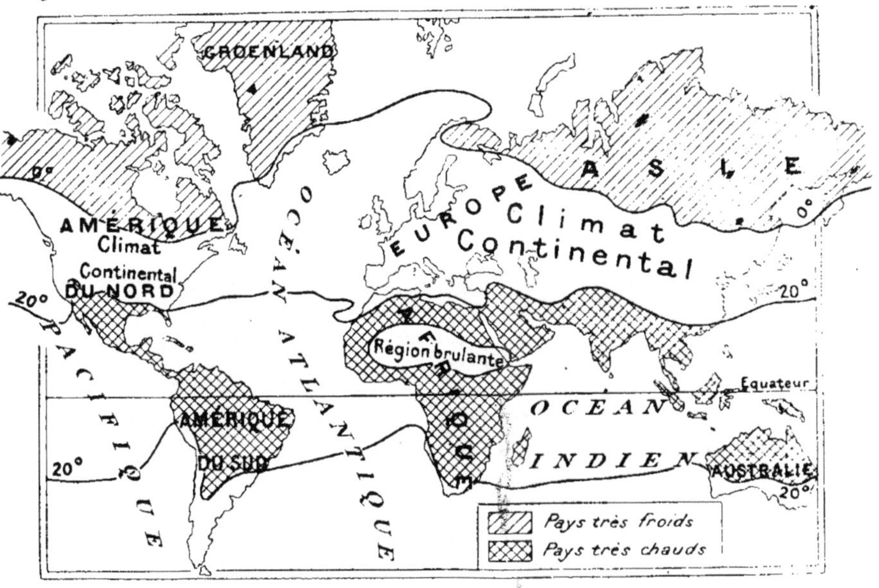

Fig. 39. — Pays chauds et pays froids.

Les pays qui avoisinent les pôles sont, pendant une grande partie de l'année, couverts de glace ou de neige : nord de l'Amérique du Nord, Groenland, nord de l'Europe et de l'Asie.

Entre ces pays très chauds et très froids se trouve une zone tempérée, surtout dans le voisinage de la mer, car dans l'intérieur des terres, les étés sont très chauds, les hivers très rigoureux : le centre de l'Amérique du Nord, l'est de l'Europe et le centre de l'Asie ont à souffrir du climat continental, très sec et trop chaud ou trop froid.

Devoirs. — 1. Principales montagnes et grands fleuves du globe. — 2. Pays chauds et pays froids.

Exercice cartographique. — Les grandes montagnes et les grands fleuves.

PAYS ARROSÉS ET PAYS SECS

Résumé. — Les pays les plus arrosés sont : l'ouest de l'Europe, le sud-est de l'Asie, l'Afrique centrale et le nord-est de l'Amérique du Sud.

Les pays les plus secs sont : le Sahara, l'Arabie, l'Iran, la Mongolie, une grande partie de l'Australie.

L'eau de mer, par évaporation, donne les *nuages* qui finissent par se résoudre en *pluies* ou en *neiges*.

Tous les pays du globe ne reçoivent pas la même quantité de pluie. Les zones chaudes, où l'évaporation est très

Fig. 40. — La forêt équatoriale.

considérable, sont beaucoup plus arrosées que les régions froides ou celles qui sont très loin de la mer.

Sous l'équateur, il pleut abondamment toute l'année : le nord de l'Amérique du Sud et l'Afrique centrale reçoivent d'énormes quantités d'eau, et comme d'autre part il y fait très chaud, la végétation est magnifique. (Voy. fig. 40.)

Au nord et au sud de l'équateur, près des tropiques, il

ne pleut qu'en été : les saisons chaudes et pluvieuses sont précédées et suivies de saisons sèches. Les pluies sont encore très abondantes dans l'Amérique centrale et le Mexique, et surtout au sud-est de l'Asie où, en certains points, il tombe quelquefois plus d'eau en un seul jour qu'en France dans toute une année.

Au nord et au sud de la zone tropicale se trouvent les régions désertiques : il pleut très rarement dans le Sahara,

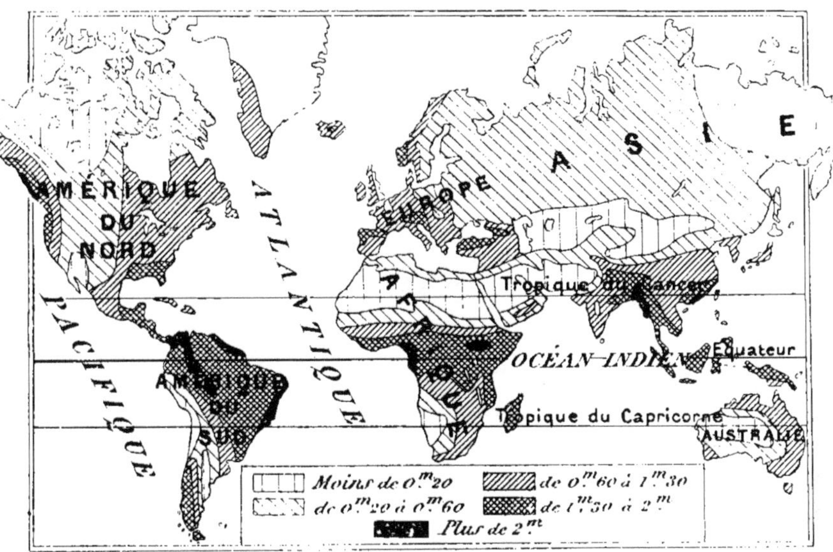

Fig. 41. — Les pluies.

l'Arabie, l'Iran, la Mongolie, le Kalahari, l'Australie occidentale et centrale.

Dans les régions tempérées, les pluies sont moyennes, surtout dans le voisinage de la mer. De plus, elles se répartissent souvent entre toutes les saisons ; cependant, sur les bords de la Méditerranée, il ne pleut guère qu'en hiver.

Les zones glacées sont très peu arrosées, et l'eau tombe souvent sous forme de neige.

6e Lecture. — La pluie vient donc de la mer. Qu'elle ruisselle sur le sol ou qu'elle aille alimenter des nappes souterraines qui donnent naissance aux sources, elle forme et grossit les rivières et les fleuves qui vont rendre à l'Océan toutes les eaux qu'ils ont reçues: il s'établit donc à la surface du globe une circulation ininterrompue : l'eau bienfaisante que le chaud soleil emprunte à l'Océan est apportée sur la terre par les nuages et reportée à la mer par les fleuves : c'est un éternel recommencement.

LES DÉSERTS

Résumé. — **Les déserts qui ont pour cause la sécheresse sont : le Sahara, l'Arabie, l'Iran, la Mongolie, le Kalahari, le centre et l'ouest de l'Australie.**

Les déserts qui ont pour cause le froid sont : le nord du Canada, le nord de la Russie et de la Sibérie.

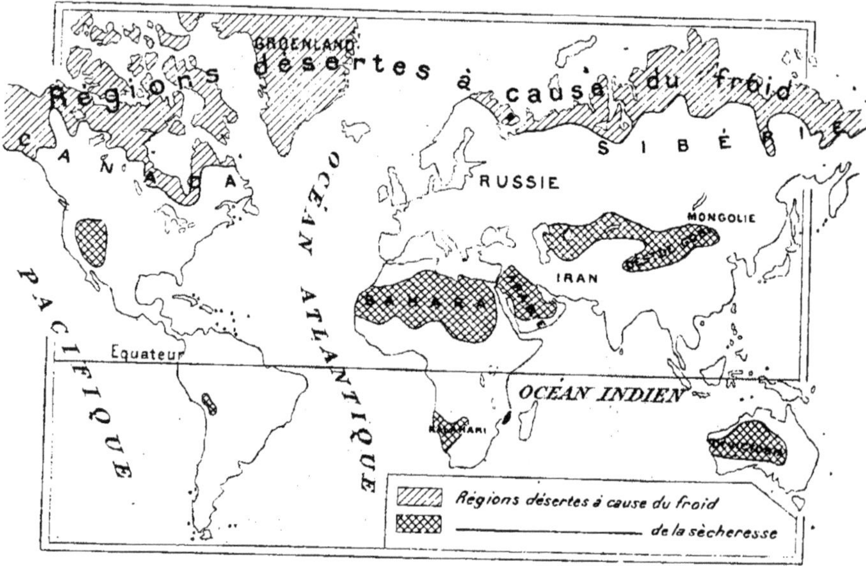

Fig. 42. — Les déserts.

On entend par *déserts* des régions où il ne pousse rien et qui n'ont pas d'habitants. — Les déserts ont deux causes principales : la *sécheresse* et le *froid*. Certaines parties du globe ont une température très élevée, surtout en été, mais les pluies sont si peu abondantes que le sol reste toujours très sec ; on ne trouve guère que des pierres et des *dunes* ou collines de sable : les plantes et les animaux sont très rares ; l'homme, nomade, traverse sur le chameau ces solitudes désolées. Les principaux de ces déserts sont, au nord de l'équateur : le Sahara, l'Arabie, l'Iran, le Gobi ; au sud de l'équateur : le Kalahari en Afrique, le centre et l'ouest de l'Australie.

7ᵉ Lecture. — Un voyageur russe parle ainsi du désert de Gobi : « Ces sables produisent sur l'âme une sorte d'angoisse étouffante. Si, monté sur quelque dune, vous interrogez l'espace, aucune végétation ne vient réjouir votre regard ; vous n'apercevez aucun brin d'herbe, pas un animal, excepté le lézard. Le silence n'est même pas troublé par le cri d'un grillon ; vous êtes perdu au milieu d'une mer de sable ; le calme du tombeau vous entoure. »

Les pays voisins de l'océan Glacial

Fig. 43. — Maison à moitié ensevelie sous les sables des dunes.

Fig. 44. — Dunes dans le Sahara.

Fig. 45. — Dune maritime fixée par une plantation de pins (Arcachon).

arctique ont toute l'année une température très basse ; le thermomètre peut descendre jusqu'à 50 et même 60 degrés au-dessous de zéro ; aussi le sol est-il gelé jusqu'à une très grande profondeur et recouvert d'une épaisse couche de neige ou de glace ; un court été de quelques semaines ne permet qu'une végétation maigre et rare, mousses ou lichens ; on donne le nom de *toundras* à ces vastes plaines inhabitées que l'on trouve au nord du Canada, dans le Groenland, au nord de la Russie et de la Sibérie.

Devoirs. — 1. Quels sont les pays les plus arrosés ? — 2. Parlez des déserts.

Exercice cartographique. — Croquis des déserts.

LES RÉGIONS POLAIRES

Résumé. — Les explorateurs n'ont encore pu atteindre ni le pôle Nord, ni le pôle Sud ; de plus, comme les mers qui avoisinent les pôles sont gelées, elles ne seront jamais fréquentées par les navires. — Les terres les plus proches du

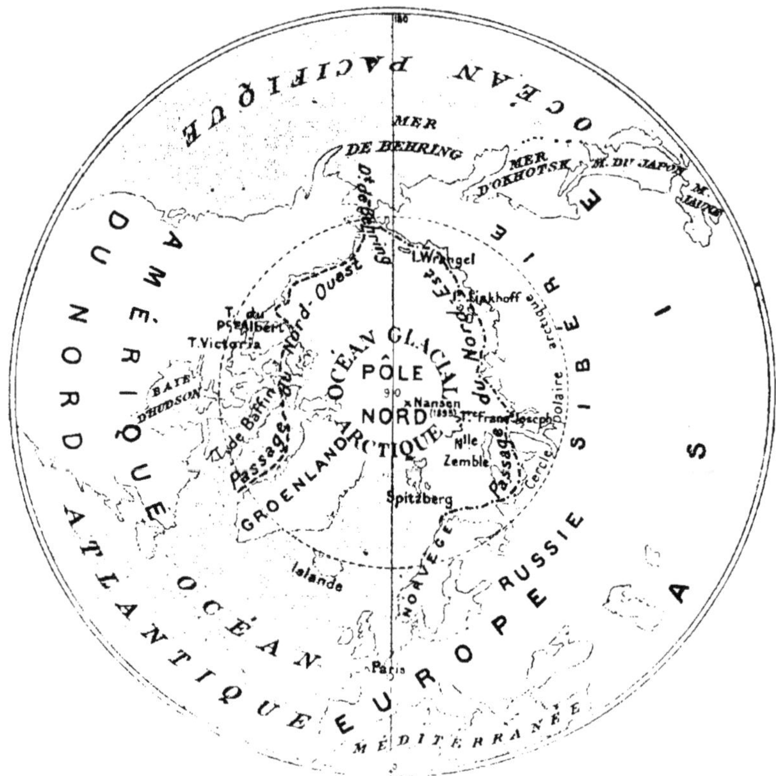

Fig. 46. — Le pôle Nord.

pôle sont couvertes de glace ; au nord, la plus vaste est le Groenland ; au sud, la terre Victoria. — Pour les rares habitants des régions boréales, la vie est excessivement pénible.

Beaucoup d'explorateurs ont essayé d'atteindre les pôles : aucun n'a encore réussi.

Le pôle Nord. — Les uns ont cherché une *voie commerciale* par le *nord-ouest* de l'Amérique : un Anglais, Mac-Clure, réussit à trouver ce passage en 1850. Les autres cherchaient une autre voie commerciale par le *nord-est* de l'Asie : ce passage fut découvert par Nordenskiold en 1878-1879. Mais ces routes ne seront jamais utilisées par le commerce, parce que l'océan Glacial arctique est presque constamment gelé.

En 1895, le Norvégien Nansen a essayé d'atteindre le pôle lui-même avec son bâtiment le *Fram* : il s'en est approché à 415 kilomètres.

Les principales terres polaires sont, au nord de l'Europe : la Nouvelle-Zemble, le Spitzberg, la terre François-Joseph ; — au nord de l'Asie : les îles Liakhoff, Wrangel ; — au nord de l'Amérique : la terre Victoria, du Prince Albert, la terre de Baffin, le Groenland. Grand quatre fois comme la France, le Groenland, recouvert d'une épaisse couche de glace, n'a que 10 000 habitants, qui vivent presque tous sur la côte occidentale. Cette île appartient au Danemark.

8e Lecture. — *Nansen*. — Entre les glaces flottantes, les navires peuvent être écrasés « comme une noisette. » C'est pourquoi Nansen fit construire spécialement le *Fram* (*En avant !*) pour lui permettre de résister à des pressions énormes ; il est en bois solide, petit, court, arrondi, et renforcé par des pièces de fer. — Près des îles Liakhoff, Nansen s'abandonna à la *banquise*, c'est-à-dire à la mer gelée ; mais à un certain moment, il vit que le courant glaciaire n'entraînait plus le *Fram* vers le pôle, comme il l'avait espéré. Il quitta alors son navire et, avec un seul compagnon et vingt-huit chiens, il se mit en marche vers le pôle. Il eut à supporter d'inimaginables souffrances : il allait sur une glace hérissée d'aspérités, il se heurtait à des collines de glace quelquefois à pic, à des blocs énormes disloqués par la mer et soudés par la gelée, et cela par un froid de 40 à 50 degrés au-dessous de zéro ; pour avoir un peu de chaleur, il s'enfermait avec son compagnon dans un sac bien clos. — Après avoir mangé tous ses chiens, il renonça à atteindre le pôle et vint passer l'hiver à la terre François-Joseph dans une hutte faite de glace, de mousse et de peaux d'animaux.

En 1897, le Suédois *Andrée* voulut tenter d'atteindre le pôle en ballon. Le 11 juillet, il quitta le Spitzberg avec deux compagnons et quelques pigeons voyageurs ; un seul a été recueilli : il avait été lâché le 13 juillet, deux jours après le départ. Depuis, aucune nouvelle n'est parvenue sur cette aventureuse expédition.

Le pôle Sud. — L'océan Glacial antarctique, beaucoup
plus vaste, est aussi beaucoup plus froid que l'océan Glacial
arctique, parce que le pôle Sud a trois cent trente-
six heures de nuit de plus que le pôle Nord. — Il a été
exploré par l'Anglais Cook, le Français Dumont d'Urville.
En 1902, Scott s'en approcha de 1300 kilomètres.

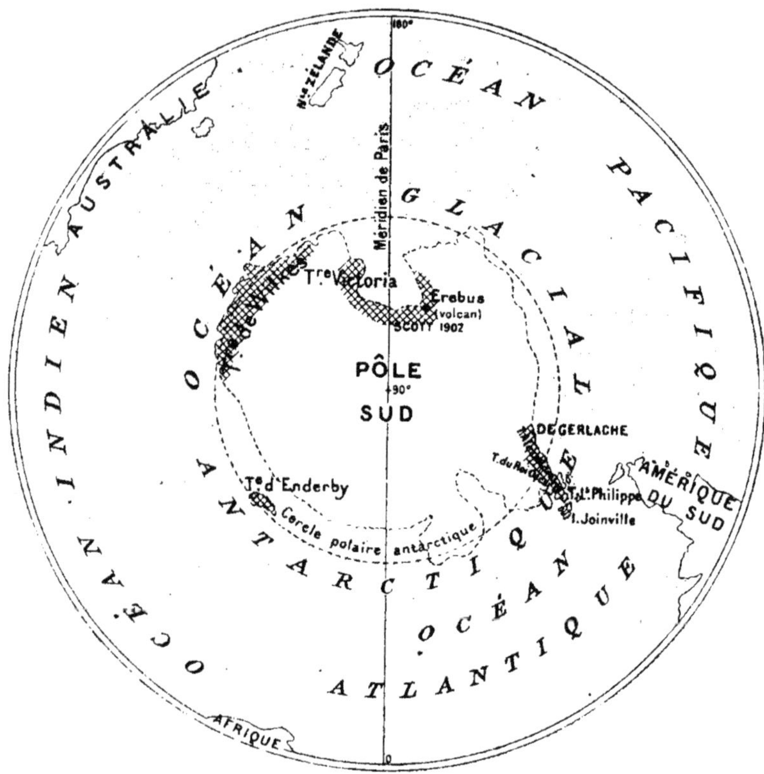

Fig. 47. — Le pôle Sud.

Quelques terres ont été reconnues, comme la terre Victoria au sud de l'Australie, la terre Louis-Philippe au sud
de l'Amérique, la terre d'Enderby au sud de l'Afrique.
Elles sont ensevelies sous des glaces éternelles et inhabitées. — Le cratère actif du volcan Erebus, phare de
3 700 mètres de hauteur, éclaire la terre Victoria.

Le climat polaire est très dur. Au pôle même, le jour
dure six mois ; la nuit complète, deux mois et demi. Le
froid est intense ; la mer est couverte d'énormes bancs de
glace. D'immenses *icebergs* flottent ou sont entraînés par

les courants. Il n'y a que quelques petites plantes. Les
animaux sont plus nombreux : ours blancs, phoques,

Fig. 48. —
Glacier po-
laire se termi-
nant dans la mer.
(Groënland).

renards, lièvres, rennes ; dans
la mer vivent des baleines, des
morses et beaucoup de poissons. — Dans l'hémisphère
boréal, les rares habitants de
ces régions désolées vivent de
la chasse et de la pêche ; la
plupart sont des Esquimaux :
leur nom veut dire mangeurs
de poisson cru.

Devoirs. — 1. Que savez-vous
sur le pôle Nord? — 2. La vie
polaire. — 3. Nansen au pôle
Nord.

Exercice cartographique. —
Le pôle Nord.

Fig. 49. — Vue d'un iceberg. —
Les icebergs sont des masses
de glace d'eau douce détachées
des glaciers polaires; il y en a
qui ont 1 000 mètres de la base
au sommet, mais la partie
immergée est six à sept fois
plus grande que la partie hors
de l'eau.

ANIMAUX ET PLANTES REMARQUABLES DES GRANDES RÉGIONS TERRESTRES

Résumé. — Dans la zone tropicale, on trouve de vastes forêts vierges, on cultive le riz, le café, le thé, le coton ; — la plupart des animaux sont sauvages, comme le lion et le tigre. — Dans les zones tempérées, on cultive le blé, la pomme de terre, la vigne ; on élève des animaux domestiques, comme le cheval et le bœuf. — Les régions polaires ont très peu de plantes et les animaux sont recouverts d'une épaisse fourrure qui les garantit du froid.

Fig. 50. — Récolte du caoutchouc.

Fig. 51. — Le palmier dattier.

Plantes. — La végétation d'un pays dépend de la nature du sol, du relief, de la chaleur et de l'humidité. L'influence du climat est surtout très grande ; plus il est chaud et humide, plus la végétation est belle ; nous avons vu que si l'une de ces deux conditions fait défaut, le désert apparaît avec ses sables ou son sol gelé : c'est le Sahara ou la Sibérie.

La zone tropicale a une végétation splendide. C'est là que se rencontrent les *forêts vierges* du Congo et de l'Amazone, grandes plusieurs fois comme la France et qui renferment des essences précieuses : palmier, quin-quina, caout-chouc, palissan-dre, etc. — Dans les parties basses, de magnifiques ri-zières nourrissent des populations très denses qui cultivent en outre le café et la canne à sucre, le tabac et l'opium, le coton, le thé, etc.

Les **zones tempérées** ont de belles fo-rêts de chênes, de hêtres, de châtaigniers . Dans l'alimen-tation, le riz est remplacé par le blé ; les autres céréa-les cultivées sont : l'orge, l'avoine, le

Fig. 52. — La récolte du café.

Fig. 53. — Un champ de cannes à sucre.

seigle, et dans les parties plus chaudes, le maïs. La pomme

Fig. 54. — La récolte du liége.

de terre est une grande ressource pour les populations

Fig. 55. — Oliviers sur la côte de la Méditerranée.

pauvres. La vigne est une des principales richesses de la
France, de l'Italie, de l'Espagne. — Le lin et le chanvre se

trouvent surtout en Russie, en Autriche-Hongrie et en France ; la betterave à sucre en Allemagne, en Autriche-Hongrie, en France et en Russie ; le tabac aux États-Unis, en Hongrie, en Allemagne et en France.

Ces deux zones possèdent beaucoup d'arbres fruitiers : pommiers, poiriers, abricotiers. L'olivier est un arbre surtout méditerranéen. Le mûrier

Fig. 56. — Lion.

Fig. 57.— Tigre.

permet l'élevage du ver à soie en Chine, au Japon, en Italie.

De très maigres cultures, des arbres rabougris annoncent les **régions polaires**. L'hiver y est très long et très rigoureux. Les plantes sont rares et petites : dans les parties marécageuses, des mousses, des lichens dans les parties sèches.

Animaux. — La répartition des animaux dépend surtout de la végétation et de la température.

Fig. 58. — Hippopotame, long., 4 mètres.

Ce qui caractérise la **zone tropicale**, c'est le nombre, la

Fig. 59. — Rhinocéros, long., plus de 3 mètres.

grandeur et la puissance. C'est là qu'on trouve : le lion, le tigre, le rhinocéros, l'hippopotame, l'orang-outang, les serpents et les crocodiles ; — cependant quelques animaux de ces régions rendent à l'homme de grands services, comme l'éléphant et le chameau. — À côté de ces géants vivent de très petites espèces qui font de la vie

Fig. 60. — Éléphant.

un perpétuel martyre : mouches, moustiques, fourmis.

Fig. 61. — Chameau.

Les êtres qui peuplent les **zones tempérées** sont variés

et utiles. Ce sont nos animaux domestiques : chevaux,

Fig. 62. — Ours blanc : long., plus de 2 mètres.

bœufs, moutons, porcs, qui rendent tant de services.

Les **zones glaciales** ont peu d'espèces. On y rencontre le renne, l'ours blanc, le renard, la martre, l'hermine, animaux recouverts d'une épaisse fourrure qui les garantit contre le froid.

N'oublions pas que partout de nombreuses espèces de poissons nourrissent les populations côtières. Les mers froides ont le hareng et la morue ; les mers tempérées le maquereau, la sardine et le thon ; les mers chaudes sont beaucoup plus riches.

Fig. 63. — Hermine ; long., 20 cent.

Fig. 64. — Morue ; long., 1 mètre.

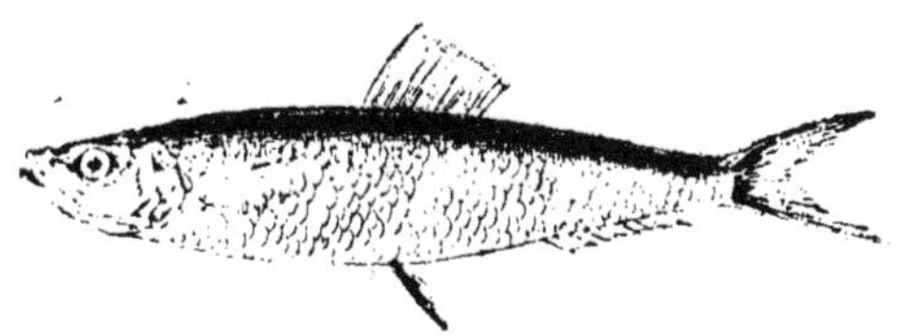

Fig. 65. — Hareng ; long., 0m.30.

L'HOMME.

Résumé. — L'homme peut vivre sous tous les climats, mais certains pays sont beaucoup plus peuplés que d'autres, comme la Chine, l'Inde, l'Europe et les États-Unis. — Les hommes appartiennent à trois races principales : la race blanche, la race jaune, la race noire. — L'homme a passé par quatre étapes : la vie sauvage, la vie pastorale, la vie agricole, la vie industrielle. Les peuples qui vivent de l'agriculture et de l'industrie sont les plus civilisés : on les trouve surtout dans les zones tempérées.

A la surface de la terre vivent environ 1500 millions d'individus.

L'homme se rencontre à peu près partout, car il peut vivre dans la zone torride comme dans les régions polaires. Mais certains pays lui conviennent mieux que d'autres, et la répartition de la population est très inégale.

Cette inégalité tient d'abord au *climat*; l'homme préfère les pays tempérés, comme la France et l'Europe en général, aux régions voisines de l'équateur ou des pôles, trop chaudes ou trop froides. — Elle est due ensuite au *relief* et aux *productions*; l'homme vit difficilement dans les pays montagneux : le climat y est trop rude et la nature trop avare; il préfère les plaines, plus riches et plus tempérées. Aussi les hommes se portent-ils surtout sur le bord de la mer, le long des fleuves, dans les pays où la richesse minérale a fait naître des industries prospères.

Les pays les plus peuplés sont les suivants :

C'est d'abord la *Chine*; le riz de ses terres basses, chaudes et humides nourrit plus du quart de la population totale du globe, soit 420 millions d'individus. C'est ensuite l'*Inde*, riche en blés et en riz; là vivent 300 millions d'hommes. Ces deux pays, qui sont voisins, possèdent donc à eux seuls la moitié de l'humanité. — 300 millions d'habitants exploitent les richesses de la vieille Europe. — Et l'*Amérique*, pays neuf, voit accourir ceux qui ne trouvent pas de quoi vivre dans les autres parties du monde : ce sont les États-Unis et la République Argentine qui reçoivent le plus grand nombre d'immigrants.

9ᵉ Lecture. — *Les races humaines*. — Tous les hommes n'appartiennent pas à la même race. On en distingue trois principales que l'on désigne d'après la couleur de leur teint : la *race blanche*, *race jaune*, la *race noire*.

La *race blanche* est remarquable par une grande activité intellectuelle : on lui doit les grands penseurs et les grands artistes. — Elle a le teint blanc, les cheveux souples et longs, le front large, le nez saillant. — Elle habite l'Europe, le nord de l'Afrique, le sud-ouest de l'Asie, les États-Unis d'Amérique, les côtes de l'Amérique du Sud. Elle compte 630 millions de représentants.

La *race jaune* est moins intelligente, mais elle copie très facilement tout ce qui fait la supériorité de la race blanche : Chinois et Japonais sont laborieux, patients et sobres. — Cette race a le teint jaunâtre, les cheveux droits et noirs, le visage aplati, le nez épaté. On la rencontre surtout à l'est de l'Asie. Elle compte 660 millions d'individus.

La *race noire* est inférieure aux deux précédentes au point de vue physique et intellectuel; les nègres sont paresseux et indolents. Ils ont les cheveux courts et crépus, la peau noire, les yeux à fleur de tête, le nez large et écrasé, les lèvres épaisses. Ils occupent une grande partie de l'Afrique. Ils sont 165 millions.

La race indigène de l'Amérique n'est représentée que par 15 millions d'individus qui tendent à disparaître; on les appelle les Indiens ou Peaux Rouges. Ils ont le teint cuivré.

La vie sauvage et la vie civilisée. — L'homme a passé par quatre étapes : la *vie sauvage*, la *vie pastorale*, la *vie agricole*, la *vie industrielle*.

La *vie sauvage* est celle des peuples qui se nourrissent des produits naturels du sol ou de la mer, de la cueillette des fruits, de la chasse du gibier, de la pêche du poisson. — Il y a encore des peuplades sauvages dans les régions ou très froides ou très chaudes.

Les hommes qui mènent la *vie pastorale* se nourrissent du lait et de la viande de leurs troupeaux, se vêtent de leurs peaux ou de leur laine. Ils sont nomades, comme les Turcomans dans les déserts de l'Asie, les Touareg dans le Sahara.

Dans la *vie agricole*, l'homme demande sa nourriture au sol qu'il cultive : il mange le blé ou le riz, le bœuf ou le mouton. L'agriculteur est sédentaire : on le trouve surtout dans les zones tempérées; c'est là aussi que se rencontrent les civilisations les plus avancées.

Les peuples civilisés pratiquent encore la *vie indus-trielle*. La découverte des minéraux de toute sorte, leurs transformations diverses, leur utilisation intelligente ont développé, surtout depuis cent ans, la vie industrielle, concouru à la richesse générale et au bien-être du genre humain.

10ᵉ Lecture. — Quand il fut jeté sur la terre, l'homme était nu, faible, sans armes. Et il lui fallait se nourrir, se vêtir et s'abriter; il devait se défendre contre la férocité des grands animaux, bien mieux armés que lui pour la lutte. Qui pourrait dire les sanglants combats qui se livrèrent en ces temps primitifs entre le « roi des animaux » et ses indociles sujets? Pour armes, il ne possède que les pierres qu'il ramasse; pour demeures, il n'a que les cavernes où il reçoit trop souvent d'importunes visites. Il se nourrit des fruits qui pendent aux arbres : le gland est son régal; il dévore la chair des poissons qu'il pêche, des animaux qu'il tue; mais il la mange crue, car il ignore l'art de faire du feu. — Cet homme primitif est grand de taille; il a une très forte charpente osseuse.

Il s'est servi d'abord de la pierre brute qui lui tombait sous la main, puis de la pierre taillée ou éclatée, enfin de la pierre polie. Cet instrument lui sert à tout. « L'enfant fait tout avec un même outil, le sauvage aussi. » — Puis, après la découverte du feu, il connaît le bronze, mélange de cuivre et d'étain, qui va lui permettre d'avoir des instruments plus perfectionnés et d'augmenter son bien-être matériel. L'âge de bronze est caracté-risé par la cité lacustre : pour se préserver des attaques impré-vues de ses nombreux ennemis, l'homme enfonce dans l'eau peu profonde d'un lac des pieux destinés à supporter un plancher horizontal; sur ce plancher, il construit des huttes, rondes ou carrées, qui sont rattachées à la terre ferme par une sorte de pont mobile. — Les habitants de ces cités lacustres avaient déjà des canots rudimentaires.

La découverte du bronze permet à l'homme de se fabri-quer des épées, des couteaux et des bijoux; car à peine est-il sur la terre qu'il a le goût de la coquetterie : il se pare de colliers faits de coquilles marines, de dents de chiens ou de sangliers.

Si *l'âge du fer* ne vint qu'après l'âge du bronze, c'est que ce métal est d'une fusibilité difficile et d'une métallurgie pénible. Ce sera un grand progrès quand l'homme aura trouvé le moyen de s'en servir, car il se prête à de nombreux usages; chauffé au rouge, il est malléable, il se soude à lui-même, on en peut faire toutes sortes d'instruments; par la trempe, il durcit et devient très tranchant.

Le passage de la vie sauvage à la *vie pastorale* a dû se faire insensiblement. L'homme domestique ses animaux; il a des troupeaux qu'il conduit d'un endroit à l'autre quand les pâturages sont épuisés; il mène une vie nomade, n'ayant pour se diriger que les astres du firmament. Son existence est néanmoins plus heureuse. Il vit sous la tente, il se nourrit de la viande et du lait de ses troupeaux : il se vêt de leurs dépouilles. Malheureusement, il ne sait pas encore utiliser le lait, le convertir en beurre ou en fromage.

La *vie agricole* succède à la vie pastorale. On commence à cultiver la terre; mais pour cela il faut abattre les arbres et défricher le sol : la déforestation fut donc tout d'abord une œuvre civilisatrice. Les instruments aratoires se perfectionnent, la charrue est inventée. L'homme élève des animaux domestiques : de la viande, du lait, du cuir, de la laine, il sait tirer parti. — Mais que de degrés dans la vie agricole. Et quelle différence encore à l'heure actuelle entre les divers pays. Le Japonais, le Chinois, l'Européen ont une agriculture savante; leurs instruments sont perfectionnés; ils connaissent l'irrigation, le drainage, l'emploi des amendements qui rendent au sol ce que les plantes lui enlèvent. Le fellah égyptien, au contraire, cultive la terre comme on la cultivait plusieurs siècles avant Jésus-Christ; le même instrument lui sert à retourner le sol, à émonder les arbres, à travailler le bois; nous en retrouvons le dessin sur des tombeaux datant de 3 000 ans : aucun progrès n'a été réalisé. Le paysan de la Mésopotamie ne cultive pas la terre: il se contente de la gratter avec un morceau de bois recourbé. — Et ailleurs, comme en Algérie ou en Grèce, le pâtre ne met-il point le feu aux forêts pour avoir au printemps suivant de jeunes pousses pour ses moutons?

Enfin, l'*industrie* est venue non supplanter l'agriculture, mais se placer à côté d'elle pour accroître le bien-être du genre humain. La découverte des minéraux de toute sorte, leurs transformations diverses, leur utilisation intelligente ont développé la vie industrielle chez tous les peuples civilisés. Il en est résulté des bouleversements, des déplacements de population, les hommes se portant des campagnes vers les villes, bien des mécomptes aussi — mais somme toute, le sort de l'ouvrier s'est considérablement amélioré; il est mieux nourri, mieux vêtu, mieux logé qu'autrefois.

Devoirs. — 1. Plantes et animaux remarquables des zones tempérées. — 2. Différences entre la vie sauvage et la vie civilisée.

EUROPE PHYSIQUE

Résumé. — Soudée à l'Asie et située dans la zone tempérée, l'Europe est baignée par l'océan Glacial arctique, l'Atlantique et la Méditerranée.

Au nord de l'Europe se trouve une grande plaine ; au sud sont les montagnes. Les principales sont les Pyrénées, les Alpes, les Karpathes, le Balkan, l'Apennin. Le plus haut sommet est le mont Blanc, dans les Alpes : il a 4 810 mètres.

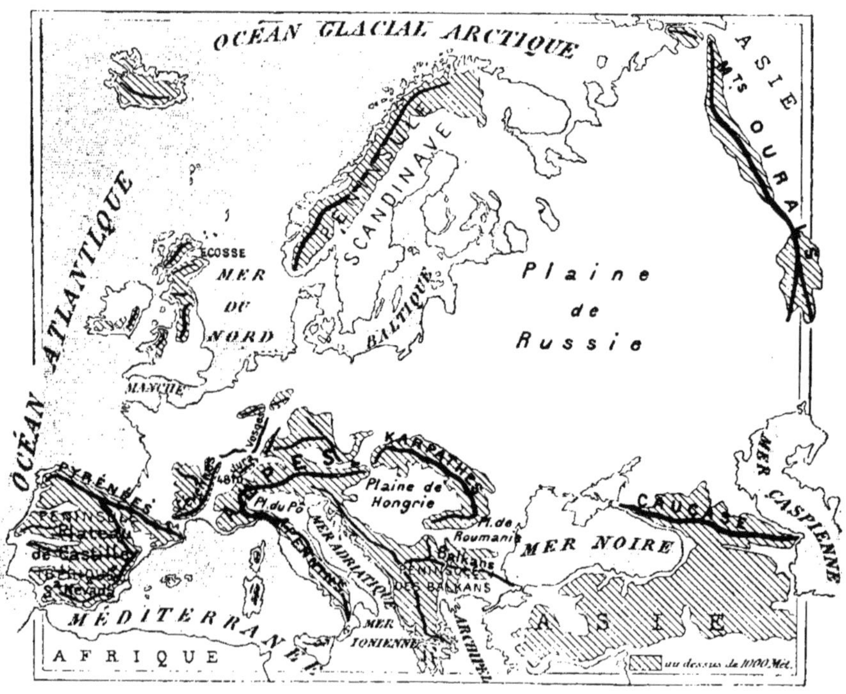

Fig. 66. — Montagnes de l'Europe.

— Les plus belles plaines sont celles de Russie, de Roumanie, de Hongrie, du Pô et d'Andalousie.

L'Europe a un climat tempéré, surtout sur les bords de l'Atlantique. Les pluies sont modérées, mais plus abondantes à l'ouest qu'à l'est.

Situation et Limites. — L'Europe fait partie de l'*ancien continent*. Elle se trouve dans la *zone tempérée* de l'hémisphère nord. — Elle n'est qu'une presqu'île de l'*Asie* qui la limite à l'est ; au nord, elle est baignée par l'*océan Glacial arctique* ; à l'ouest, par l'*Atlantique*, route des Amériques ; au sud, par la *Méditerranée*, chemin de l'Afrique et de l'Asie. — La superficie de l'Europe est de dix millions de kilomètres carrés : c'est le tiers de l'Afrique ; l'Asie et l'Amérique sont quatre fois plus étendues ; la France est dix-neuf fois plus petite.

Montagnes. — Au nord de l'Europe s'étend une *grande plaine* qui comprend presque toute la Russie, mais dont la largeur diminue à mesure que l'on avance vers l'ouest. — Au sud, se trouvent les montagnes dont les plus importantes sont les *Alpes*. Les Alpes vont de la Méditerranée au Danube ; les sommets sont élevés : le *mont Blanc* a 4810 mètres ; les cols, assez bas, sont utilisés par des routes et des chemins de fer ; le versant le plus rapide est tourné vers la *plaine du Pô*.

Les *Karpathes* continuent les Alpes de l'autre côté du Danube ; elles entourent la *plaine de Hongrie*.

Les trois péninsules de l'Europe méridionale sont très montagneuses. En Espagne, le *plateau des Castilles* est séparé de la *Sierra Nevada* par la *plaine d'Andalousie* ; la *chaîne des Pyrénées* en est le rebord septentrional. — En Italie, les Alpes se continuent par l'*Apennin*. — La troisième péninsule est accidentée par la chaîne des *Balkans* qui limite au sud la *plaine de Roumanie*.

Dans l'Europe septentrionale, il n'y a guère à citer que les montagnes d'Écosse, peu élevées, et les *Alpes de Scandinavie*, beaucoup plus hautes.

Climat. — Grâce à sa situation dans la zone tempérée, au voisinage de l'Atlantique et de la Méditerranée qui envoient partout des ramifications, au courant chaud du Gulf-Stream, l'Europe jouit d'un climat privilégié, surtout à l'ouest, où ces dernières influences se font surtout sentir. Les températures extrêmes, hivers très rigoureux, étés brûlants, ne sont connues que dans la partie orientale. — Les vents les plus fréquents sont les vents d'ouest. En traversant l'Atlantique, ils se sont chargés d'humidité ; aussi apportent-ils beaucoup d'eau à l'Europe occidentale. L'Europe orientale en reçoit bien moins.

Résumé. — Les fleuves les plus utiles de l'Europe sont l'Elbe, le Rhin, l'Escaut, la Tamise, la Seine, la Garonne, le Guadalquivir, le Pô, le Danube et la Volga.

Les côtes sont très découpées. L'Atlantique forme la Baltique, la mer du Nord, qui communique avec la Manche par le Pas-de-Calais. — Il baigne la presqu'île scandinave, celle du

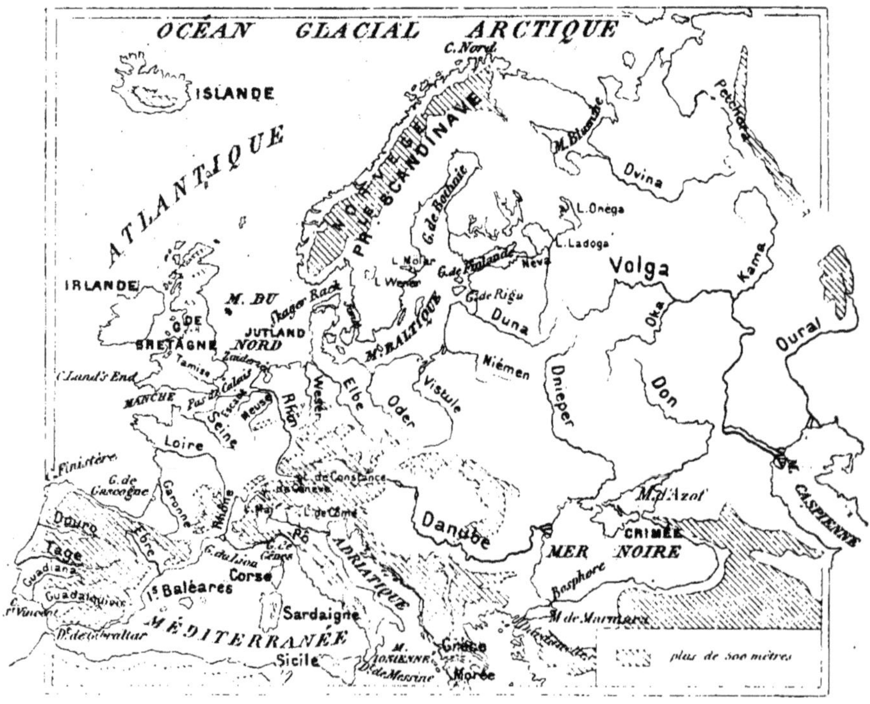

Jutland, l'Islande, l'Irlande et la Grande-Bretagne. Il communique avec la Méditerranée par le détroit de Gibraltar. — La Méditerranée forme la mer Adriatique, la mer Ionienne, l'Archipel, la mer de Marmara, la mer Noire et la mer d'Azof. Elle baigne les îles de Corse, de Sardaigne, de Sicile, de Crète, la presqu'île de Morée. Les Dardanelles et le Bosphore permettent de passer dans la mer Noire, où l'on trouve la presqu'île de Crimée.

Fleuves et Lacs. — La plaine russe envoie à l'océan Glacial la *Petchora* et la *Dvina*, rivières gelées huit mois de l'année. — La Baltique reçoit la *Néva*, la *Duna*, le *Niémen*, la *Vistule* et l'*Oder*. — Dans la mer du Nord se jettent l'*Elbe*, le *Weser*, le *Rhin*, la *Meuse*, l'*Escaut* et la *Tamise*. La plupart de ces cours d'eau sont navigables et rendent de grands services au commerce.

L'Atlantique reçoit la *Seine*, très utile, — la *Loire*, irrégulière, — la *Garonne*, navigable dans son cours inférieur; ces fleuves lui viennent de France. — L'Espagne lui envoie le *Douro*, le *Tage*, la *Guadiana*, rivières très médiocres, mais le *Guadalquivir* arrose la belle plaine d'Andalousie.

Dans la Méditerranée se jettent : l'*Èbre* et le *Rhône*, peu utiles, mais le *Pô*, que recueille la mer Adriatique, est très important. — Le *Danube* est le plus beau fleuve de l'Europe centrale; il se jette dans la mer Noire ainsi que le *Dnieper*. — Enfin, c'est dans une mer fermée, la Caspienne, que se jette la *Volga*, beau fleuve de plaine, le plus long de l'Europe, malheureusement gelé pendant de longs mois.

La Suisse et l'Italie ont de beaux lacs de montagne (lacs de Genève, de Constance, — Majeur, de Côme). — Au contraire, la Russie et la Suède ont des lacs de plaine (Onéga, Ladoga, — Malar, Wener).

Côtes. — Les côtes de l'Europe sont très découpées. — Celles de l'océan **Glacial** sont gelées; la plus belle découpure est la *mer Blanche*. La Norvège a beaucoup de golfes étroits et profonds. — La *mer du Nord* baigne la *presqu'île Scandinave*, la presqu'île de *Jutland*, forme le *Zuiderzée*. Une série de détroits (*Skager-Rack*, *Kattégat*, *Sund*) la fait communiquer avec la *Baltique*, mer peu profonde qui présente les trois golfes de *Bothnie*, de *Finlande* et de *Riga*. — Le *Pas-de-Calais* unit la mer du Nord à la *Manche*.

L'océan **Atlantique** renferme un certain nombre d'îles dont les plus importantes sont l'*Islande*, l'*Irlande* et la *Grande-Bretagne*. — Entre la France et l'Espagne s'ouvre le profond *Golfe de Gascogne*. — Les caps Land's End, Finistère et Saint-Vincent accidentent cette côte.

Le *détroit de Gibraltar* donne accès dans la profonde **mer Méditerranée** qui forme à son tour la *mer Adriatique*, la *mer Ionienne*, l'*Archipel*, la *mer de Marmara*, la *mer Noire* et la *mer d'Azof*. — A l'ouest on trouve les îles *Baléares*, la *Corse*, la *Sardaigne* et la *Sicile*, les golfes du *Lion* et de *Gênes*, le détroit de Messine entre la Sicile et l'Italie. — A l'est, la presqu'île de _Morée_ est rattachée à la Grèce par l'_isthme de Corinthe_ ; les _Dardanelles_ et le _Bosphore_ font communiquer l'Archipel, la mer de Marmara et la mer Noire dans laquelle on trouve la presqu'île de _Crimée_.

10e LEÇON.

EUROPE POLITIQUE

Résumé. — **On peut partager en cinq groupes les États européens :**

1° Le groupe occidental : Iles britanniques, France, Belgique, Hollande ;

2° Le groupe septentrional : Suède, Norvège, Danemark ;

3° Le groupe oriental : Russie ;

4° Le groupe central : Allemagne, Suisse, Autriche-Hongrie ;

5° Le groupe méridional : États de la péninsule des Balkans (Turquie, Roumélie-Bulgarie, Roumanie, Serbie, Monténégro, Grèce), Italie, Espagne, Portugal.

11e Lecture. — **Les races et les religions.** — Les Européens appartiennent à trois races principales qui forment comme trois grandes familles.

1° La _race latine._ — Elle doit sa civilisation à la Grèce et à Rome ; les peuples qui appartiennent à cette race parlent des langues dérivées du latin et professent surtout la religion catholique romaine ; ils habitent des pays baignés par la Méditerranée : France, Espagne, Italie, Grèce, Roumanie, etc.

2° La _race germanique._ — Les peuples de race germanique habitent le centre, l'ouest et le nord de l'Europe. L'Autriche, une partie de la Suisse, l'Allemagne, la Hollande, l'Angleterre, la Scandinavie sont des pays germaniques. — On y professe en général la religion protestante.

3° La _race slave._ — Les Slaves habitent l'est de l'Europe, la Russie principalement, puis la Pologne et une partie de la péninsule des Balkans. En général, ils pratiquent la religion grecque ou orthodoxe, mais les Polonais sont catholiques. (Les orthodoxes ne reconnaissent point l'autorité du pape, se servent pour les offices de la langue nationale, communient sous les deux espèces et autorisent le mariage des prêtres.)

En dehors de ces trois groupes, on trouve en Europe des _Hongrois_ ou _Magyars_ en Hongrie, des _Ottomans_ en Turquie, des

Finnois en Finlande, des *Lapons* et des *Samoyèdes* sur les bords de l'océan Glacial ; la plupart, venus d'Asie, sont de race jaune.

Les *Juifs*, au nombre de cinq millions environ, sont disséminés dans toute l'Europe, mais on les trouve surtout en Russie, en Pologne, en Hongrie, dans la péninsule des Balkans et dans les grandes villes. Leur religion est le judaïsme.

Fig. 68. — Europe politique.

ILES BRITANNIQUES

Résumé. — On entend par ILES BRITANNIQUES la réunion de la *Grande-Bretagne* et de l'*Irlande*. La grande Bretagne comprend l'*Écosse* et l'*Angleterre*.

L'Angleterre a de riches mines : houille et fer ; de grandes industries : elle travaille le fer, le coton, la laine et la toile ; sa marine marchande est la première du monde ; son empire colonial est le plus vaste du globe.

L'Angleterre a pour capitale Londres ; l'Écosse, Édimbourg ; l'Irlande, Dublin. — Les autres grandes villes sont : Liverpool, Manchester, Birmingham, Leeds, Belfast, Sheffield, Glasgow.

12ᵉ Lecture. — Les Iles britanniques sont entourées par l'Atlantique. — Leur superficie n'est que les trois cinquièmes de celle de la France. — Les montagnes sont médiocrement élevées et isolées les unes des autres ; les plus hautes sont en Écosse et dans le pays de Galles. L'Angleterre proprement dite est une plaine. — Les pluies sont très abondantes ; le climat doux et tempéré, mais les brouillards fréquents le rendent triste. — Les fleuves sont courts, mais réguliers et abondants ; leurs larges estuaires sont facilement remontés par la marée : ils rendent de grands services au commerce. Le principal est la Tamise qui passe à Londres. — Les côtes ont plus de 10 000 kilomètres de développement ; elles sont très utiles, très découpées, surtout en Écosse.

Ressources. — Pour la richesse générale, l'Angleterre est au premier rang dans le monde. Cela est dû :

1° A sa *situation* : la mer, qui l'entoure de tous côtés, l'invitait à être une nation maritime, commerciale et coloniale ; — 2° à l'*humidité* constante qui favorise l'élevage ; — 3° à son *sous-sol* riche en *houille* et en *fer*, ce qui a permis le développement de grandes industries : *Birmingham*, *Sheffield* et *Glasgow* fabriquent la *fonte* et l'*acier* ; — *Manchester* est la reine du *coton* ; — *Belfast* travaille les *toiles* ; — *Londres* est le grand marché des *laines*, *Liverpool* est celui du *coton*, *Glasgow* celui du *fer* ; — 4° à sa *marine marchande*, qui est la première du globe ; — 5° à son *empire colonial*, qui est le plus vaste du monde ; il occupe une superficie qui égale 73 fois celle des Iles britanniques et il compte près de 350 millions d'individus ; quelques colonies sont des empires immenses, comme le Canada, l'Inde, le Cap, l'Australie.

Il en résulte un *commerce* très développé : il atteint le chiffre énorme de 22 milliards. — Mais en Angleterre, la richesse est entre les mains d'un petit nombre : la masse des ouvriers est très pauvre et souvent même misérable, particulièrement dans les grandes villes (sur 100 individus, 77 vivent dans les villes, 23 dans les campagnes).

Très malheureuse, l'Irlande se dépeuple ; ses habitants meurent de faim ou s'en vont. C'est la plaie de l'Angleterre.

Grandes villes. — Les Iles britanniques ont 41 millions d'habitants dont 32 pour l'Angleterre. Elles comprennent :

1. L'**Angleterre**, capitale *Londres* (6 580) sur la Tamise. C'est la ville la plus peuplée du monde avec six mil-

lions et demi d'habitants. C'est aussi le premier port du globe.

II. L'Écosse, capitale *Édimbourg* (280), grand centre industriel et surtout intellectuel.

III. L'Irlande, capitale *Dublin* (350), port important.

Les grandes villes sont très nombreuses :

Liverpool (613) est le second port de l'Angleterre ; il importe surtout du coton ; — *Manchester* (530) travaille le coton qui arrive à Liverpool ; — *Birmingham* (500) est un des grands centres métallurgiques du monde ; — *Leeds*

(420) travaille la laine, et *Belfast* le lin ; — *Sheffield* (360) fabrique des couteaux.

En Écosse, *Glasgow* (700) a d'immenses chantiers de construction pour navires à vapeur.

13ᵉ Lecture. — *La misère en Angleterre.* — Dans les plus beaux quartiers de Londres, des rues entières sont formées d'affreux bouges creusés dans un sol qui n'est lui-même qu'un amas de détritus ; un peu plus loin, des bandes affamées, sans feu ni lieu, se réfugient dans des voitures de bohémiens, qui s'enfoncent dans la boue jusqu'aux essieux ; d'autres logent dans des caisses de fiacres démontées, qu'on leur loue douze sous par semaine ; de plus malheureux encore, incapables de payer ce loyer pourtant si mince, n'ont d'autres ressources, pendant les nuits glacées où Londres est comme enseveli dans le brouillard ou sous la neige, que d'errer dans les rues désertes, dans les allées qui longent les parcs, ou sous les arcades qui entourent certaines places. Nous en avons rencontré qui nous ont avoué n'avoir jamais couché que sous les ponts de la Tamise depuis huit ou dix ans.   (L. ÉNAULT.)

14ᵉ Lecture. — *Origine de la houille.* — Nous avons déjà dit, à propos des volcans, que tout au début des âges, la terre était un globe en fusion. Par le rayonnement dans l'espace, elle se refroidit peu à peu et se recouvrit d'une couche solide. A cette époque primitive, il n'y a sur cette écorce peu épaisse ni vie végétale ni vie animale ; la chaleur est trop élevée, aussi bien aux pôles qu'à l'équateur.

Mais la terre continue à se refroidir. Les lourdes vapeurs, qui interceptaient la lumière du soleil, diminuent progressivement. Le globe devient habitable : pour la première fois, la vie apparaît.

C'est d'abord la vie végétale. La grande chaleur constante, l'uniformité du climat, la parfaite égalité des saisons, l'humidité excessive sont très favorables au développement de la végétation. La terre ferme se couvre de plantes gigantesques, conifères et fougères arborescentes ; les forêts sont très monotones, toujours formées des mêmes essences, sans fleurs et sans oiseaux. — Souvent, les arbres se trouvent déracinés par les torrents, les fleuves les entraînent vers les parties plus basses, les déposent au pied des monts, puis les recouvrent de débris de toute sorte, sables, graviers, qu'ils continuent d'arracher aux parties élevées.

Et les forêts restent enfouies pendant des siècles sur les limites du littoral de cette mer primitive. Nous les retrouvons aujourd'hui sous la forme de houille ou de charbon de terre (Voy. fig. 70). Il ne faut donc pas nous étonner si les mines de houille sont présentes dans toutes les parties du globe, aussi bien sous les tropiques que dans les zones glaciales, puisqu'il faisait aussi chaud aux pôles qu'à l'équateur, la terre étant alors la principale source de chaleur.

La houille donne la force motrice. A une époque où les multiples applications de la vapeur ont changé la face du monde, les pays qui possèdent le plus de charbon de terre sont généralement

Fig. 70. — Tronc d'arbre fossile dans une mine de houille à Saint-Étienne.

ceux qui ont fait faire à l'industrie le plus de progrès. Les États-Unis, l'Angleterre, l'Allemagne, grâce à leurs riches gisements, inondent la surface terrestre des multiples produits de leurs diverses manufactures.

FRANCE

Résumé. — Les trois principales ressources agricoles de la France consistent dans l'élevage des animaux domestiques, la culture du blé, la fabrication du vin. Dans l'industrie elle est au premier rang pour les soieries et les lainages; mais elle travaille encore le fer, tisse la toile et le coton, raffine le sucre. — La capitale est Paris. Les villes les plus importantes sont : Marseille, Lyon, Bordeaux, Toulouse, Saint-Étienne, Le Havre, Nantes, Nice, Rouen, Rennes, Nancy, Toulon.

15ᵉ Lecture. — La situation de la France est heureuse sur l'Atlantique et sur la Méditerranée. Elle possède à l'ouest une très grande plaine. Sauf le Massif central, ses montagnes sont à ses frontières : Pyrénées, Alpes, Jura, Vosges. — Son climat est doux et tempéré; ses fleuves rendent de grands services : la Seine est très navigable, la Loire est peu utile, la Garonne porte de grands bateaux dans son cours inférieur, le Rhône est malheureusement trop rapide. — Ses côtes sont développées et présentent quelques bons abris.

Ressources. — La France est un pays très riche par *l'agriculture*. Elle produit beaucoup de blé, des pommes de terre et des légumes; elle a de beaux vignobles qui donnent plus de vin que ceux d'Italie et d'Espagne; — elle récolte des olives en Provence et des pommes en Normandie; elle cultive le tabac, la betterave à sucre et le mûrier; — elle élève des bœufs, des chevaux, des moutons, des porcs et des volailles.

L'industrie est active. — Le sous-sol renferme de la houille et du fer, du marbre et du granit; elle a du sel gemme et du sel marin, des eaux thermales. — Elle travaille le fer, construit des machines à vapeur, fond des canons, fait des fusils, tisse la toile, le coton et la laine, fabrique des étoffes de soie, raffine le sucre, exporte des faïences et des porcelaines, des glaces et des cristaux.

Grandes villes. — La France est peuplée par 38 millions d'habitants. La population augmente peu.

La capitale est *Paris* (2660), une des plus belles villes du monde.

Quatorze autres villes ont une population qui dépasse 100 000 habitants. — C'est :

Lille (215) et *Roubaix* (130), grandes villes industrielles ; — *Rouen* (116) et *Le Havre* (129), ports importants à l'em-

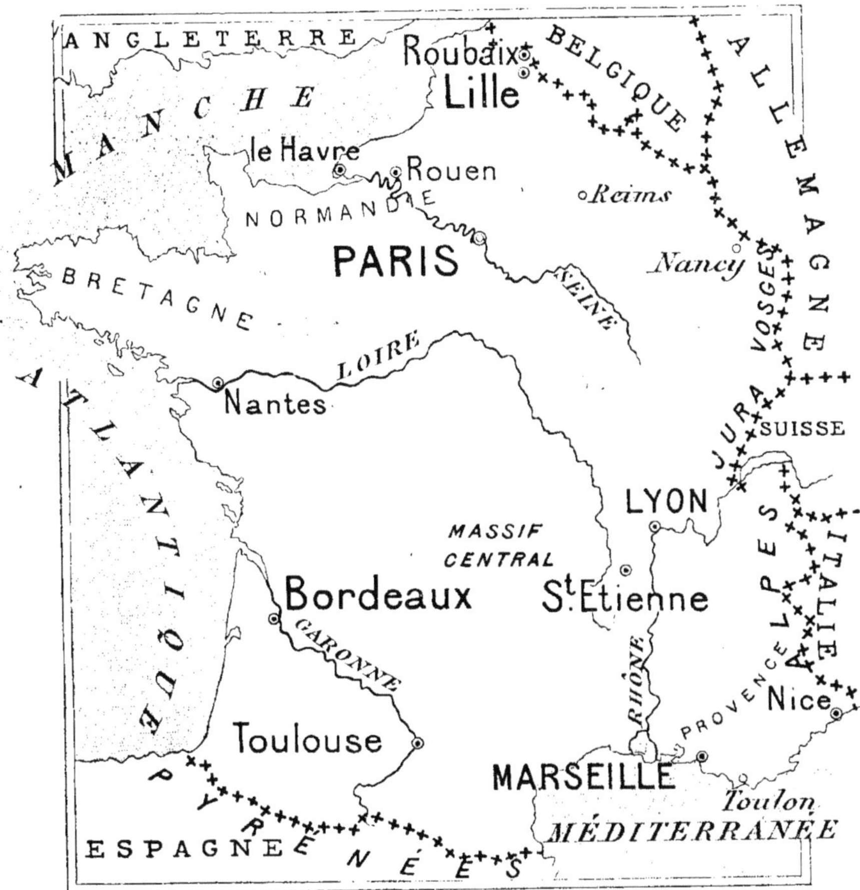

bouchure de la Seine ; — *Nantes* (128), port sur la Loire ; — *Bordeaux* (257), port sur la Garonne ; — *Toulouse* (117) ; — *Marseille* (494), notre premier port et notre deuxième ville ; — *Toulon* (101), port militaire sur la Méditerranée ; — *Nice* (125), très fréquentée en hiver ; — *Lyon* (453), fabrique de belles soieries ; — *Saint-Étienne* (146), fait des fusils et des rubans de soie ; — *Reims* (107), tisse des draps ; — *Nancy* (102), industries diverses.

BELGIQUE. — HOLLANDE

Résumé. — La Belgique produit du blé, des pommes de terre et de la betterave, élève des bœufs, des chevaux et des moutons. — Elle est très riche en houille, en fer, en zinc. Elle travaille le fer, tisse le lin et le coton. — La capitale est Bruxelles. Les grandes villes sont : Gand, Liége, Anvers, très beau port.

La Hollande élève des bœufs et des chevaux, pêche le hareng, fabrique du beurre et du fromage. — La capitale est La Haye ; Amsterdam et Rotterdam sont deux grands ports.

16ᵉ Lecture. — Au nord de la France se trouvent les deux petits royaumes de Belgique et de Hollande. En général, ils sont très plats, quelquefois même au-dessous du niveau de la haute mer. — L'Escaut, la Meuse et le Rhin arrosent ces pays. — Les côtes, surtout en Hollande, sont protégées par des digues contre l'invasion marine ; elles présentent le golfe peu profond du Zuiderzée et les îles de la Zélande.

Ressources et villes de la Belgique. — La plaine de Flandre est très riche : elle produit du blé, des pommes de terre, de la betterave. On y élève des bœufs, des chevaux, des moutons, des porcs.

Le sous-sol est très riche aussi ; on y trouve la houille, le fer et le zinc. Aussi les industries métallurgiques et textiles sont-elles très développées. Liége a des hauts fourneaux très importants ; dans les Flandres, surtout à Gand, on travaille le lin et le coton.

Le commerce est très développé.

La population est la plus dense de l'Europe : 7 000 000 habitants.

Les grandes villes sont : *Bruxelles* (440), capitale de la Belgique ; — *Gand* (160), tisse surtout le coton ; — *Liége* (165), grande ville industrielle, fabrique des fontes et des draps ; — *Anvers* (270), très grand port sur l'Escaut.

À cause de son heureuse situation, de sa grande richesse, de sa population nombreuse, la petite Belgique est une des nations importantes de l'Europe.

Le grand-duché de Luxembourg produit surtout du fer.

Ressources et villes de la Hollande. — La Hollande est surtout un pays agricole et maritime. L'élevage y occupe la première place : bœufs et chevaux. La pêche du hareng est très abondante.

L'industrie est peu développée, parce que la houille manque. On fabrique surtout du beurre et du fromage.

Le commerce est extrêmement actif ; il se fait surtout par les ports d'Amsterdam et de Rotterdam.

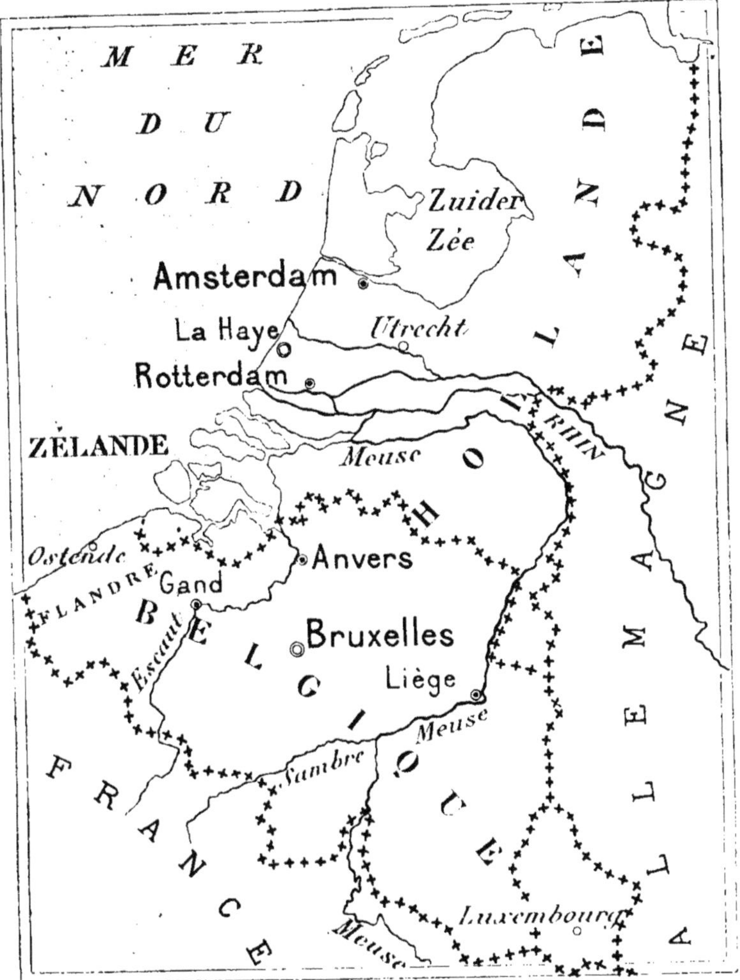

La population est de 5 200 000 habitants, robustes, patients, énergiques et économes.

La capitale est *La Haye* (200), jolie ville silencieuse. — La plus grande cité est *Amsterdam* (500), réunie à la mer du Nord par un canal. — Le port le plus actif est *Rotterdam* (300). C'est un grand marché de grains et de sucre.

SCANDINAVIE

Résumé. — La Scandinavie comprend les trois royaumes de Suède, de Norvège et de Danemark. — La Suède a des mines de fer et de belles forêts de sapins ; elle élève des bœufs et fabrique du beurre ; — la Norvège travaille le bois et vit surtout de la pêche et du commerce ; — le Danemark exporte beaucoup de beurre.

La Suède a pour capitale Stockholm, pour port principal Goteborg ; — la Norvège a pour capitale Christiania ; Bergen exporte du poisson ; — le Danemark a pour capitale Copenhague, la ville la plus peuplée de la Scandinavie.

Ressources. — La Suède est un pays de *forêts* (pins et sapins). Dans le sud, on pratique surtout l'*élevage* : la principale occupation des habitants est la fabrication du *beurre*. Il y a d'importantes mines de *fer* à Gellivara. — On travaille les gants, les fourrures, les dentelles.

La grande ressource de la Norvège, pays plus montagneux que la Suède et presque stérile, est la *pêche*, qui occupe 130000 pêcheurs. La principale industrie est celle du *bois*. — La Norvège fait un très grand *commerce*, grâce à sa *marine marchande* qui est très développée : ses côtes, très découpées, sont réchauffées par le Gulf-Stream.

Pays très plat et beaucoup moins froid que le nord de la Scandinavie, le Danemark élève du gros bétail et exporte d'excellent *beurre*.

Villes et ports. — La Suède et la Norvège ont le même roi, mais chaque pays a son gouvernement particulier. — La population totale est de 7 millions d'habitants (5 pour la Suède, 2 pour la Norvège). — La capitale de la Suède est *Stockholm* (300), merveilleusement située et très vivante ; c'est à la fois un centre intellectuel, une grande ville industrielle et un port commercial. — *Goteborg* (130) est un bon port sur le Kattégat.

La Norvège a pour capitale *Christiania* (230), au fond d'un admirable golfe. C'est un centre commercial et industriel. — Le port de *Bergen* exporte surtout du poisson.

Le petit royaume de Danemark possède deux millions et demi d'habitants; les îles sont plus peuplées que la presqu'île du Jutland. La capitale est *Copenhague* (380), sur le Sund; c'est un grand port et une belle ville.

RUSSIE

Résumé. — La Russie a de grandes ressources. Son sol renferme la houille, le pétrole, le fer et l'or. — Elle a de très vastes forêts, produit beaucoup de blé, cultive les pommes de terre, la betterave à sucre, le lin et le chanvre.

La capitale est Saint-Pétersbourg. Moscou est l'ancienne capitale. Odessa est un port important et Varsovie une grande ville. — Les autres villes sont : Kiew, Riga, Kazan, Astrakan, Tiflis, Bakou.

La Russie est un pays de grand avenir.

17ᵉ Lecture. — La Russie couvre plus de la moitié de l'Europe. C'est une *immense plaine*; les montagnes sont aux frontières : à l'est l'Oural, au sud-est le Caucase. — Le climat est caractérisé par la rigueur des hivers, par la chaleur des étés, par l'absence des saisons intermédiaires, printemps et automne; les pluies sont rares. — Les fleuves sont larges et abondants; ils coulent très lentement et sont fort utiles; malheureusement ils sont gelés en hiver et se jettent dans des mers fermées ou presque fermées; le plus long et le plus beau est la Volga. — Les côtes sont très développées, mais leur utilité est médiocre.

Ressources. — Du nord au sud, on trouve successivement une région de terres glacées et stériles : les *toundras*; — une région de *forêts*, — une *région industrielle* dont Moscou occupe à peu près le centre ; — une région très fertile, les *Terres Noires*, où l'on cultive surtout le blé ; — enfin, une région de *steppes* ; — à l'est se trouve une riche *région minière*; au sud-est, une *région pétrolifère*.

La Russie a de très vastes forêts. Elle produit beaucoup de céréales et vend pour plus de 800 millions de francs de blé par an. Elle cultive les pommes de terre, la betterave à sucre, le lin et le chanvre. — Elle possède des sources de pétrole, d'importantes mines de houille, de fer et d'or.

Villes et ports. — La population de l'Empire russe augmente très rapidement : elle est de 112 millions d'habitants. — Le pays est sous l'autorité absolue d'un souverain appelé *tsar*.

La capitale est *Saint-Pétersbourg* (1450), protégée par les fortifications de *Kronstadt*. C'est une très jolie ville et le premier port d'importation de la Russie : café, thé, vins.

L'ancienne capitale, *Moscou* (1035), est aujourd'hui la première ville industrielle de l'empire. — *Odessa* (400) est le premier port d'exportation : blés de la région des Terres Noires. — *Varsovie* (640), ancienne capitale de la Pologne, est au centre d'une riche région agricole.

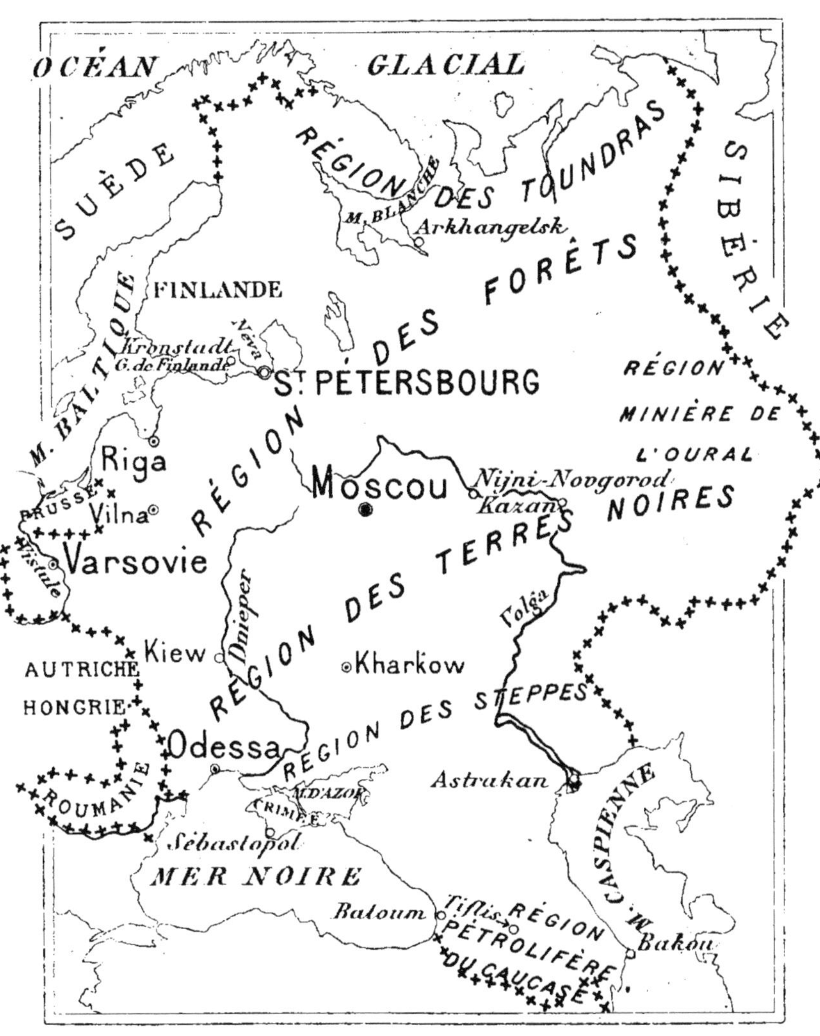

On peut encore citer : *Kiew*, ville religieuse ; — *Riga*, port sur la Baltique ; — *Kazan*, sur la Volga ; — *Astrakan*, port sur la mer Caspienne. — *Batoum* exporte les pétroles de la région de *Tiflis* et de *Bakou*. — *Sébastopol* est un port militaire dans la Crimée.

18ᵉ Lecture. — *La Russie d'aujourd'hui.* — La Russie est encore en beaucoup d'endroits un pays très pauvre. Tout le nord n'est qu'une vaste plaine glacée et couverte de neige, presque vide d'habitants, où l'on ne rencontre guère que le renne.

Fig. 75. — Le renne, long. : 2 mètres.

« Depuis la frontière ouest jusqu'à Pétersbourg, il est difficile de se figurer quelque chose de plus triste : des cabanes misérables, un peuple en haillons, des prairies marécageuses avec, de loin en loin, un peu de seigle pour toute production.

Lorsqu'on passe la Duna et que l'on sort des provinces polonaises, le paysage devient, s'il est possible, encore plus désolé. Les bois disparaissent pour faire place aux taillis; des marais, des tourbières à perte de vue; çà et là quelques habitations isolées et misérables disent que ce désert est habité. » — Au nord de la Caspienne, s'étendent les mornes solitudes des steppes salins parcourues par quelques nomades montés sur des chameaux, les seuls que l'on rencontre en Europe.

Fig. 76 — Dromadaire de selle.

Les raisons de cette pauvreté, on les trouve dans un sol souvent rebelle à la culture; dans le climat, trop rigoureux ou trop sec; dans le naturel du paysan, trop insouciant et trop paresseux; dans la religion, qui impose 186 jours de fêtes par an; dans la société : un abîme sépare encore les classes aisées du peuple.

Cependant, depuis un siècle, d'immenses progrès ont été accomplis.

En 1861, le tsar Alexandre II a donné la liberté à 50 millions de serfs. Cet acte humanitaire a transformé la société russe; les domaines cultivés ont augmenté d'étendue, le prix des terres s'est élevé; le paysan est moins malheureux.

Bien que l'agriculture nourrisse encore 87 p. 100 de la population, l'industrie naît peu à peu grâce à l'existence de riches mines de toute sorte dont on commence seulement à tirer parti. Les industries métallurgiques et textiles grandissent rapidement.

La Russie exporte surtout du sucre de betterave, des cotonnades et des soieries.

Aussi le commerce s'est largement développé : il y a cent ans, il n'atteignait pas 300 millions : il dépasse aujourd'hui 5 milliards.

Beaucoup d'écoles primaires et secondaires ont été ouvertes dans ces derniers temps ; l'ignorance du peuple est encore imaginable, mais le goût pour l'instruction est très vif et les progrès seront rapides.

En temps de paix, l'armée compte 900 000 hommes ; en temps de guerre, 3 millions et demi. A cause de la distance qui nuit à la mobilisation rapide, on a développé les voies ferrées et concentré beaucoup de corps d'armée sur la frontière occidentale. — La *double alliance* de la Russie et de la France peut répondre aux armements de la *triple alliance* de l'Allemagne, de l'Autriche et de l'Italie.

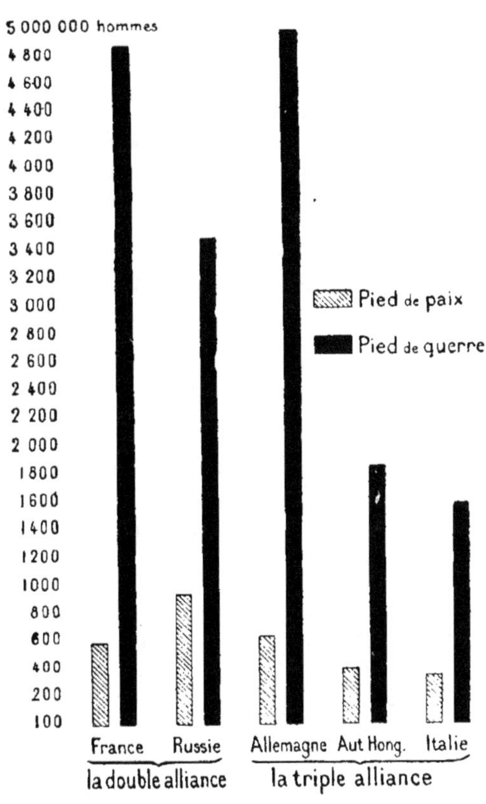

Fig. 77.

En somme, à l'heure actuelle, par ses ressources agricoles et industrielles, par sa population, par ses forces militaires, par son expansion en Asie, la Russie est une des plus grandes puissances de l'Europe et du monde.

Devoirs. — 1. Les grandes régions de la Russie. — 2. Les grandes villes russes. — 3. La Russie actuelle. — 4. Carte de la Russie.

ALLEMAGNE

Résumé. — L'Allemagne produit beaucoup de pommes de terre, mais l'industrie est plus prospère que l'agriculture. Les Allemands travaillent le fer, tissent le coton, la laine et la soie, font du papier et des jouets d'enfants.

Les grandes villes sont Berlin, capitale de la Prusse, un des vingt-six États qui constituent l'Allemagne; Munich, Dresde, Stuttgart, Leipzig, Hambourg, Strasbourg, Nuremberg, Francfort, Cologne, Breslau.

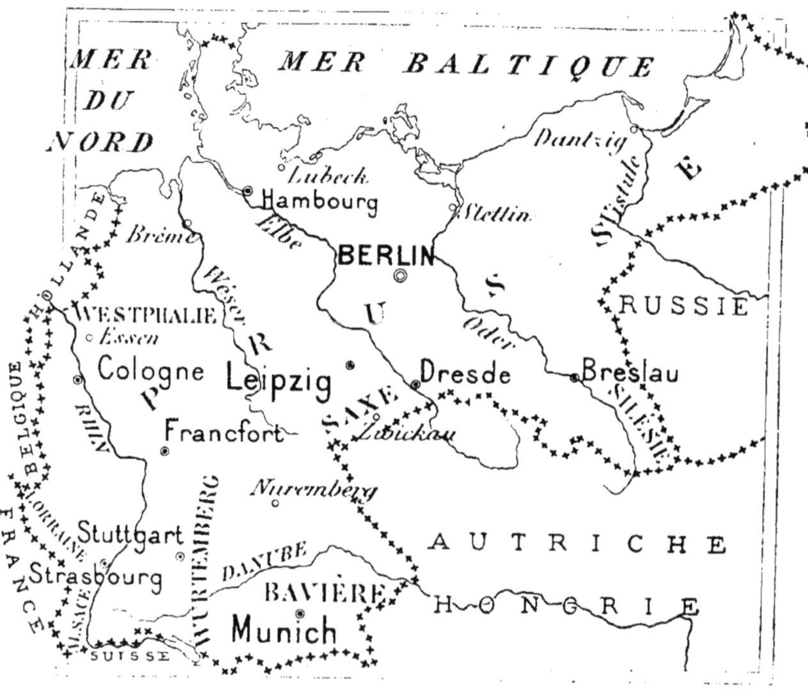

19e Lecture. — L'Allemagne a une superficie très légèrement supérieure à celle de la France. — Elle est très montagneuse au sud, très plate au nord. — A mesure que l'on avance vers l'est, le climat devient de plus en plus rude et de moins en moins humide. — La Vistule, l'Oder, l'Elbe et le Rhin sont des fleuves utiles.

— Le littoral est bas et mal articulé sur la mer du Nord ; il est plat sur la Baltique, mer sans marée.

Ressources. — *Agriculture.* — Trop montagneux au sud, trop marécageux au nord, le sol allemand se prête mal à la culture. L'Allemagne produit surtout des pommes de terre, du sucre de betterave, du houblon et du tabac.

Industrie. — L'activité industrielle est prodigieuse, grâce à la présence de la *houille* et du *fer*, surtout dans la Westphalie, la Saxe et la Silésie qui sont les trois grandes régions industrielles de l'empire.

L'*industrie métallurgique* donne une production formidable, surtout à Essen, Zwickau et Breslau. — Les *industries chimiques* sont très importantes ainsi que les *industries textiles* : cotonnades, draps et soies de la Westphalie, toiles et mousselines de la Saxe, lin et toiles de la Silésie. — La *papeterie* allemande est la plus importante du monde. — L'Allemagne a le monopole des *jouets d'enfants*.

Commerce. — Le commerce extérieur est considérable : 13 milliards. — La flotte marchande est la seconde du monde. — Les principaux ports sont : *Hambourg*, sur l'Elbe ; *Brême*, sur le Weser ; *Stettin*, sur l'Oder ; *Dantzig*, à l'embouchure de la Vistule.

Villes. — La population de l'Allemagne s'accroît rapidement, malgré une émigration importante ; elle est de 58 millions d'habitants dont 36 pour la Prusse.

Les grandes villes sont : *Berlin* (1700), capitale de la Prusse, ville de grande industrie et de commerce ; — *Munich* (400), capitale de la Bavière, et *Dresde* (340), capitale de la Saxe, ont de beaux musées ; — *Stuttgart* (160), capitale du Wurtemberg ; jolie ville sur une des routes du Rhin au Danube ; — *Leipzig* (410), grand centre de librairie ; — *Hambourg* (580), premier port de l'Allemagne ; — *Strasbourg* (140), ancienne capitale de l'Alsace ; — *Nuremberg* (200), fabrique de jouets d'enfants ; — *Francfort* (230) ; *Cologne* (330), sur le Rhin ; — *Breslau* (385), grande ville industrielle.

L'Allemagne est aujourd'hui un des principaux pays du monde. — Depuis 1883, elle a acquis quelques colonies en Afrique et en Océanie ; ces possessions, d'ailleurs peu riches en général, lui fournissent du coco, du café, du caoutchouc, de l'huile de palme.

20ᵉ Lecture. — Depuis 1871, l'Allemagne est un *Empire fédéral* de vingt-six États dont quatre royaumes : Prusse, Saxe, Bavière, Wurtemberg ; — six grands-duchés, — cinq duchés, — sept principautés, — une terre d'Empire, l'Alsace-Lorraine, — et trois villes libres, Hambourg, Brême, Lubeck. — Chaque État, sauf l'Alsace-Lorraine, a son gouvernement particulier ; mais la Prusse les domine tous. — Le gouvernement comprend trois pouvoirs : l'Empereur, le Conseil fédéral, le Reichstag. — *L'Empereur* est héréditaire ; il a le droit de déclarer la guerre et de dissoudre le Reichstag. — Le *Conseil fédéral* est formé des délégués des États. — Le *Reichstag* représente la nation ; ses membres sont élus pour cinq ans au suffrage universel.

Note. — Un État fédéral est formé par *l'union politique* de plusieurs pays qui gardent chacun leur gouvernement, leur administration, leurs lois, leur budget, etc. Généralement il y a un ministère commun pour les affaires étrangères, l'armée, les postes, les finances générales. — Ainsi l'Allemagne est un *Empire fédéral* formé de 26 États ; la Suisse et les États-Unis sont des *républiques fédérales* composées la première de 22 cantons, la seconde, de 45 États. Au contraire, la France est une *république unitaire*.

SUISSE

Résumé. — La Suisse, montagneuse, est surtout un pays industriel. Son horlogerie est très réputée ; elle travaille les cotonnades et les soieries. — La Suisse, république fédérale, a pour capitale Berne. Les grandes villes sont : Bâle, Zurich, Genève, Lausanne.

21ᵉ Lecture. — La Suisse est un pays continental, c'est-à-dire qui n'a aucune de ses frontières baignée par la mer. Elle est essentiellement montagneuse ; les Alpes la couvrent au sud et au sud-est, le Jura au nord-ouest. Le Saint-Gothard est un centre de dispersion des eaux : le Rhin va à la mer du Nord avec son affluent l'Aar, le Rhône à la Méditerranée. Les lacs sont très beaux : de Genève, de Constance, de Neuchâtel, de Zurich, des Quatre-Cantons.

Ressources. — L'agriculture ne peut être florissante dans ce pays très montagneux ; cependant *l'élevage* est prospère et la culture de la *vigne* donne des résultats satisfaisants. — Mais l'*industrie est active* : les chutes d'eau des montagnes suppléent à l'absence de la houille. L'*horlogerie* est très importante, surtout à Genève ; dans le nord on travaille les *cotonnades* et les *soieries*. — Le commerce est très développé. — A cause de ses beautés naturelles, 3 à 400000 touristes visitent chaque année ce petit pays et y laissent de grosses sommes d'argent qui contribuent à l'enrichir.

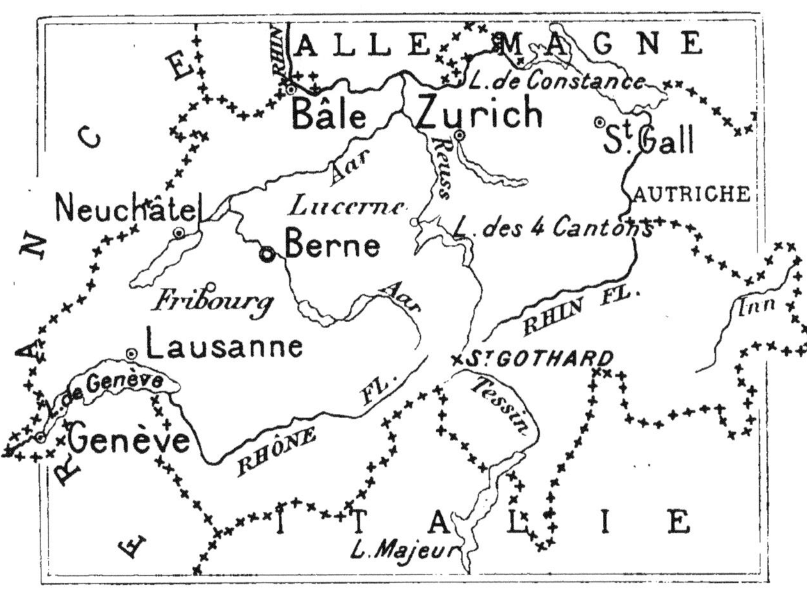

Villes. — Peuplée de plus de 3 millions d'habitants, la Suisse est une *république fédérale* composée de 22 cantons qui s'administrent eux-mêmes. — La capitale est *Berne* (56). — Les villes principales sont : *Bâle* (80), ville de banque et port sur le Rhin ; — *Zurich* (135), industrielle : *Lucerne* (23), pittoresque ; *Saint-Gall* (47), manufacturière ; — *Genève* (80), fabrique des montres ; — *Lausanne* (41).

Les Suisses sont très jaloux de leur indépendance et de leur liberté ; ils forment une nation forte, honnête, unie et sympathique, qui doit beaucoup à l'instruction et au travail, à la volonté et à l'énergie de ses habitants.

Devoirs. — 1. L'industrie en Allemagne. — 2. Les grandes villes allemandes. — 3. Que savez-vous sur la Suisse ?

Exercice cartographique. — L'Allemagne et la Suisse.

AUTRICHE-HONGRIE

Résumé. — L'Autriche-Hongrie cultive les céréales, la pomme de terre, la betterave et la vigne ; elle élève des bœufs et des chevaux. Elle a de la houille, du fer et du sel. La Bohême fait des cristaux, des cotonnades et de la bière.

La capitale de l'Autriche est Vienne ; celle de la Hongrie, Budapest. Prague est la capitale de la Bohême. Trieste est un grand port.

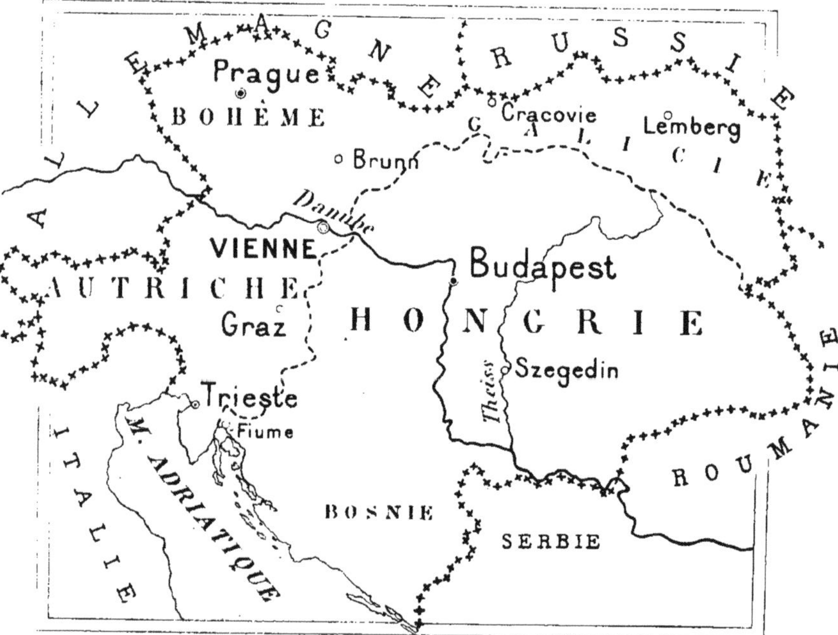

22ᵉ Lecture. — Plus grande que la France, l'Autriche-Hongrie se compose de *plaines*, de *plateaux* et de *montagnes* (ramifications des Alpes ; le Danube relie ces diverses régions. — Le climat est très froid l'hiver, très chaud l'été. — Les *côtes* sur l'Adriatique n'ont que 700 kilomètres de développement.

Ressources. — La belle plaine de Hongrie est *surtout agricole*. La Bohême, avec ses mines, est *surtout indus-*

trielle. — En Autriche-Hongrie, on cultive le blé et le maïs, la pomme de terre, la betterave et la vigne. — De vastes pâturages nourrissent de nombreux troupeaux.

La houille est abondante ainsi que le fer et le sel. La Bohême fabrique des cristaux, file le coton, produit la bière. — Le port très important de Trieste a des chantiers de construction.

Villes. — La population est de 47 millions d'habitants, mais ils appartiennent à des races si diverses qu'elles sont une cause de fragilité pour la monarchie autrichienne. — Depuis 1867, cet État est divisé en deux parties : l'**Autriche** et la **Hongrie**. Chaque pays a son gouvernement particulier, mais l'Empereur d'Autriche est en même temps roi de Hongrie.

La capitale de l'Autriche est *Vienne* (1 530), sur le Danube et sur la grande voie ferrée de Paris à Constantinople. C'est une grande cité industrielle, commerciale et intellectuelle ; c'est aussi une ville de plaisirs et de luxe. — *Budapest* (620) est la capitale de la Hongrie, sur le Danube. — *Prague* (365), capitale de la Bohême, est manufacturière. — *Trieste* (165), plus italienne qu'allemande, est un des grands ports de la Méditerranée. — *Lemberg* (130) est au milieu de la riche région agricole de la Galicie. — *Graz* (120) est au centre d'une région agricole et industrielle.

23ᵉ Lecture. — *Les races en Autriche.* — L'Autriche est un État formé de races très diverses. Il y a 12 millions d'Allemands, 8 millions de Hongrois, 20 millions de Slaves, 4 millions de Roumains et d'Italiens. Tous ces peuples se jalousent les uns les autres et sont une cause de grande faiblesse pour la monarchie autrichienne. Les plus remuants des Slaves sont les *Tchèques* de Bohême ; ils ont ressuscité leur langue, écrit leur histoire, rappelé leurs gloires et leurs légendes, multiplié les écoles ; ce qu'ils veulent, c'est l'indépendance de la Bohême.

Chassée de l'Allemagne en 1866, l'Autriche tourne les yeux vers la péninsule des Balkans : elle y convoite le beau port de Salonique.

Devoirs. — 1. Les productions et les grandes villes de l'Autriche-Hongrie. — 2. Les races en Autriche. — 3. Divisions politiques de la péninsule des Balkans. — 4. Carte de l'Autriche-Hongrie.

PÉNINSULE DES BALKANS

Résumé. — La péninsule des Balkans comprend : la Turquie, capitale Constantinople, ville principale Salonique ; elle produit du raisin et de la soie ; — la Bulgarie-Roumélie, capitale Sofia ; productions importantes : céréales et soie ; — la

Roumanie, capitale Bucarest ; elle produit des céréales ; — la Serbie, capitale Belgrade, a beaucoup d'arbres fruitiers ; — le Monténégro, capitale Cettigne ; — la Grèce, capitale Athènes ; elle vit surtout du commerce.

24ᵉ Lecture. — Au sud-est de l'Europe, la péninsule des Balkans occupe une surface légèrement inférieure à celle de la France. — C'est une région fort morcelée, au relief compliqué ; la chaîne la plus importante est le Balkan ; les plaines sont rares. — Les pluies sont inégalement réparties ; le climat est continental. — Le bas Danube est le fleuve le plus important ; les autres rivières n'ont pas une grande utilité. — L'Adriatique, la mer Ionienne, l'Archipel, la mer de Marmara, la mer Noire baignent des côtes qui sont parfois extrêmement découpées, en Grèce surtout.

Divisions politiques. — La péninsule des Balkans comprend les États suivants : l'empire de Turquie, les royaumes de Roumanie, de Serbie et de Grèce ; les principautés du Monténégro et de Bulgarie-Roumélie ; les provinces de Bosnie et d'Herzégovine qui sont administrées par l'Autriche.

Turquie. — C'est le tiers de la France avec 6 millions d'habitants. La Turquie est une monarchie absolue sous l'autorité du Sultan. La capitale est *Constantinople* (1 125) dont la position est très importante. *Salonique* (105) est également un grand port. — La Turquie est exclusivement agricole. Elle exporte des raisins secs et de la soie.

Bulgarie et Roumélie orientale. — La capitale est *Sofia* (47). Le pays est surtout agricole : céréales, roses, élevage des vers à soie ; il fait de grands progrès.

Roumanie. — La capitale est *Bucarest* (185). La plaine de Roumanie produit beaucoup de céréales. Il y a des mines de houille, du pétrole et du sel.

Serbie. — La capitale est *Belgrade* (60). C'est un pays surtout agricole : vignes, pruniers, maïs, porcs.

Monténégro. — La capitale est *Cettigne*. — Ce pays vit de l'élevage.

Grèce. — La Grèce occupe une place à part dans la péninsule des Balkans. Le sol et le sous-sol ne sont pas riches, mais les nombreuses découpures des côtes ont permis aux Grecs d'avoir une *marine imposante* et un *commerce développé*. — La capitale est *Athènes* (107), dont le port est le *Pirée*.

ITALIE

Résumé. — L'Italie) cultive]les céréales et les arbres fruitiers, surtout la vigne. Elle élève des bœufs et des moutons et produit beaucoup de soie brute.

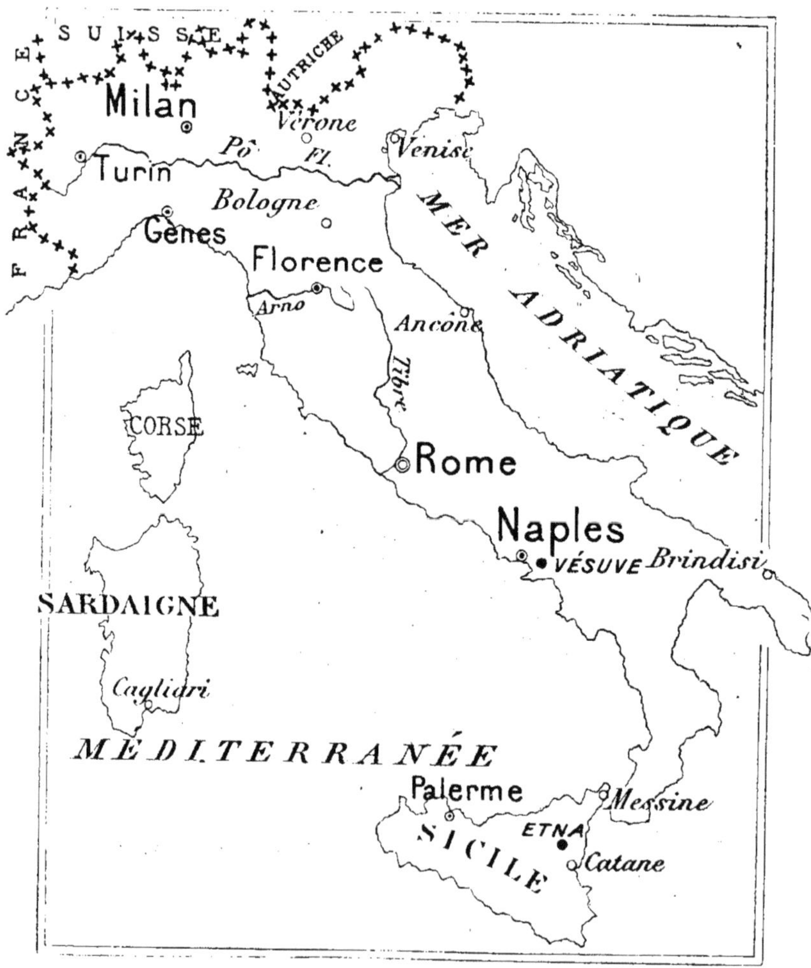

La capitale est Rome. — Naples, Gênes, Palerme sont de grands ports ; celui de Venise est bien déchu. — Les grandes villes de l'intérieur sont Milan, Turin, Florence.

25ᵉ Lecture. — L'Italie, dont la surface ne dépasse guère la moitié de celle de la France, se compose d'une *partie continentale*, basse et riche, la plaine du Pô ; d'une *partie péninsulaire*, accidentée par les montagnes de l'Apennin ; d'une *partie insulaire*, qui comprend surtout la Sicile et la Sardaigne. — Le climat y est chaud, le ciel lumineux, les pluies peu abondantes, surtout en été. — Le plus beau fleuve est le Pô, qui fertilise la plaine du nord.

Ressources. — L'Italie est un *pays agricole*. Elle cultive les céréales, la vigne et l'olivier. Elle a beaucoup d'arbres fruitiers. Elle élève des bœufs et des moutons. Le mûrier y nourrit le ver à soie. — On trouve le soufre dans les régions volcaniques.

L'industrie est peu florissante et le commerce peu développé.

Population et villes. — La population du royaume d'Italie est de 33 millions d'habitants. Elle émigre beaucoup.

La capitale est *Rome* (510), résidence du pape et du roi, au milieu d'une campagne nue, triste, sèche et malsaine. Elle a conservé les ruines de nombreux monuments antiques.

La ville la plus peuplée du royaume est *Naples* (540), au fond d'un admirable golfe, sous un beau ciel ; c'est le deuxième port de l'Italie, assez voisin du volcan le Vésuve.

Viennent ensuite : *Milan* (490), capitale commerciale de l'Italie ; — *Turin* (360), au débouché des routes alpestres qui mènent de France en Italie ; — *Palerme* (290), premier port de commerce de la Sicile ; — *Gênes* (240), première ville maritime de l'Italie ; — *Florence* (165), très belle ville et capitale intellectuelle de la péninsule ; — *Venise* (260), construite sur des lagunes au fond de l'Adriatique ; c'est une ville de palais déserts ; les rues sont des canaux où la gondole promène le voyageur ; très important au moyen âge, son port est bien déchu aujourd'hui.

26ᵉ Lecture. — L'Italie, comme l'Allemagne, fut pendant des siècles un pays très divisé. C'est seulement de nos jours que Victor-Emmanuel a pu réunir en un seul royaume tous les petits États de la péninsule : en 1870, Rome devint la capitale de l'Italie unifiée. — Des impôts très lourds avaient causé une grande misère qui chassait chaque année 200000 Italiens de leur pays. A l'heure actuelle l'Italie diminue ses dépenses, développe l'instruction qui est très arriérée ; elle se rapproche de la France. Sa situation générale s'améliore.

ESPAGNE. — PORTUGAL

Résumé. — La grande richesse agricole de l'Espagne et du Portugal est la vigne ; on y trouve aussi des oliviers et des orangers. — L'Espagne a des mines de fer, de cuivre et de mercure.

L'Espagne a pour capitale Madrid. — Barcelone est la plus grande ville industrielle et le premier port de la péninsule. Les autres villes sont Valence, Séville, Malaga, Murcie.

Le Portugal a pour capitale Lisbonne et pour port principal Porto.

27ᵉ Lecture. — Au sud-ouest de l'Europe, s'étale la massive péninsule ibérique, séparée de la France par les Pyrénées et de l'Afrique par le détroit de Gibraltar. Elle couvre une superficie un peu supérieure à celle de notre pays. C'est un plateau très élevé ; les plaines sont rares ; la plus belle est celle d'Andalousie ; à l'est, s'étendent celles de Valence et de Murcie. — Le climat est continental ; il pleut très peu au centre et au sud. — Les fleuves sont peu abondants et peu utiles ; ils sont presque à sec en été : le plus beau est le Guadalquivir qui fertilise la plaine d'Andalousie ;

le plus long est le Tage. — Les côtes sont peu découpées ; à l'est, se trouvent les îles Baléares.

Ressources. — Il y a peu de riches cultures. La plus importante est celle de la vigne. On trouve aussi des oliviers et des orangers. Le blé est cultivé. — Les mines sont nombreuses : fer, cuivre, mercure ; mais il n'y a guère que la région de Barcelone qui soit industrielle.

28ᵉ Lecture. — L'Espagne et le Portugal ont une population paresseuse et ignorante : il y a 70 p. 100 d'illettrés ; 33 p. 100 n'exercent aucune profession. — La situation financière est déplorable et le commerce très peu florissant. Aussi beaucoup d'habitants sont dans la misère.

La péninsule comprend deux royaumes : l'Espagne, qui n'a que 17 millions d'habitants, et le Portugal.

L'Espagne a pour capitale *Madrid* (500), au centre du pays, sur le plateau des Castilles. Ses maisons sont en grande partie construites en briques rouges dans un pays laid et nu, rocheux ou sablonneux.

Les grandes villes sont : *Barcelone* (280), le premier port de l'Espagne. C'en est aussi la ville la plus industrielle et la plus vivante ; les environs sont remplis de manufactures ; — *Valence* (175), à 6 kilomètres de la Méditerranée, au milieu de magnifiques jardins plantés surtout d'orangers ; — *Séville* (145), port sur le Guadalquivir ; sous un ciel très chaud, c'est une ville gaie et très animée. — On peut encore citer : *Malaga, Murcie, Alicante, Cadix, Santander*. — La ville de *Gibraltar* appartient à l'Angleterre.

La capitale du **Portugal** est *Lisbonne* (390), sur une baie admirable où vient déboucher le Tage ; son port est un des plus sûrs et des mieux aménagés du monde ; la ville est très commerçante. — Plus au nord se trouve le port de *Porto* (180), ville prospère, célèbre par ses vins. Ses environs sont parmi les régions les plus agréables et les plus riches du Portugal.

Devoirs. — 1. Les ressources de l'Italie et de l'Espagne. — 2. Les grandes villes de l'Italie.

Exercice cartographique. — Carte de l'Espagne et du Portugal.

ASIE PHYSIQUE

Résumé. — Quatre fois plus grande que l'Europe, l'Asie est limitée au nord par l'océan Glacial, à l'est par le Pacifique, au sud par l'océan Indien, à l'ouest par la mer Rouge, la Méditerranée et l'Europe.

L'Asie a les plus hautes chaînes du monde, comme l'Himalaya, des plateaux très élevés comme ceux de Pamir, du Thibet, de l'Iran, d'Asie mineure, de vastes plaines comme celles de Sibérie, de la Chine orientale, de l'Indo-Chine, de l'Inde, de la Mésopotamie.

Le nord de l'Asie est très froid, le sud est très chaud; le centre est très chaud l'été et très froid l'hiver. Le sud-est reçoit des pluies abondantes.

Situation, superficie et limites. — L'Asie tout entière est au nord de l'équateur; c'est la plus grande masse de terres de l'ancien continent; elle est quatre fois plus grande que l'Europe qui la limite à l'ouest avec la Méditerranée, l'isthme de Suez qui la rattache à l'Afrique, la mer Rouge; — au sud, elle est baignée par l'océan Indien, à l'est par le Pacifique, au nord par l'océan Glacial.

Relief. — On trouve en Asie les plus hautes *chaînes* du monde, des *plateaux* très élevés et très étendus, des *plaines* très vastes.

Au centre se trouve le *plateau de Pamir*, d'une hauteur moyenne de 4000 mètres. — S'en détachent vers l'est : 1° l'immense chaîne des *Thian-Chan* qui couvre une surface deux fois plus grande que celle de la France; 2° l'*Himalaya* qui porte le mont le plus élevé du monde, le Gaurizankar, 8840 mètres; rebord méridional du très haut *plateau du Thibet*, l'Himalaya tombe à pic sur la *plaine du Gange*. — A l'ouest du Pamir se développe le *plateau de l'Iran*, plus élevé sur ses bords qu'en son milieu et réuni au *plateau de l'Asie mineure* par le *massif d'Arménie*. — La chaîne du *Caucase* va de la mer Noire à la Caspienne, et les *monts Ourals* s'alignent du nord au sud entre l'Europe et l'Asie.

Au nord de l'Asie s'étend la grande *plaine sibérienne*, très plate, surtout entre l'Oural et l'Iénisséi et qui se prolonge au sud-ouest par les sables du Turkestan : elle est en partie limitée au sud par l'*Altaï*. — La Chine, l'Indo-Chine, l'Inde ont de belles plaines isolées. La *Mésopotamie* était plus riche autrefois qu'aujourd'hui.

Climat et pluies. — On rencontre en Asie tous les climats. — Au nord, la Sibérie connaît les froids les plus rigoureux ; — sur les plateaux du centre, des hivers très durs succèdent à des étés brûlants, des nuits glaciales à des journées torrides : la température varie brusquement, parfois de 50 degrés en quelques heures, dans l'Iran et le désert de Gobi ; — dans les péninsules méridionales, il fait très chaud toute l'année.

Les *pluies* sont très peu abondantes au nord et au centre de l'Asie, dans l'Iran et en Arabie; par contre, la côte de Chine et surtout l'Inde reçoivent d'énormes quantités d'eau qui tombent pendant les six mois d'été quand souffle le vent venant des mers du sud et de l'est.

18ᵉ LEÇON.

Résumé. — L'Obi, l'Iénisséi, la Léna se jettent dans l'océan Glacial. L'Amour, le Hoang-ho, le Yang-tsé-Kiang, le Song-Coï et le Mékong tombent dans le Pacifique. L'océan Indien reçoit le Gange, l'Indus, le Tigre et l'Euphrate.

Les principaux lacs sont : le Baïkal, le Balkach, la mer d'Aral, la mer Caspienne.

Les côtes de l'Asie sont moins découpées que celles de l'Europe. — Celles qui sont baignées par l'océan Glacial sont gelées toute l'année. — Le Pacifique forme plusieurs mers secondaires : de Behring, du Japon, de Chine; il baigne l'île Saghalien, les îles du Japon, Formose et Haïnan, et les presqu'îles de Kamtchatka et de Corée. — Au sud, l'Asie se termine par trois presqu'îles : Indo-Chine, Inde, Arabie. L'océan Indien forme le golfe du Bengale, la mer d'Oman, le golfe Persique et la mer Rouge. — A l'ouest, la Méditerranée baigne la presqu'île d'Asie mineure et de nombreuses îles.

Fleuves et Lacs. — Dans l'océan Glacial se jettent : l'*Obi*, l'*Iénisséi* et la *Léna*. Ces fleuves de plaine sont malheureusement gelés une grande partie de l'année, surtout vers les embouchures : cependant des bateaux à vapeur les sillonnent pendant la belle saison.

Le Pacifique reçoit l'*Amour* et les deux grands fleuves chinois, le *Hoang-ho* et le *Yang-tsé-Kiang*, dont les vallées sont très fertiles et très peuplées. — Le *Song-Coï* arrose le Tonkin, et le *Mékong* l'Indo-Chine.

L'océan Indien a pour tributaires : le *Brahmapoutre*, le *Gange*, lent, abondant et majestueux, et sur lequel la navigation est très active; — l'*Indus*, le *Chat-el-Arab* formé du *Tigre* et de l'*Euphrate*.

Les principaux lacs sont : le *Baïkal*, très profond

(1 370 m.), la *mer d'Aral*, la *mer Caspienne*. — Beaucoup de lacs asiatiques sont salés et en voie de disparition.

Côtes. — Les côtes de l'Asie sont assez découpées, mais les presqu'îles sont massives ; — les golfes, très ouverts, ressemblent quelquefois à des mers ; — l'océan ne pénètre point comme en Europe jusqu'au cœur du continent qui est éloigné de toute mer de près de 3 000 kilomètres.

La navigation est à peu près nulle sur l'océan Glacial, presque toujours gelé.

Sur la côte du Pacifique on rencontre les mers de *Behring*, d'*Okhotsk*, du *Japon*, la *mer Jaune*, et les mers de *Chine*. Les îles sont nombreuses : *Saghalien* (à la Russie), îles du *Japon*, *Formose* (au Japon), *Haïnan* (à la Chine). — Les presqu'îles du *Kamtchatka* et de *Corée* sont les plus importantes.

Le *détroit de Malacca* fait communiquer l'océan Pacifique avec l'océan Indien.

L'océan Indien forme le *golfe du Bengale*, la *mer d'Oman*, le *golfe Persique*, le *golfe d'Aden* réuni à la mer Rouge par le *détroit de Bab-el-Mandeb*. — L'Asie présente au sud trois grandes presqu'îles : l'*Indo-Chine*, prolongée elle-même par la *presqu'île de Malacca* que termine le cap *Romania* ; — l'*Inde*, terminée par le cap *Comorin* et continuée par *Ceylan* ; — la massive *Arabie*.

À l'ouest, la Méditerranée baigne l'île anglaise de *Chypre*, la presqu'île d'*Asie mineure*, et forme l'*Archipel*, la *mer de Marmara* et la *mer Noire* qui communiquent entre elles par le *détroit des Dardanelles* et le *Bosphore* ou détroit de Constantinople.

Devoirs. — 1. Les grandes montagnes de l'Asie. — 2. Les grandes plaines de l'Asie. — Faites le tour de l'Asie en partant du golfe de l'Obi et indiquez les accidents physiques que vous rencontrez.

Exercices cartographiques. — 1. Les fleuves de l'Asie. — 2. Les côtes de l'Asie.

ASIE RUSSE

Résumé. — Les grandes divisions politiques de l'Asie sont : au nord, l'Asie russe (30 fois la France) ; — à l'est, le Japon et l'Empire chinois ; — au sud, l'Indo-Chine, l'Inde et l'Arabie ; — à l'ouest, l'Iran et l'Asie turque.

L'Asie russe comprend la Sibérie et le Turkestan. — Les ressources de la Sibérie sont la houille et les métaux précieux, les céréales, les bois et les animaux à fourrure ; le chemin de fer transsibérien permettra d'exporter ces richesses. La ville principale est Irkoutsk. — Le Turkestan produit du coton et pratique l'élevage ; il est traversé par le chemin de fer transcaspien. La capitale est Tachkent.

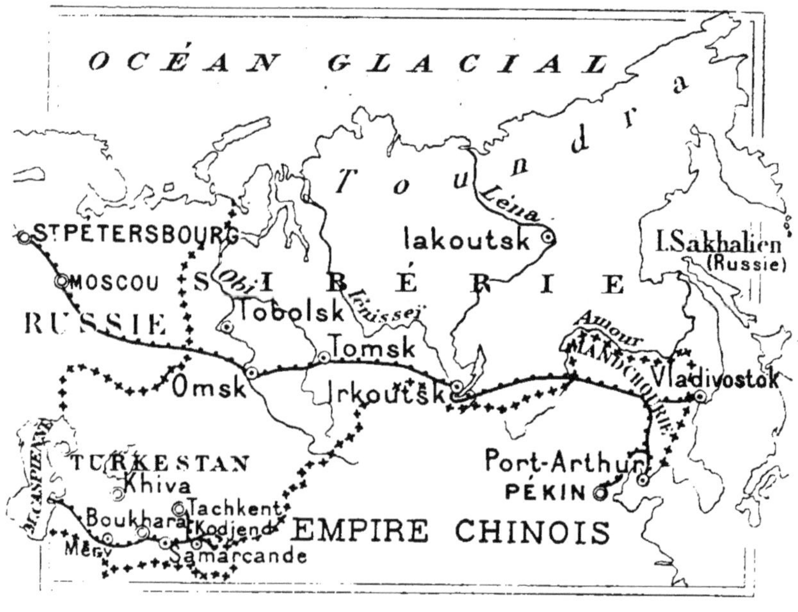

SIBÉRIE. — **29e Lecture.** — La Sibérie est une immense plaine qui ne se relève qu'au sud et au sud-est. Le climat y est extrêmement rigoureux, particulièrement vers le nord. — Les fleuves sont longs, mais médiocrement utiles parce qu'ils sont gelés une partie de l'année : l'Amour est plus important que l'Obi et l'Iénisséi. Les mers qui baignent les côtes sont trop longtemps gelées.

Ressources. — Au nord de la Sibérie, s'étend la *toundra*, plaine glacée, infertile, inhabitée ; — au centre se trouvent de vastes *forêts* ; plus au sud, le climat, très chaud en été, permet aux *céréales* de mûrir.

Les animaux à fourrure, le poisson, les bois, la houille et les métaux précieux, très abondants dans les montagnes du sud, sont les principales ressources de la Sibérie, qui est un pays d'avenir au sud et au sud-est.

Un grand chemin de fer, le *transsibérien*, relie *Moscou* à *Vladivostok*, *Port-Arthur* et *Pékin* ; il donne beaucoup d'importance à la région traversée.

Population et villes. — A cause du froid, d'immenses étendues sont à peu près inhabitées : aussi la population n'est que de 10 millions d'habitants, dont 7 millions de Russes. — Les villes principales sont, à l'ouest : *Tobolsk*, *Omsk*, *Tamsk* ; — à l'est, *Irkoutsk*, *Iakoutsk*, *Vladivostok*. — Les Russes se sont fait céder par les Chinois le port de *Port-Arthur*, qui ne gèle pas en hiver.

TURKESTAN. — 30ᵉ Lecture. — Sept fois grand comme la France, le Turkestan renferme beaucoup de déserts sablonneux, surtout vers le nord ; le sud et l'est sont montagneux (Pamir et Thian-Chan). — Le climat est brûlant en été, très rigoureux l'hiver. Les pluies sont rares, mais plus abondantes au sud qu'au nord. — Les fleuves ne sont pas navigables, mais les rives de leur cours supérieur sont fertiles ; beaucoup se perdent dans les sables.

Ressources. — On cultive dans les hautes vallées le *coton*, le *mûrier* et le *riz* ; on y pratique l'*élevage* des moutons à laine noire. Les déserts sablonneux du nord sont stériles.

Le *chemin de fer transcaspien* a une grande importance économique et stratégique. Il part de la Caspienne, passe par Merv, Boukhara, Samarcande, Kodjend : il doit être continué. Un embranchement unit Kodjend à Tachkent et doit rejoindre le transsibérien.

Population et villes. — La population est de 7 millions d'habitants. Les grandes villes sont *Tachkent* (160), capitale du pays : *Boukhara* (70), *Khokend* (82), *Samarcande* (54). La grande oasis de *Merv* compte 200 000 habitants.

JAPON ET CHINE

Résumé. — **A l'est de l'Asie se trouvent deux États, le Japon et la Chine, dont la réunion forme ce qu'on appelle l'Extrême-Orient.**

Les principales richesses du Japon sont la houille, le soufre, la soie, le thé et le riz. La capitale est Tokio; le port principal Yokohama.

La Chine est surtout agricole; elle cultive le riz et le thé, élève des vers à soie. La capitale est Pékin; elle a de grands ports dont le principal est Chang-haï.

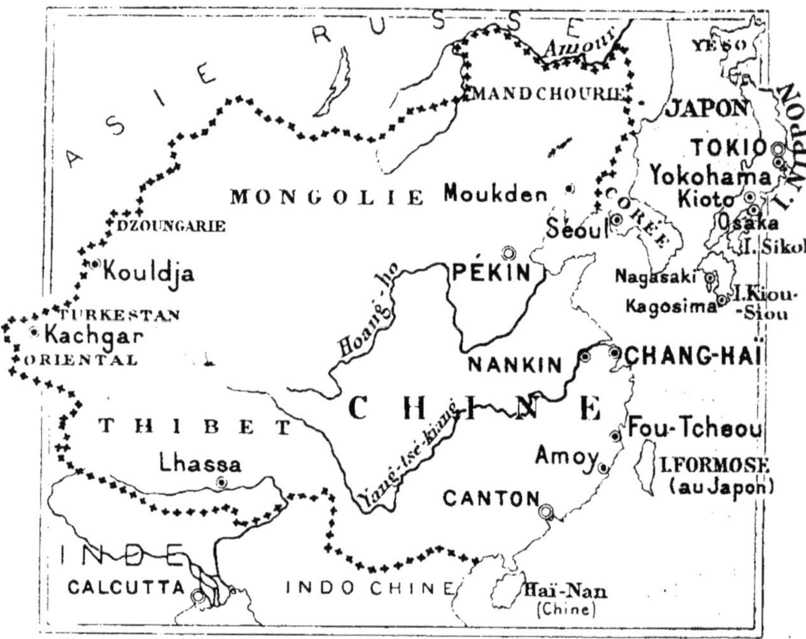

JAPON. — **31e Lecture.** — Un peu plus petit que la France, le Japon est un royaume situé à l'est de l'Asie. Il est formé de nombreuses îles dont quatre grandes : Yéso, Nippon, Sikok, Kiou-Siou. Elles sont très montagneuses et volcaniques; il y a souvent des tremblements de terre. — Le climat est en général tempéré; le sud est plus arrosé que le nord; les rivières, peu utiles, ne sont abondantes que de mai à octobre. — Les côtes présentent pour les navires de magnifiques abris ; les meilleures baies sont celles de Tokio, Yokohama, Osaka, Nagasaki, Kagosima.

Ressources. — Le Japon est riche en houille et en soufre. — Il élève le ver à soie, cultive le thé, le riz, la betterave à sucre. Formose produit beaucoup de camphre. — Les Japonais excellent dans les industries de luxe : poteries, porcelaines, bronzes, broderies, laques. L'industrie métallurgique est devenue très active.

Population et villes. — Le Japon est peuplé de 50 millions d'habitants, doux, polis, rieurs, intelligents. — La capitale est *Tokio* (1450).

Le port principal est *Yokohama* (225). rattaché par des lignes de paquebots à l'Europe et à l'Amérique ; le plus fréquenté est ensuite *Nagasaki*. — *Kioto* a 300000 habitants et *Osaka* 550000.

CHINE. — L'Empire chinois occupe à l'est de l'Asie une surface qui égale 20 fois celle de la France. Il comprend : la **Corée**, aujourd'hui indépendante ; elle est riche en mines, pauvre en cultures ; sa capitale est *Séoul* ; — la **Mandchourie**, pays pauvre, capitale *Moukden* ; — la **Mongolie**, sablonneuse et désertique ; — le **Turkestan oriental**, presque stérile, ville principale *Kachgar* ; — le **Thibet**, immense plateau très élevé, aride et nu, au climat terrible, capitale *Lhassa* ; — la **Chine** proprement dite, montagneuse au sud, plate au nord, arrosée par deux beaux fleuves très utiles, avec des côtes qui présentent de bons abris.

Ressources. — La Chine est un pays très riche. On y pourra exploiter de belles mines de houille et d'étain. Aujourd'hui, elle vit surtout de l'agriculture. Les habitants, qui sont les premiers agriculteurs du monde, se nourrissent de riz ; ils élèvent le mûrier pour la nourriture des vers à soie, cultivent le thé, le coton et la canne à sucre.

Population et villes. — La population de la Chine est une des plus considérables du monde : 420 millions. — La capitale est *Pékin*. — Les villes principales sont *Nankin*, *Changhaï*, le plus grand port chinois, *Fou-Tchéou*, *Amoy*, *Canton*.

32ᵉ Lecture. — *Immensité et influence de la Russie*. — Il y a deux cents ans, la Russie n'avait que des côtes inutiles sur l'océan Glacial ; ses populations presque sauvages étaient répandues dans les vastes plaines qui s'étendent aux confins de l'Europe et de l'Asie. Aujourd'hui, elle se développe de la mer Baltique à l'océan Pacifique, elle possède presque tout le littoral de l'océan Glacial ; elle couvre d'un seul tenant une superficie qui égale quarante-trois fois celle de la France. Seule, l'Angleterre a un empire plus étendu (52 fois la France) ; mais le domaine russe a le double avantage de former un tout continu et d'être mieux assimilé. — A travers les steppes et les déserts, au milieu de mille difficultés, ont été construites deux grandes voies ferrées : le transsibérien et le transcaspien. Le transsibérien mène aux portes de la Chine ; il atteint Port-Arthur et Pékin : il faut douze jours pour aller de Paris à Vladivostok. La Russie a une grande influence en Mandchourie et elle espère utiliser les chemins de fer qu'elle trace pour transporter en Europe les riches produits de l' « Empire du Milieu ».

33ᵉ Lecture. — *Le peuple chinois*. — Les Chinois ont de grandes qualités : la sobriété, la patience, l'endurance, la politesse, une grande aptitude à l'assimilation. Ils sont très attachés à leurs coutumes, à leur organisation familiale, à leur religion qui est le boudhisme. Cette religion leur prêche l'accomplissement du devoir, le respect des vieilles traditions, la soumission à l'autorité. Le père est le chef tout-puissant de la famille ; il est le maître absolu de ses enfants et de ses femmes ; après sa mort, ses descendants le vénèrent presque comme un dieu. — Très fiers de leur civilisation, vieille de quarante siècles, les Chinois se sont renfermés chez eux, ont interdit rigoureusement l'entrée de leur pays à tous les étrangers jusqu'au jour où ils ont été obligés, en vertu de la loi du plus fort, d'ouvrir à l'influence européenne leur mystérieux pays. Depuis un demi-siècle, Anglais, Français, Russes, Allemands ont pris des villes, fondé des établissements, tracé des chemins de fer, imposé leurs produits. Cette invasion a mécontenté les Chinois et causé de grandes révoltes. — Au contact des Occidentaux, l'âme chinoise ne s'est pas transformée ; elle est restée ce qu'elle était ; elle a gardé tous ses préjugés.

34ᵉ Lecture. — *Les Chinois hors de Chine*. — Malgré ses multiples ressources, la terre chinoise peut à peine nourrir sa trop nombreuse population ; quand la récolte du riz est mauvaise, éclatent d'épouvantables famines. C'est pourquoi le Chinois est obligé d'aller chercher ailleurs du travail et du pain. On le trouve en Californie, en Australie, en Malaisie, en Indo-Chine. Partout il se fait remarquer par son endurance et sa sobriété. Il se charge de toutes les besognes : il est mineur ou fleuriste, constructeur de voie ferrée ou bonne d'enfant, gros négociant ou petite blanchisseuse.

Mais partout où il passe, le Chinois mécontente et les autres ouvriers et les gouvernements : les ouvriers blancs, parce qu'ayant peu de besoins, il travaille à bas prix et fait baisser les salaires ; les gouvernements, parce qu'il n'a qu'un désir, amasser une petite fortune pour retourner vivre en Chine, car il ne quitte son pays qu'avec l'espoir du retour.

35ᵉ Lecture. — *Transformation du Japon.* — De même que la Chine, le Japon est resté volontairement fermé pendant des siècles aux influences européennes, mais son attitude vis-à-vis des peuples occidentaux a été bien différente de celle de sa voisine. En 1868 éclata une révolution qui changea complètement la face des choses. Le pays s'ouvrit largement à notre civilisation ; il accepta nos mœurs, nos institutions, même nos lois et nos costumes, nos « canons du dernier modèle » et nos « vêtements à la dernière mode » ; le vieil État féodal est devenu une nouvelle nation ; son rajeunissement lui a donné une vitalité surprenante ; il a envoyé ses jeunes gens fréquenter nos grandes écoles ; il a développé l'instruction, créé des industries pratiques, multiplié les chemins de fer. Le Japon est maintenant une grande nation militaire et maritime ; dans la guerre qu'il a faite à la Chine en 1895, il a montré la supériorité de ses armements en battant un pays dix fois plus peuplé : la grande île de Formose a été le prix de sa victoire.

36ᵉ Lecture. — *Les Anglais dans l'Inde.* — Depuis 1860, l'Angleterre a fait beaucoup pour l'Inde. Elle l'a dotée d'un gouvernement pacifique que ses habitants n'avaient jamais connu ; elle a introduit ou développé nombre de cultures, établi 40 000 kilomètres de chemins de fer ; creusé des canaux, installé de nombreuses lignes télégraphiques, ouvert des écoles de toute sorte.

Mais il y a des ombres au tableau. Au point de vue économique, l'Inde paraît devoir un jour se suffire. Elle naît à l'industrie : les cotonnades anglaises devront bientôt chercher un autre débouché. — Au point de vue politique, l'Angleterre ne commandera peut-être pas toujours à 300 millions de sujets. Jusqu'ici l'indifférence, la mollesse et les divisions des Indous ne leur ont pas permis de tenter des soulèvements sérieux. Mais le jour où, plus instruits, ils prendront conscience de leur force, où ils sentiront le besoin de s'unir pour chasser un maître qu'ils détestent, « qui dévore leur substance comme les chenilles épuisent la sève des arbres », ce jour-là, l'Angleterre aura vécu dans l'Inde.

Devoirs. — 1. Les Russes en Asie. — 2. Les Chinois. — 3. Le Japon. — 4. Grandes villes de l'Asie russe, de la Chine et du Japon.

INDO-CHINE ET INDE

Résumé. — L'Indo-Chine produit surtout du riz. — Les Français dominent à l'est dans le Tonkin, capitale Hanoï, et la Cochinchine, capitale Saïgon ; — les Anglais occupent à l'ouest la Birmanie et au sud Singapour ; — au centre, le Siam a pour capitale Bangkok.

L'Inde, qui appartient aux Anglais, cultive le blé, le thé, le café, le coton et le riz. — Bombay, Calcutta et Madras sont les trois plus grands ports. A l'intérieur sont les villes de Benarès et Haïdérabab. — L'île de Ceylan en dépend.

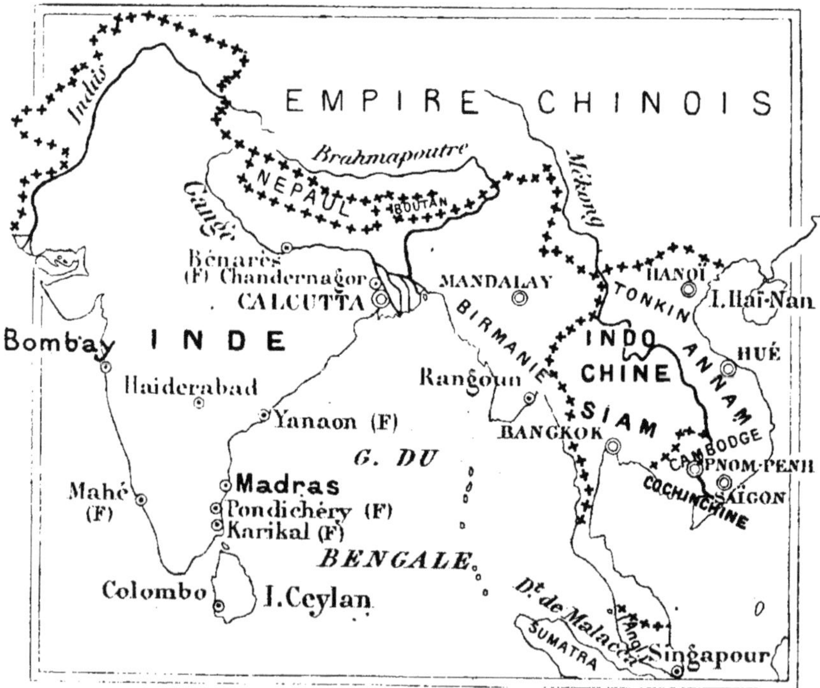

Fig. 87. — Indo-Chine et Inde.

INDO-CHINE. — **37ᵉ Lecture.** — La péninsule de l'Indo-Chine est grande à peu près quatre fois comme la France. — Les montagnes sont orientées du nord au sud et séparées par les vallées des fleuves. — Le climat est très chaud avec de grands écarts de température dans les régions septentrionales ; il y a une saison humide d'avril à septembre, sèche de septembre à mars. Les fleuves se dirigent du nord au sud, comme le Mékong. — Les côtes sont très découpées, les îles nombreuses, les golfes profonds ; elles sont souvent basses et marécageuses.

Ressources. — L'Indo-Chine est riche par l'agriculture. On y trouve des mines d'étain, de cuivre et de houille ; mais il y a surtout de belles forêts, de magnifiques rizières, de la canne à sucre, du thé, du coton.

Divisions politiques. — L'Indo-Chine compte 35 millions d'habitants. — Les Français dominent à l'est dans le **Tonkin**, capitale *Hanoï*, l'**Annam**, capitale *Hué*, la **Cochinchine**, capitale *Saïgon*, le **Cambodge**, capitale *Pnom-Penh*. — Les Anglais occupent dans la partie occidentale la **Birmanie**, capitale *Mandalay*, ville principale *Rangoun*, le premier port du globe pour l'exportation du riz ; ils ont aussi divers établissements sur le détroit de Malacca qui produisent beaucoup d'étain ; les deux principaux ports sont *Malacca* et surtout *Singapour* (100). — Au centre de l'Indo-Chine, le royaume de **Siam** a pour capitale *Bangkok*, grande ville de 500 000 habitants.

INDE. — **38ᵉ Lecture.** — La péninsule de l'Inde, qui appartient à l'Angleterre, est sept fois plus grande que la France. Elle est limitée au nord par la très haute chaîne de l'Himalaya au pied de laquelle s'allonge une vaste plaine très basse arrosée par le Gange et l'Indus. — Le climat est très chaud et très humide en été.

Ressources. — Le sol est très riche : belles forêts, céréales et surtout blé, thé, café, canne à sucre, opium, riz dans les terres basses. Malgré cela, l'Inde est trop souvent visitée par d'épouvantables famines.

L'Inde compte 300 millions d'habitants. — Les villes principales sont : *Calcutta* (800), siège du gouvernement et second port de la péninsule : *Benarès* (230), *Haïderabad* (400), *Bombay* (800), premier port de l'Inde, il exporte du coton et du blé ; celui de *Madras* (450) est dangereux.

La France possède cinq villes dans l'Inde : *Pondichéry*, *Chandernagor*, *Yanaon*, *Karikal*, *Mahé*.

Ceylan est très riche en forêts et en plantations de café ; sa capitale est *Colombo* (130), port important.

IRAN

Résumé. — Le plateau de l'Iran est pauvre ; on y cultive le riz ; on y pratique l'élevage. — Il comprend la Perse, capitale Téhéran ; l'Afghanistan, capitale Kaboul ; le Beloutchistan, capitale Kélat.

L'Asie turque produit surtout des fruits. Les plus grandes villes sont Smyrne, Bagdad, Damas, La Mecque.

L'Arabie a des dattes et du café. Les Anglais y possèdent le port d'Aden.

Ressources et Villes. — La cinquantième partie du sol de l'Iran est seule cultivée ; le centre est un désert à cause de la sécheresse. On cultive le riz ; on élève des chevaux et des moutons ; on fabrique des tapis.

L'Iran n'a que 14 millions d'habitants. Il comprend trois États : **La Perse**, le plus peuplé, est une monarchie absolue dont le souverain s'appelle *shah* ; elle a pour capitale *Téhéran* (250). — La ville principale est *Tauris* (180).

L'Afghanistan, capitale *Kaboul* (75), a pour villes principales *Hérat* et *Kandahar*.

Le **Beloutchistan** a pour capitale *Kélat* (14).

ASIE TURQUE

L'Asie turque est quatre fois plus étendue que la France. Elle comprend l'*Asie mineure*, l'*Arménie*, la *Mésopotamie*, la *Syrie*, la côte occidentale de l'*Arabie*.

Asie mineure. — L'intérieur de ce pays est très pauvre. La côte occidentale, très découpée, donne des fruits variés et abondants : figues, raisins, oranges.

L'Asie mineure n'a pas 10 millions d'habitants. La ville principale est *Smyrne* (200), port très actif. — *Scutari* (100) est le faubourg asiatique de Constantinople.

Arménie. — C'est un pays très montagneux. La ville principale est *Erzeroum*.

Mésopotamie. — C'est une plaine basse, arrosée par le Tigre et l'Euphrate, et qui serait riche si elle était bien cultivée. La ville principale est *Bagdad* (180).

Syrie. — C'est une région montagneuse avec le Liban. Le littoral est fertile. Les villes principales sont *Damas* (200), *Beyrout* (85), le meilleur port du pays, *Jérusalem*.

Arabie. — Grande cinq fois comme la France, la presqu'île arabique est très pauvre. Elle manque d'eau et elle est très chaude. Elle n'a pas 4 millions d'habitants.

La partie occidentale, avec *Médine*, *La Mecque*, *Moka*, appartient aux Turcs. Les Anglais ont au sud le grand port d'*Aden*. — L'Arabie produit du café et des dattes.

AFRIQUE PHYSIQUE

Résumé. — Trois fois plus grande que l'Europe, l'Afrique est baignée au nord par la Méditerranée, à l'est par la mer Rouge et l'océan Indien, à l'ouest par l'Atlantique.

C'est un vaste plateau, plus élevé au sud de l'équateur

qu'au nord. On y trouve les hauts sommets du Kénia et du Kilimandjaro, le massif d'Abyssinie, la chaîne de l'Atlas.

Le climat est chaud partout, surtout au centre, sous l'équateur; c'est aussi la partie la plus arrosée.

Situation et limites. — L'Afrique est une immense terre de 30 millions de kilomètres carrés de superficie (3 fois l'Europe, 55 fois la France), rattachée à l'Asie par l'isthme de Suez. L'équateur la coupe en son milieu. — Ses limites sont : au nord, la Méditerranée ; — à l'est, l'isthme de Suez, la mer Rouge, le golfe d'Aden, l'océan Indien ; — à l'ouest, l'Atlantique.

Relief. — L'Afrique est un *vaste plateau* dont les rebords sont des chaînes montagneuses parallèles aux côtes : on l'a comparée à une *assiette renversée*. Les plus grandes masses de hauteurs se trouvent au sud de l'équateur ; du cap de Bonne-Espérance au massif de l'Abyssinie se développe une série de hauteurs assez voisines de l'océan Indien et dont les deux plus hauts sommets sont le *Kilimandjaro* et le *Kénia* qui ont à peu près 6000 mètres. — Le Sahara est accidenté par des chaînes orientées du sud-est au nord-ouest. — Sur les bords du golfe de Guinée se trouve le mont *Cameroun*. — Au nord-ouest, l'*Atlas* forme une chaîne indépendante.

Climat et pluies. — Située en partie dans la zone torride, l'Afrique en a le *climat chaud*, tantôt absolument sec, tantôt humide à l'excès. — Au nord et au sud de l'équateur se trouve la *région tropicale humide* : la chaleur est intense, les pluies considérables. — Au nord et au sud de l'Afrique équatoriale sont les deux régions du Soudan et du Zambèze ; les pluies y sont *périodiques* : la saison pluvieuse ou d'été est très chaude, avec une température peu variable ; la saison sèche ou d'hiver a des nuits fraîches et des jours brûlants. Puis viennent deux zones de *climat tropical sec*, le Sahara au nord, le Kalahari au sud ; les pluies sont insignifiantes ; les écarts de température excessifs. — Enfin, aux deux extrémités du continent, la région méditerranéenne et la région du Cap ont un climat encore chaud, mais tempéré par le voisinage de la mer ; il est supportable pour les Européens ; les pluies y tombent pendant l'hiver.

Devoirs. — 1. Situation et relief de l'Afrique. — 2. Le climat de l'Afrique. — 3. Les fleuves africains.

Exercice cartographique. — Les montagnes de l'Afrique.

Résumé. — Les fleuves de l'Afrique sont peu navigables. Les principaux sont : le Nil, le Sénégal, le Niger, le Congo, le Zambèze.

Les principaux lacs sont : le Tchad, le Victoria, le Tanganika, le Nyassa.

Les côtes sont droites et peu utiles. Le détroit de Gibraltar

fait communiquer la Méditerranée avec l'Atlantique qui forme le grand golfe de Guinée. Le cap de Bonne-Espérance termine l'Afrique au sud. A l'est se trouve l'île de Madagascar, le golfe d'Aden, la mer Rouge et l'isthme de Suez.

Fleuves et lacs. — Les fleuves africains, descendant les terrasses d'un plateau, ont leur cours coupé de *ca-taractes*; ils sont donc difficilement navigables. — Les principaux sont le Nil, le Sénégal, le Niger, le Congo, l'Orange, le Zambèze.

Le *Nil* (6 000 kil.) sort du lac Victoria et se jette dans la Méditerranée par un delta. — Il est célèbre par ses crues régulières dues à des pluies périodiques dans la région de ses sources; elles ont lieu du 10 juin au 7 octobre; à partir du 7 octobre, le fleuve baisse, rentre dans son lit, laissant sur la terre d'Égypte un limon fertile.

Le *Sénégal* (1 700 kil.) et le Niger (4 200 kil.) naissent dans le Fouta-Djallon, mais prennent des directions opposées; le Niger décrit une immense courbe dont Tombouctou occupe le sommet et se jette dans le golfe de Guinée par plusieurs bouches.

Le *Congo* (4 200 kil.), très régulier, roule de grandes quantités d'eau; mais des chutes nombreuses interrompent sa navigation.

Le *Zambèze* (2 660 kil.) sort d'une région très plate; son cours est coupé par les célèbres chutes Victoria.

Les lacs sont nombreux et vastes en Afrique : le *Tchad*, dans le Soudan; sous l'équateur, le *Victoria*; plus au sud, le *Tanganika*, le *Nyassa*. Tous ces lacs, sauf le marécageux Tchad, sont situés à une grande hauteur, et très profonds.

Côtes. — En général, les côtes africaines sont *rectilignes* et *dangereuses*, par conséquent très peu favorables au commerce. — Au nord, la Méditerranée communique avec l'Atlantique par le détroit de Gibraltar. — Sur la côte occidentale, on rencontre le cap Vert et le grand *golfe de Guinée*; quelques îles l'accompagnent : Madère, Canaries, du cap Vert. Le *cap de Bonne-Espérance* est au sud de l'Afrique. — Dans l'océan Indien, le *canal de Mozambique* sépare la grande île de *Madagascar* de la côte orientale d'Afrique. — Le *golfe d'Aden* limite au nord la *presqu'île des Somalis* et communique avec la *mer Rouge* par le *détroit de Bab-el-Mandeb*. L'isthme de Suez est aujourd'hui percé par un canal qui unit les eaux de la mer Rouge à celles de la Méditerranée.

39ᵉ Lecture. — *Difficultés d'explorer l'Afrique*. — L'Afrique est un bloc compact et plein. Ses longues côtes monotones se déroulent fastidieusement devant le voyageur qui les longe. Si, à la faveur de quelque rupture de la falaise, ou à l'embouchure d'un fleuve, il met pied à terre, c'est bien autre chose : l'Afrique, qui le repousse du dehors, l'arrête au-dedans.

Le continent africain, en effet, présente une disposition singulière. Sa masse centrale forme un immense plateau : à une certaine distance de la côte, elle est entourée par un bourrelet de montagnes. La région côtière, très étroite, de pente rapide, est seule en communication facile avec la mer.

Les fleuves qui viennent du plateau central ne franchissent donc le bourrelet intermédiaire que par une série de cataractes et de cascades. Tous présentent, à une certaine distance de la côte, ces gradins gigantesques. Les navigateurs venant de la mer s'y sont heurtés ; la chute prodigieuse des cataractes tendait, devant l'explorateur surpris, une infranchissable muraille d'eau et de granit.

Le climat de l'Afrique n'est pas plus favorable à l'homme. Ce continent, en effet, se caractérise nettement en trois zones : la zone des forêts, presque impénétrable ; la zone des déserts, presque infranchissable ; la zone des montagnes, souvent inaccessible. L'homme est accablé ou déprimé. La nature l'anémie ou l'envahit. Les yeux vers le ciel, il a tout à craindre de lui, soit le soleil brûlant, soit le vent desséchant, soit la pluie pourrissante.

Ce sol âpre, ce ciel capricieux ont assisté au plus étrange conflit des races. Le continent africain est le seul sur lequel les grandes familles humaines, la noire et la blanche, se soient rencontrées, mêlées, heurtées, combattues, superposées dans une lutte perpétuelle qui a multiplié souvent la désolation de la nature par la désolation de l'histoire. (D'après Hanotaux.)

40ᵉ Lecture. — *Les grands explorateurs de l'Afrique*. — Malgré des difficultés de tout ordre, de hardis explorateurs, surtout à partir de 1860, se sont lancés à l'assaut du continent noir. Français, Anglais, Allemands, Portugais, etc., ont rivalisé de zèle pour arracher ses secrets à une terre inhospitalière qui, jalousement, les gardait depuis des siècles.

Les sources du Nil ont été trouvées, de 1860 à 1862, par *Speke*, *Grant*, *Baker*. Vers la même époque, *Burton* atteignait le lac Tanganika.

Ce sont d'abord des Allemands, comme *Barth* et *Rohlfs*, qui ont reconnu le Sahara. Avant eux, on croyait que ce désert était une immense et monotone plaine de sable brûlant ; on sait maintenant, grâce à eux, grâce aussi à des missions françaises comme celle de *Foureau-Lamy*, que cette vaste région africaine est très variée d'aspect, qu'elle a de hautes montagnes, de grands plateaux rocheux et stériles, des plaines arides tachetées de verdoyantes oasis, des populations hostiles et fanatiques, comme les Touareg qui ont massacré bien des explorateurs (colonel *Flatters*).

Le Soudan français est mieux connu depuis les explorations de *Binger*, de *Monteil*, etc.

De Brazza a exploré le Congo français.

Marchand est allé de l'Atlantique à l'océan Indien, du Congo au Nil par l'Oubanghi et le Bahr-el-Ghazal.

Stanley a reconnu le cours du Congo ; il a descendu ce grand fleuve sur presque toute son étendue.

L'Anglais *Cameron* et le Portugais *Serpa Pinto* ont parcouru la région située entre le Congo et le Zambèze.

L'admirable *Livingstone*, le plus grand explorateur de l'Afrique, a visité les régions méridionales et centrales, descendu le Zambèze, atteint le Nyassa et le Tanganika. Il a succombé à la peine, en 1873, après vingt-cinq années de fatigues inouïes.

Grandidier, *Émile Gautier*, etc., ont parcouru la grande île de Madagascar.

A l'heure actuelle, l'Afrique est connue dans ses grandes lignes, mais il reste encore beaucoup à faire ; bien des lacunes restent à combler, bien des détails sont à préciser.

41ᵉ Lecture. — *Comment Stanley retrouva Livingstone*. — Comme on était sans nouvelles de Livingstone, un journal américain chargea Stanley d'aller à sa recherche. La rencontre eut lieu à l'est du Tanganika. Voici comment Stanley raconte l'entrevue : « Tandis que j'avançais lentement, je remarquai sa pâleur et son air de fatigue. Il avait un pantalon gris, un veston rouge, et une casquette bleue, à galon d'or fané.... J'approchai d'un pas délibéré et dis en ôtant mon chapeau : « Le docteur Livingstone, je présume ? — Oui, » répondit-il avec un bienveillant sourire. Nos mains se serrèrent...

« Nous étions assis tous les deux... Je me surprenais regardant cet homme merveilleux, le regardant fixement, l'étudiant et l'apprenant par cœur. Chacun des poils de sa barbe grise, chacune de ses rides, la pâleur de ses traits et son air fatigué, empreint d'un léger ennui, m'enseignaient ce que j'avais soif de connaître depuis le jour où l'on m'avait dit de le retrouver. Que de choses dans ces muets langages ? Que d'intérêt dans cette lecture ! Je l'écoutais en même temps. Ah ! si vous aviez pu le voir et l'entendre ! Ses lèvres qui n'ont jamais menti me donnaient des détails !... Il avait tant de choses à dire qu'il commençait par la fin, oubliant qu'il avait à rendre compte de cinq à six années. Mais le récit débordait, s'élargissait toujours et devenait une merveilleuse histoire. »

AFRIQUE POLITIQUE

Résumé. — En Afrique, les États indépendants sont : le Maroc, pays pauvre, capitale Fez ; — la république de Libéria ; — l'État du Congo, qui exporte le caoutchouc et l'ivoire ; — l'Abyssinie.

Les Anglais ont en Afrique : la Nigéria, qui donne de l'ivoire et du caoutchouc ; la colonie du Cap, qui a de l'or, des diamants et des moutons ; la ville principale est le Cap ; — l'Afrique orientale anglaise.

Ce qui caractérise la situation politique de l'Afrique, c'est que très peu d'États y sont indépendants. La France, l'Angleterre, le Portugal, l'Allemagne, etc., y occupent des territoires plus ou moins vastes.

États indépendants. — **Maroc.** — Au nord-ouest de l'Afrique, l'empire du Maroc est une région pauvre, mal cultivée, livrée au brigandage. — La capitale est *Fez* (150). *Tanger* est le port le plus important.

Libéria. — République malsaine et peu prospère.

État indépendant du Congo. — Cinq fois plus grand que la France, l'État du Congo n'a que 30 kilomètres de côtes. Il renferme de magnifiques *forêts*, exporte le *caoutchouc* et l'*ivoire*. — Il compte 27 millions d'habitants.

Abyssinie. — Pays très montagneux, l'Abyssinie a des forêts, des arbres fruitiers, des pâturages.

Possessions anglaises. — Les Anglais ont en Afrique : la *Gambie*, le territoire de *Sierra Leone*, la *Côte de l'Or*, la *Nigéria*, qui donne de l'ivoire, du caoutchouc et de l'huile de palme ; les îles *Ascension* et *Sainte-Hélène*, la colonie du *Cap*, l'*Afrique orientale anglaise*, qui produit du café, du tabac et du coton ; la *Somalie anglaise*.

Colonie du Cap. — Au sud de l'Afrique, l'Angleterre occupe une vaste étendue de pays qui s'avance vers le nord jusqu'à la région des grands lacs : les républiques du *Transvaal* et de l'*Orange* ont été annexées en 1901 après une

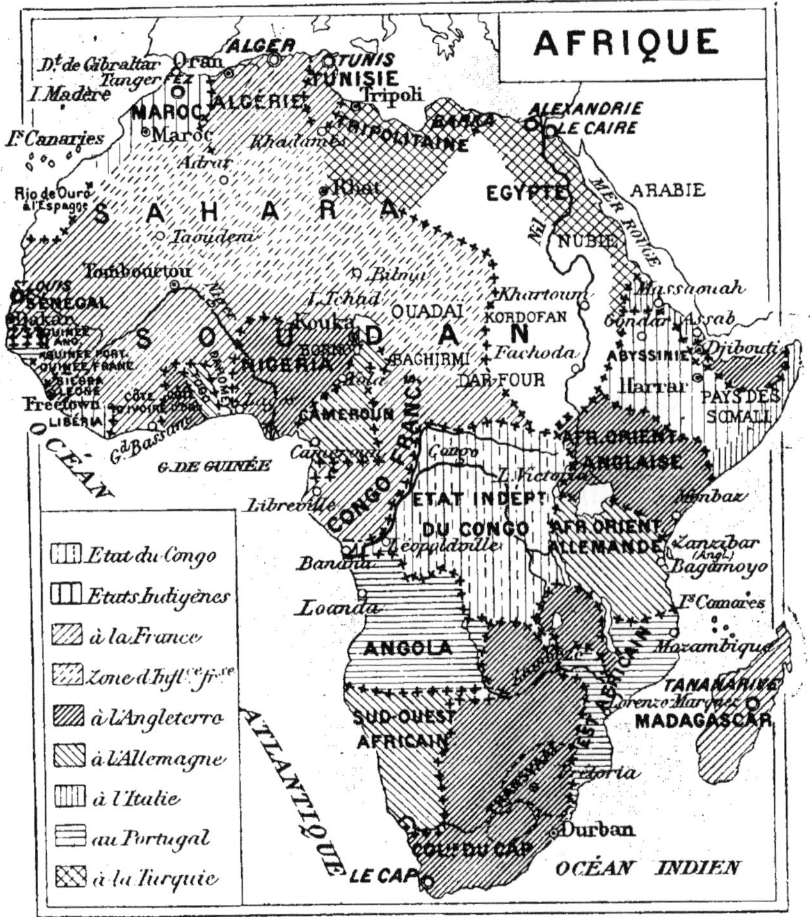

longue guerre. — Ces pays sont riches. Le sous-sol renferme de la houille et du cuivre, surtout de l'or et des diamants. On cultive la vigne et les céréales, on élève le mouton et l'autruche.

Les villes principales sont : *le Cap* (50), le plus grand port de l'Afrique du Sud ; — *Durban* ou *Port-Natal* ; — *Prétoria*, ancienne capitale du Transvaal.

Résumé. — Le Portugal possède en Afrique : l'Angola, riche en café ; — l'Est-Africain qui produit de l'or et cultive le riz ; son principal port est Lorenzo-Marquez.

L'Italie a Massaouah et la Somalie italienne.

Les Turcs ont la Tripolitaine et l'Égypte ; mais les Anglais occupent militairement ce dernier pays. L'Égypte est riche dans la vallée et le delta du Nil : céréales, légumes, coton, canne à sucre. La capitale est Le Caire ; le principal port, Alexandrie.

L'Allemagne a le Togo, le Cameroun, le Sud-Ouest africain et l'Afrique orientale allemande.

La France possède : l'Algérie, la Tunisie, le Sénégal, Madagascar et la Réunion.

Possessions portugaises. — Les Portugais possèdent en Afrique : *Madère*, la *Guinée portugaise*, la colonie *d'Angola*, *l'Est africain portugais*.

Angola. — La principale culture est celle du *café*. La capitale est *Loanda*, port prospère.

Est africain. — Cette colonie produit de l'or, cultive le riz et la canne à sucre. — *Mozambique* est un bon port. — *Lorenzo-Marquez* est un port important.

Possessions espagnoles. — L'Espagne possède en Afrique : les *Canaries*, le *Rio de Ouro*, et quelques îles.

Possessions italiennes. — Les Italiens ont en Afrique *Massaouah* sur la mer Rouge et la *Somalie italienne*.

Possessions turques. — Les Turcs n'ont plus en Afrique que la *Tripolitaine*, pays rocheux, et l'*Égypte*.

Il n'y a de cultivable en Égypte que la vallée et le delta du Nil ; le reste est un désert. L'Égypte produit des céréales, des légumes, du coton, la canne à sucre. — Elle compte 9 millions d'habitants, ce qui est beaucoup. La capitale est *Le Caire* (400), la ville la plus peuplée de l'Afrique. *Alexandrie* (320) est le principal port.

Depuis 1881, l'Égypte est occupée militairement par les Anglais.

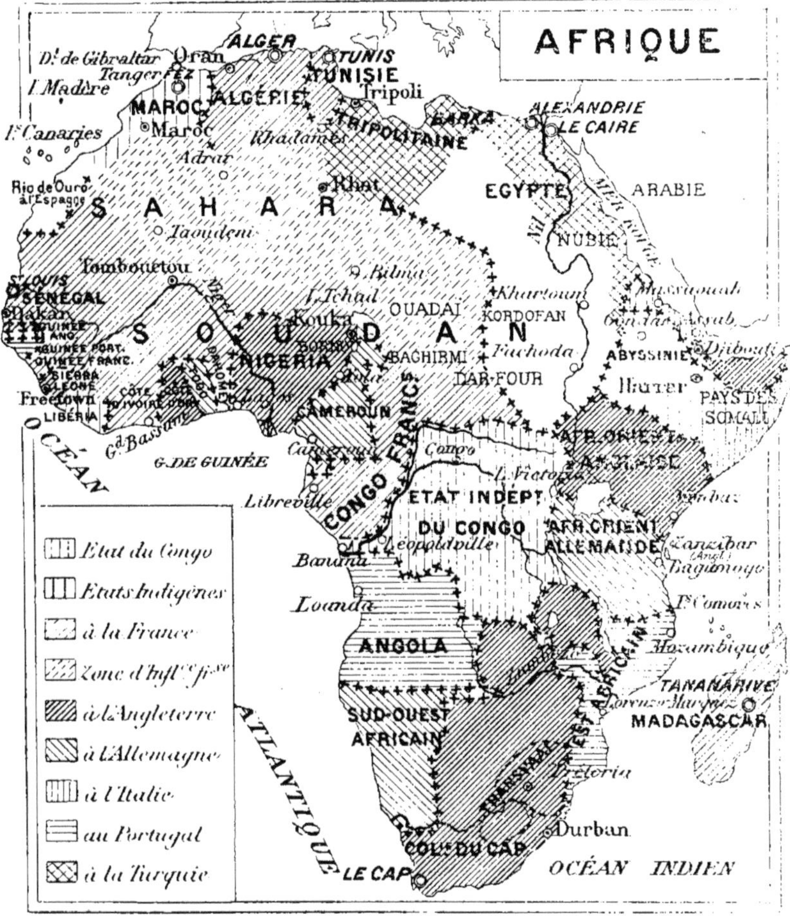

Possessions allemandes. — Les Allemands se sont établis en Afrique dans le *Togo*, le *Cameroun*, le *Sud-Ouest africain allemand*, l'*Est africain allemand*.

Le Togo et le Cameroun exportent de l'huile de palme et des arachides. — Le Sud-Ouest africain est à peu près stérile. — L'Est africain élève des troupeaux, exporte l'ivoire et le caoutchouc.

Devoirs. — 1. Les Français en Afrique. — 2. Faites le tour de l'Afrique en partant du détroit de Gibraltar, et dites quels sont les pays que vous rencontrez.

42ᵉ Lecture. — *La France en Afrique*. — La France possède en Afrique un très beau domaine colonial: la plus importante de ses possessions est l'Algérie-Tunisie.

ALGÉRIE-TUNISIE. — L'Algérie-Tunisie comprend trois régions qui sont, du nord au sud : le *Tell*, montagneux, mais riche en forêts, en blé, en vignes, en fruits; — les *Hauts Plateaux* limités au nord et au sud par les deux chaînes de l'Atlas, déjà moins arrosés et plus chauds que le Tell; on y trouve l'alfa, on y élève des troupeaux de moutons; — le *Sahara*, très sec et brûlant, avec des palmiers-dattiers dans les oasis.

L'Algérie a plus de 4 millions et demi d'habitants. Elle est divisée en trois départements : Alger, Oran et Constantine.

La Tunisie est un pays agricole. Elle produit du blé, de l'huile d'olive, du vin, de l'alfa, des dattes et du liège. L'industrie est plus active qu'en Algérie. Le commerce est prospère.

La Tunisie a 2 millions d'habitants. La capitale est Tunis.

AFRIQUE OCCIDENTALE FRANÇAISE. — Dans l'Afrique occidentale, la France possède : le Sénégal, capitale Saint-Louis, ville principale Dakar; la Guinée française, ville principale Konakry; la Côte d'Ivoire; le Dahomey, capitale Abomey; le Congo français, villes principales Libreville, Franceville et Brazzaville. — Toutes ces possessions sont rattachées à l'Algérie-Tunisie par la zone d'influence française. — Les principales productions sont la poudre d'or ; le mil et le riz qui sont la base de l'alimentation ; les arachides dont on extrait de l'huile employée surtout pour la fabrication des savons, la gomme qui suinte du tronc d'un acacia et qui est utilisée dans la confiserie.

MADAGASCAR. — Madagascar, située au sud-est de l'Afrique, est une île plus grande que la France, montagneuse, chaude et très arrosée en été ; ses fleuves sont peu importants. Le sol est riche : forêts, cultures, élevage ; mais les voies de communication manquent. Le commerce se développe ; le principal port est Tamatave. — Madagascar est peuplée de

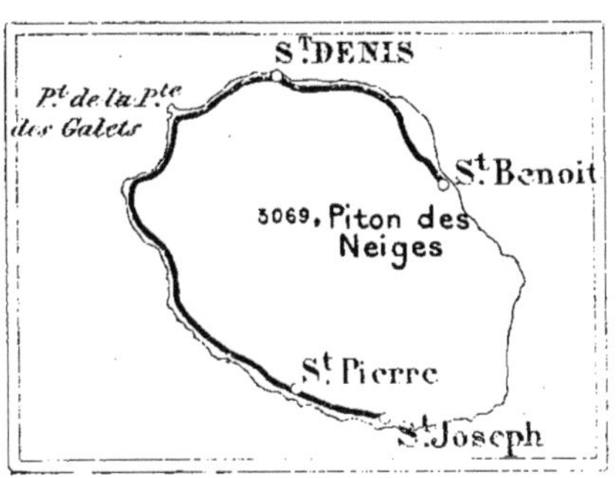

Fig. 94. — Productions de Madagascar.

3 millions d'habitants. La capitale es. Tananarive, sur un plateau salubre.

LA RÉUNION. — La petite île de

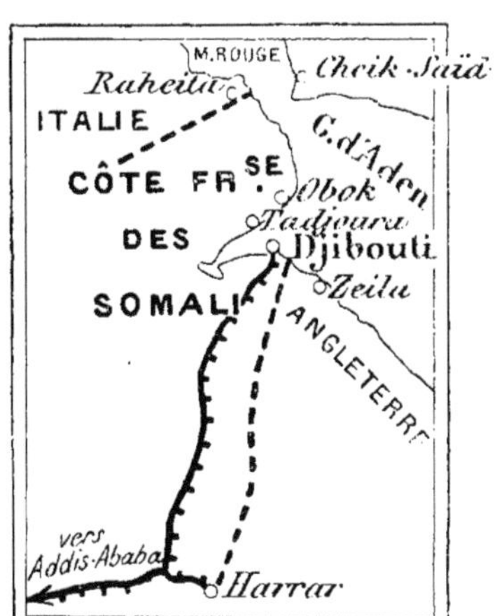

Fig. 95. — La Réunion.　　　Fig. 96. — Côte française des Somali.

La Réunion, montagneuse, volcanique et salubre, produit de la canne à sucre. La capitale est Saint-Denis. — La *Côte française des Somali* est un pays rocailleux avec un bon port, Djibouti.

43ᵉ Lecture. — *Le canal de Suez.* — Le canal de Suez, creusé par Ferdinand de Lesseps de 1859 à 1869, a 160 kilomètres de long, sans une seule écluse, de 80 à 100 mètres de large et au moins 8 mètres de profondeur. Il commence à Port-Saïd sur la Méditerranée et finit à Suez sur la Mer Rouge (Voy. fig. 8, p. 13). Depuis qu'il a été suffisamment élargi pour que deux navires puissent passer de front, depuis qu'il est éclairé sur toute sa longueur à l'électricité, la traversée dure environ dix-huit heures. — Plus de 500 millions de francs y ont été dépensés. — Les recettes annuelles sont de 100 millions, le bénéfice net est de 74 millions. 3 700 navires l'utilisent. Ce sont les Anglais qui profitent surtout du canal : leur part dépasse 60 p. 100. Viennent ensuite les Allemands avec 15 p. 100, les Français avec moins de 7 p. 100, puis les Hollandais, les Autrichiens, etc.

Fig. 97. — Baobab de Madagascar (d'après une photographie de M. G. Grandidier).

Fig. 98. — Un plant d'arachide avec ses fruits se développant dans la terre

44ᵉ Lecture. — *Quelques productions d'Afrique.* — Dans les parties chaudes ou humides de l'Afrique, on trouve d'immenses forêts et des arbres gigantesques comme le baobab. — A mesure que l'on s'éloigne de l'équateur, l'humidité est moins abondante : dans les parties sèches croît l'arachide ; ses fleurs inférieures s'enfoncent dans le sol où les graines mûrissent : ces graines renferment une huile qui est employée à Marseille pour la fabrication des savons.

Puis les forêts deviennent plus rares ; elles font place

Fig. 99. — Chevaux à l'abreuvoir sur les bords du Tchad (Foureau).

à de très hautes herbes dans lesquelles un cavalier disparaît.

Au nord et au sud de l'Afrique, on cultive les céréales, l'olivier, la vigne, les arbres fruitiers comme l'oranger. On y élève l'autruche.

Fig. 100. — Branche fleurie d'oranger.

Fig. 101. — Autruche : haut.. 2ᵐ,50.

AMÉRIQUE PHYSIQUE

Résumé. — Étendue comme quatre fois l'Europe, baignée par l'océan Glacial, l'Atlantique et le Pacifique, l'Amérique se compose de deux grandes terres : l'Amérique du Nord et l'Amérique du Sud que relie l'isthme de Panama.

Les montagnes sont alignées du nord au sud ; c'est, dans l'Amérique du Nord, les montagnes Rocheuses ; dans l'Amérique du Sud, la Cordillère des Andes. A l'est de ces montagnes s'étendent de vastes plaines.

Le sud et surtout le nord de l'Amérique subissent de très grands froids ; au contraire, les contrées voisines de l'équateur ont des chaleurs insupportables jointes à des pluies torrentielles.

Situation et Limites. — L'Amérique est un vaste continent (75 fois la France) entouré de toutes parts par la mer.

— Allongé du nord au sud, il se compose de deux grandes terres triangulaires, Amérique du Nord et Amérique du Sud, qui s'amincissent vers la partie méridionale ; elles sont reliées par une série d'isthmes dont le principal est celui de Panama. — Les mers qui baignent l'Amérique sont : au nord, l'océan Glacial ; à l'est, l'océan Atlantique qui forme le golfe du Mexique et la mer des Antilles ; à l'ouest, l'océan Pacifique.

Relief. — Dans les deux Amériques, les montagnes les plus hautes sont voisines du Pacifique ; — celles de l'est, Alléghanys au nord, plateaux du Brésil au sud, sont beaucoup moins élevées.

Dans l'Amérique du Nord, les *montagnes Rocheuses* et les chaînes de l'ouest qui leur sont parallèles, comme la *Sierra Nevada*, présentent une largeur de 1 500 kilomètres et embrassent de grands plateaux comme celui de l'*Utah*.

— Ces montagnes sont très élevées, beaucoup de sommets dépassent 5 000 mètres : *Sainte-Élie*, *Popocatepetl*. Mais elles sont coupées par des brèches gigantesques qu'empruntent les fleuves et les chemins de fer.

Dans l'Amérique du Sud, la *Cordillère des Andes* serre de très près le Pacifique sur une longueur de 10 000 kilomètres. Elle est plus étroite et plus élevée que les Ro-

cheuses ; plusieurs monts dépassent 6000 mètres : *Chim-*

borazo, Aconcagua (6 970 mètres), le géant des Amériques. — Les brèches sont bien plus rares que dans les Rocheuses. — Les volcans sont très nombreux sur la côte du Pacifique : *Sainte-Élie, Popocatepell, Chimborazo.*

Entre les chaînes de l'est et celles de l'ouest se développent d'immenses plaines basses : au nord, la plaine du Mississipi ; au sud, celle de l'Amazone et les pampas de la république Argentine.

Pluies et climats. — Les régions les plus abondamment arrosées sont : le pourtour du golfe du Mexique, le bassin de l'Amazone, et surtout la côte orientale de l'Atlantique, du cap Saint-Roque à Rio de Janeiro. — Les bords de l'océan Glacial, les hauts plateaux des Rocheuses et la partie occidentale de l'Amérique du Sud ne reçoivent que de médiocres quantités d'eau.

Développée du nord au sud, l'Amérique a tous les climats. Tandis que les chaleurs accablantes et malsaines de la zone tropicale se font sentir dans les parties basses du continent, les froids des zones glaciales sévissent aux deux extrémités, mais surtout au nord.

27e LEÇON.

Résumé. — L'Amérique du Nord a pour fleuves principaux le Mackensie, le Saint-Laurent et surtout le Mississipi grossi du Missouri. — L'Amérique du Sud est arrosée par l'Orénoque, l'Amazone, et les rivières qui forment le Rio de la Plata.

L'Amérique du Nord a de nombreux et vastes lacs.

Les côtes du Pacifique sont rectilignes ; celles de l'Atlantique présentent le golfe du Mexique avec les Antilles, l'embouchure du Saint-Laurent avec Terre-Neuve, la presqu'île du Labrador. L'océan Glacial forme la baie d'Hudson et renferme de grandes îles glacées.

Fleuves. — Les plaines des deux Amériques sont drainées par de grands fleuves.

Dans l'océan Glacial se jette le *Mackensie* ; dans l'Atlantique, le *Saint-Laurent*, déversoir des grands lacs canadiens ; ce beau fleuve est malheureusement gelé pendant l'hiver.

Le golfe du Mexique reçoit le *Mississipi* grossi du *Missouri*. Le Mississipi est un fleuve très lent, très utile à la navigation; il roule soixante fois plus d'eau que la Seine à Paris; sa profondeur atteint parfois 70 mètres. Il forme à son embouchure un immense delta qui chaque année avance de 100 mètres sur la mer.

L'Amérique du Sud possède trois grands fleuves qui se rendent à l'Atlantique : l'*Orénoque*, l'*Amazone* et le *Rio de la Plata* formé de l'*Uruguay*, du *Paraguay* et du *Parana*. L'Amazone est le fleuve le plus puissant de la terre. Sa longueur est de 6000 kilomètres. Il apporte à l'Océan cent cinquante fois plus d'eau que la Seine. Dans les grandes crues, il a en certains parages plus de 100 mètres de profondeur, plus de 200 kilomètres de large. Sa pente est insensible : à 4000 kilomètres de son embouchure, il n'est qu'à une altitude de 150 mètres. — A cause de la proximité de la montagne, le Pacifique a des tributaires bien moins considérables. Le principal est le *Colorado*.

Lacs. — L'Amérique du Nord renferme de nombreux et vastes lacs : du *Grand-Ours*, de l'*Esclave*, et surtout le groupe des lacs canadiens : *Supérieur*, *Michigan*, *Huron*, *Érié*, *Ontario*. La rivière *Niagara* passe du lac Érié au lac Ontario par une chute célèbre de 49 mètres.

Côtes. — En général, les côtes baignées par le Pacifique sont hautes et rectilignes; les indentations sont rares : la principale est la *presqu'île de Californie*. — Au contraire, les côtes de l'océan Glacial et celles de l'Atlantique sont basses et découpées. — La *presqu'île du Labrador* est comprise entre la *baie d'Hudson* et l'embouchure du Saint-Laurent. — Le cap *Cod*, le cap *Hatteras*, la *presqu'île de Floride*, le *golfe du Mexique*, accidentent la côte des États-Unis.

L'Amérique du Sud est moins découpée. On y rencontre cependant l'embouchure de l'Amazone, le cap *Saint-Roque*, la *baie de Rio-de-Janeiro* et l'*estuaire du Rio de la Plata*. — Le *cap Horn* est la pointe extrême de l'Amérique.

Iles. — L'océan Glacial renferme de grandes et nombreuses îles glacées. *Terre-Neuve* regarde l'embouchure du Saint-Laurent. Entre les deux Amériques se trouvent les *Grandes Antilles*, dont les principales sont *Cuba* et *Haïti*. — et les *Petites Antilles* avec les îles françaises *Martinique* et *Guadeloupe*.

AMÉRIQUE DU NORD POLITIQUE

Résumé. L'Amérique du Nord comprend trois États : le Canada, les États-Unis et le Mexique.

Pays très froid au nord, le Canada produit du blé et du vin, élève des bœufs, cultive des fruits, fabrique du beurre, pêche la morue et le saumon. Son sous-sol a de l'or, de l'argent, de la houille, du cuivre et du nickel.

La capitale est Ottawa. Les villes principales sont Montréal et Québec, sur le Saint-Laurent.

Un grand chemin de fer va de l'Atlantique au Pacifique.

CANADA

45ᵉ Lecture. Le Canada est limité au nord par l'océan Glacial, à l'est par l'Atlantique ; au sud, par les États-Unis ; à l'ouest, par le Pacifique et l'Alaska, qui appartient aux États-Unis. Il est seize fois grand comme la France. — Il est très montagneux à l'ouest avec les montagnes Rocheuses, mais au centre se trouve une vaste plaine parsemée de grands lacs. Le climat est très rigoureux, surtout au nord ; dans le sud, les étés sont chauds. Le fleuve le plus utile est le Saint-Laurent, déversoir des grands lacs. — Les côtes du nord sont découpées, mais gelées et inutiles ; celles de l'est présentent l'île de Terre-Neuve et l'embouchure du Saint-Laurent ; celles de l'ouest ont une température douce.

Ressources. — Tout le nord du Canada est stérile à cause du froid : c'est la toundra. Plus au sud se trouvent de belles forêts avec des animaux à fourrures. Dans la région des grands lacs croissent la vigne et le blé, paissent de grands troupeaux de bœufs : on y fabrique des beurres et des fromages. Dans le voisinage du Pacifique, on cultive les fruits, surtout la pomme. A Terre-Neuve on pêche la morue ; sur la côte du Pacifique, le saumon. — Les Rocheuses renferment des mines d'or et d'argent, de houille et de cuivre. Au nord du lac Huron se trouvent de très importants gisements de nickel.

Une grande voie ferrée relie l'Atlantique au Pacifique, Halifax et Vancouver; c'est le *Transcanadian Pacific*.

Fig. 103. — L'Amérique du Nord.

Population et villes. — Le Canada est à l'Angleterre, mais il se gouverne lui-même; sauf le gouverneur général, qui est Anglais, tous les fonctionnaires sont Canadiens. La population est de 5340000 habitants, dont un tiers de Français. La capitale est *Ottawa*. La ville principale est

Montréal qui a 300000 habitants; puis viennent *Toronto*, *Québec*, *Winnipeg* au centre d'une région cultivée.

46ᵉ Lecture. — *Le territoire d'Alaska*. — Situé au nord-ouest du Canada, l'Alaska est trois fois grand comme la France. Le climat y est très rigoureux; l'été y est court; l'hiver, le thermomètre descend à 50 degrés au-dessous de zéro. — Jusqu'en 1867, l'Alaska forma l'*Amérique russe*; il fut alors vendu aux États-Unis pour 36 millions de francs. On ne soupçonnait pas à cette époque ses riches gisements d'*or* dont la découverte assez récente a attiré vers ce pays glacé une foule d'aventuriers.

47ᵉ Lecture. — *Terre-Neuve*. — En face du Golfe du Saint-Laurent se trouve la grande île triangulaire de Terre-Neuve. Le climat y est très froid à cause du courant qui descend de l'Océan Glacial. Il y a beaucoup de lacs et d'étangs. C'est un pays pauvre et triste, enveloppé de brouillards et entouré de glaces flottantes. Il compte 200000 habitants qui dépendent de l'Angleterre. La capitale est *Saint-Jean*.

Fig. 104. — Terre-Neuve et les bancs.

Au sud de Terre-Neuve sont les îlots *Saint-Pierre* et *Miquelon* peuplés de 6300 habitants dont 5000 dans Saint-Pierre. Le climat est rude, triste, très brumeux. Le sol est à peu près stérile, mais la pêche des morues et des homards est très abondante sur les bancs qui se trouvent au sud et au sud-est de la grande île, et sur le rivage occidental de Terre-Neuve où la France a des droits réservés. La pêche commence dans la seconde quinzaine d'avril et se termine vers la mi-septembre. Le chef-lieu est *Saint-Pierre*: c'est là que se concentre tout le commerce, qui est considérable.

Les *bancs de Terre-Neuve* sont des exhaussements sous-marins recouverts de 50 à 100 mètres d'eau. Le *Grand Banc* affecte la forme d'un triangle dont les côtes ont 600 kilomètres. Les pêcheurs français fréquentent de préférence le *Banquereau*. — Au-dessus des bancs voltigent de nombreux oiseaux de mer: on se fie à leur présence pour jeter l'ancre. — Chaque année, on prend à Terre-Neuve 35 à 40 millions de morues; elles sont amenées par un courant froid qui descend des régions polaires entre le Groenland et le Canada; comme elles n'aiment pas les eaux chaudes, elles s'arrêtent devant le Gulf-Stream en quantités innombrables. Malheureusement les grands transatlantiques qui se rendent aux États-Unis passent à toute vitesse sur les bancs où stationnent des milliers de bateaux pêcheurs; le brouillard intense empêche de les voir venir; parfois un choc violent se produit, quelques cris déchirent le silence, le paquebot majestueux continue tranquillement sa route, et l'on n'entendra plus jamais parler des disparus.

« Le métier de pêcheur de morue est un dur métier, et l'on ne se doute guère de la somme d'inquiétudes, de soucis, de peines, de souffrances, de dangers, de maladies, d'infirmités et de morts que coûte le plat de morue, mangé quelquefois du bout des dents... Le pêcheur arrivé sur les bancs ne cesse d'être au travail. A l'aube il va relever les lignes... A dix ou onze heures du soir seulement il peut aller s'étendre sur la paille de son cadre, dans un poste où l'air manque et où le peu qui reste est vicié par les émanations fétides, et là, couché dans ce cercueil, sans quitter ses vêtements mouillés, il prend quelques instants de repos. La plupart des marins ne se débottent pas de toute la saison. Ils sont continuellement sous l'eau, trempés par la vague, trempés par la pluie; l'odeur de ces foies en putréfaction, de ces entrailles jetées à l'eau et qui recouvrent la mer de grandes nappes huileuses, de cette cale où sont entassées les morues, est horrible!... »

(J. Thoulet.)

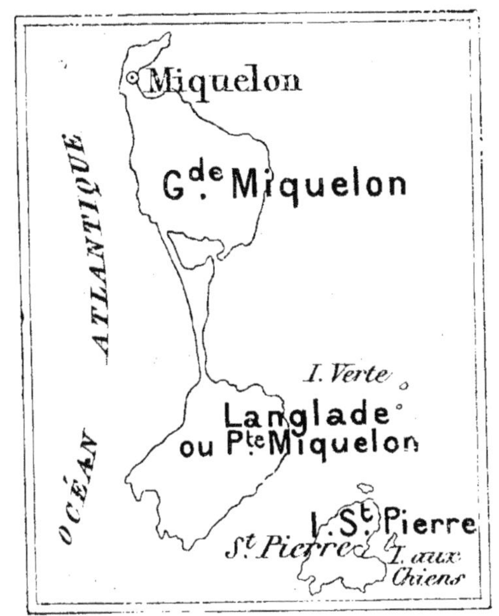

Fig. 105. — Saint-Pierre et Miquelon.

ÉTATS-UNIS et MEXIQUE

Résumé. — Les États-Unis sont un pays très riche. Les mines sont abondantes : houille, fer, cuivre, pétrole, mercure, or, argent. — Le sol produit du blé, du maïs, du tabac, de la canne à sucre, du coton. L'élevage s'y fait en grand. — L'industrie est très développée : fer, acier, cotonnades, lainages, soieries. — Il y a plus de chemins de fer qu'en Europe. — La capitale est Washington. Le plus grand port est New-York. Les autres grandes villes sont : Chicago, Philadelphie, Saint-Louis, Boston, Baltimore, San-Francisco.

Le Mexique a des mines d'or et d'argent ; il cultive le café, le maïs et le coton. — La capitale est Mexico. Le principal port est la Vera-Cruz.

ÉTATS-UNIS

48ᵉ Lecture. — Les États-Unis occupent le centre de l'Amérique du Nord ; leur superficie égale dix-sept fois celle de la France. — A l'ouest se trouvent les Rocheuses ; au centre s'étale la grande plaine du Mississipi. — La côte du Pacifique est peu découpée : celle de l'Atlantique présente au nord de sûrs abris ; au sud, elle est basse ainsi que celle du Golfe du Mexique.

Ressources. — C'est un pays très riche. Le sous-sol renferme la houille, le fer, le cuivre, le pétrole, le mercure, l'or et l'argent. — Le sol produit du blé et du maïs, du tabac, de la canne à sucre, du coton surtout, des vins, des fruits en abondance. — L'élevage s'y fait en grand : bœufs, moutons, chevaux, porcs sont très nombreux.

L'industrie y fait de très grands progrès. Les industries métallurgiques sont extrêmement développées : les États-Unis produisent plus de fonte, de fer et d'acier que l'Angleterre et que l'Allemagne. Les industries textiles sont très importantes : cotonnades, lainages, soieries. Les industries alimentaires comprennent les minoteries, les raffineries de sucre, les viandes conservées.

Les États-Unis ont 315 000 kilomètres de chemins de fer : c'est plus que toute l'Europe. — Le *commerce* atteint 12 milliards ; l'exportation croît rapidement et consiste surtout en coton, céréales, viandes conservées, fontes et aciers.

Population et villes. — Les États-Unis forment une République fédérale de quarante-cinq États dont la capitale est *Washington*. — Grâce à l'immigration, la population s'accroît rapidement : elle est de 80 millions d'habitants. Les villes se sont très vite développées : *New-York* (3 500) est un des grands ports du monde ; *Chicago* (1 700) fabrique des wagons et des conserves alimentaires ; *Philadelphie* (1 300), *Boston* (560) et *Baltimore* (510) sont trois ports importants sur l'Atlantique ; *Saint-Louis* (575) est un grand centre commercial et industriel ; *San-Francisco* (300) est le principal port du Pacifique ; la *Nouvelle-Orléans*, sur le golfe du Mexique, exporte du coton.

La richesse immense des États-Unis se développe sans cesse. C'est un pays de très grand avenir, dont les progrès doivent inquiéter les vieilles nations européennes.

MEXIQUE

Presque quatre fois grand comme la France, le Mexique est très montagneux et volcanique, avec une zone basse, chaude, humide et malsaine sur le bord de la mer, et, à l'intérieur, de hautes terres plus tempérées et plus salubres.

Ressources. — Les minéraux abondent, surtout l'or et l'argent, le cuivre et le soufre. Les bois d'ébénisterie et de teinture, le café, le maïs et le coton sont la richesse des terres bien arrosées.

Population et villes. — La population est de 13 millions d'habitants qui vivent surtout sur les plateaux salubres. — La république du Mexique a pour capitale *Mexico* (425). — Le principal port est la *Vera-Cruz*. *Puebla* est une ville importante.

49ᵉ Lecture. — Les Français du Canada descendent des premiers colons qui s'établirent sur les rives du Saint-Laurent et qui fondèrent les villes de Québec et de Montréal. — Ce qui caractérise la race française au Canada, c'est qu'elle s'accroît avec une grande rapidité : les familles de douze enfants ne sont pas rares. Les Franco-Canadiens ont gardé leur nationalité : ils parlent toujours la vieille langue de leur pays d'origine ; ils sont restés très attachés à la France à laquelle ils ne manquent jamais de manifester leur sympathie.

50ᵉ Lecture. — _Les fruits aux États-Unis._ — La production des _fruits_ aux États-Unis prend un développement surprenant, surtout en Californie. — San-Francisco a exporté, dans une seule année,

Fig. 106. — Séchage des fruits au soleil, en Californie.

plus de cent millions de livres de raisin. — En 1900, la valeur des pommes a dépassé un milliard de francs ; la pomme tient d'ailleurs le premier rang dans un commerce de fruits qui atteint cinq milliards. — Les orangers sont très nombreux et pourraient suffire à la consommation du monde entier. — Certains États produisent plusieurs millions de paniers de pêches. — Bien que la culture de la fraise n'en soit qu'à ses débuts, les États-Unis en donnent pour 400 millions de francs par saison.

Depuis 1898, les États-Unis pratiquent sur une grande échelle les _cultures d'hiver._ Leurs serres chauffées à la vapeur et éclairées à l'électricité, couvrent, dans les environs de Boston, par exemple, des centaines d'hectares et jettent sur les marchés des milliers de tonnes de fruits et de légumes. Cette industrie nouvelle procure de très grands bénéfices qui atteignent parfois 50 et même 80 p. 100 des dépenses faites ; elle a été favorisée par les compagnies de chemins de fer : des milliers de wagons frigorifiques sont employés à ces transports.

51ᵉ Lecture. — *L'expansion des États-Unis.* — Très fiers de leurs richesses, les États-Unis ont pensé qu'ils pouvaient se suffire à eux-mêmes, se passer de la vieille Europe ; par des droits de douane très élevés, ils ont essayé de fermer la porte aux produits venus du dehors. Déjà en 1823, le président Monroé avait formulé la doctrine célèbre que l'on a souvent traduite sous cette forme laconique : « L'Amérique aux Américains ».

Le but de la grande République est de former des Amériques une union douanière, peut-être même politique et militaire, sous sa direction ou son protectorat. Les États-Unis désirent que les grandes voies commerciales leur appartiennent, comme le canal interocéanique. Ils ne veulent pas que les Européens acquièrent de nouvelles colonies en Amérique, et même ils cherchent à leur enlever celles qu'ils possèdent encore. Ils ont acheté l'Alaska aux Russes, Porto-Rico aux Espagnols. Ils ont secondé Cuba dans sa révolte contre l'Espagne et cette grande île, inaugurée république indépendante en 1902, sera dorénavant une cliente des États-Unis. Ils ont annexé, en 1898, les îles Hawaï, enlevé aux Espagnols les Philippines en 1899. Ces stations du Pacifique rattachent les États-Unis à l'Asie orientale où l'influence américaine vient combattre en Chine et au Japon les influences européennes ; ces positions commerciales auront encore plus de valeur quand sera percé l'isthme de Panama.

52ᵉ Lecture. — *La population aux États-Unis.* — L'immigration aux États-Unis a été favorisée par les crises agricoles et industrielles de la vieille Europe, par la découverte des mines d'or de la Californie en 1848, par le don de terres faciles à cultiver : tout immigrant majeur a droit à une concession gratuite de 64 hectares ; au bout de cinq ans, il est propriétaire de sa concession s'il y a bâti une maison et mis en culture une partie du terrain, et au bout de six mois en payant 1 100 francs. C'est grâce à l'arrivée des Anglais, des Irlandais, des Allemands, des Italiens, des Russes, des Austro-Hongrois, des Français que la population a subi un accroissement si rapide ; elle n'atteignait pas 4 millions en 1790, elle est aujourd'hui de 80 millions dont 9 millions de nègres dans les contrées chaudes du sud-est ; ils travaillent en liberté sur les terres qu'ils cultivaient autrefois comme esclaves, mais ils sont détestés des blancs.

AMÉRIQUE CENTRALE

Résumé. — L'Amérique centrale a des métaux précieux, de belles forêts, du café et du cacao. — Elle comprend les six républiques de Guatémala, Honduras, Salvador, Nicaragua, Costa-Rica, Panama.

Fig. 107. — Amérique centrale et Antilles.

L'Amérique centrale s'étend sur une longueur de 2300 kilomètres, sur une surface plus grande que celle de la France. Le relief est très accidenté avec de nombreux volcans actifs. Le climat est chaud et humide.

Ressources. — L'Amérique centrale produit l'or et l'argent, l'acajou et l'indigo, le café et le cacao.

Population et villes. — Peuplée de 3 millions et demi d'habitants, elle comprend 6 républiques indépendantes :
Guatémala, capitale *Guatémala.*
Honduras, capitale *Tegucigalpa.*
Salvador, capitale *San Salvador.*
Nicaragua, capitale *Managua.*
Costa-Rica, capitale *San José.*
Panama, capitale *Panama.*

ANTILLES

Résumé. — Les Antilles cultivent le café, la canne à sucre, le cacao et le tabac. Les plus grandes îles sont Cuba, capitale La Havane ; Haïti, Porto-Rico, la Jamaïque. — La France y possède la Guadeloupe et la Martinique.

L'archipel des Antilles comprend deux groupes d'îles : les **Grandes Antilles** : *Cuba, Haïti, Porto-Rico,* la *Jamaïque* ; les **Petites Antilles.**

Les Antilles sont montagneuses ; beaucoup sont volcaniques et trop souvent visitées par des tremblements de terre. Le climat est très chaud et humide.

Ressources. — Il n'y a guère que des ressources végétales qui consistent en forêts et cultures tropicales : café, canne à sucre, cacao, tabac.

Fig. 108. — Cacaoyers (d'après une photographie).

Population et villes. — Les Antilles ont 6 200 000 habitants, dont beaucoup de nègres.

Les îles indépendantes sont : **Cuba**, capitale *La Havane* (240), port très important ; — **Haïti**, divisée en deux républiques : Haïti, capitale *Port-au-Prince* ; la République Dominicaine, cap. *Saint-Domingue.*

L'Angleterre a la **Jamaïque** et la plupart des Petites Antilles ; — les États-Unis ont **Porto-Rico** ; la France a la **Guadeloupe** et la **Martinique**, riches en canne à sucre.

AMÉRIQUE DU SUD

Résumé. — Sauf les trois Guyanes, les États de l'Amérique du Sud sont des *républiques* indépendantes.

La Colombie, capitale Bogota, produit la canne à sucre ; le Vénézuéla, capitale Caracas, a du cacao ; la Guyane anglaise cultive la canne à sucre, la Guyane hollandaise exporte du cacao, la Guyane française, capitale Cayenne, a de l'or ; l'Équateur, capitale Quito, a du cacao ; le Pérou, capitale Lima, a des mines d'or et du sucre de canne ; la Bolivie, capitale La Paz, produit de l'argent et de l'étain ; le Chili, capitale Santiago, a d'importantes mines et de belles cultures ; la République Argentine, capitale Buenos-Ayres, élève le mouton, le bœuf et le cheval ; l'Uruguay, capitale Montevideo, est riche en bœufs ; le Paraguay, capitale Assomption, produit du maté (sorte de thé) ; le Brésil, capitale Rio-de-Janeiro, a beaucoup de café.

Chili. — Le Chili s'étend tout en longueur sur la côte du Pacifique. La végétation est nulle dans le nord ; au centre, on cultive la vigne, les fruits et les céréales d'Europe ; on élève du bétail ; il y a de belles forêts au sud. Les mines sont très importantes : or, argent, cuivre, guano, salpêtre. La population est de 2 700 000 habitants ; elle est sobre, laborieuse, active et instruite. La capitale est *Santiago* 320 ; le principal port, *Valparaiso*. — Cette république a beaucoup d'avenir : le percement de l'isthme de Panama et l'ouverture prochaine du chemin de fer transandin la rapprocheront de l'Europe.

République Argentine. — Dans les magnifiques plaines qu'on appelle des *pampas* paissent d'innombrables troupeaux de moutons, de bœufs et de chevaux. — Peuplée de 5 millions d'habitants, la République Argentine a pour capitale *Buenos-Ayres*, grand port de 850 000 habitants. Le port de La Plata fait aussi un grand commerce. — Le chemin de fer *transandin* mettra Buenos-Ayres à deux jours de Valparaiso.

Brésil. — C'est le premier pays du monde pour la production du café; il exporte encore du sucre, du coton et du caoutchouc. La région arrosée par l'Amazone est

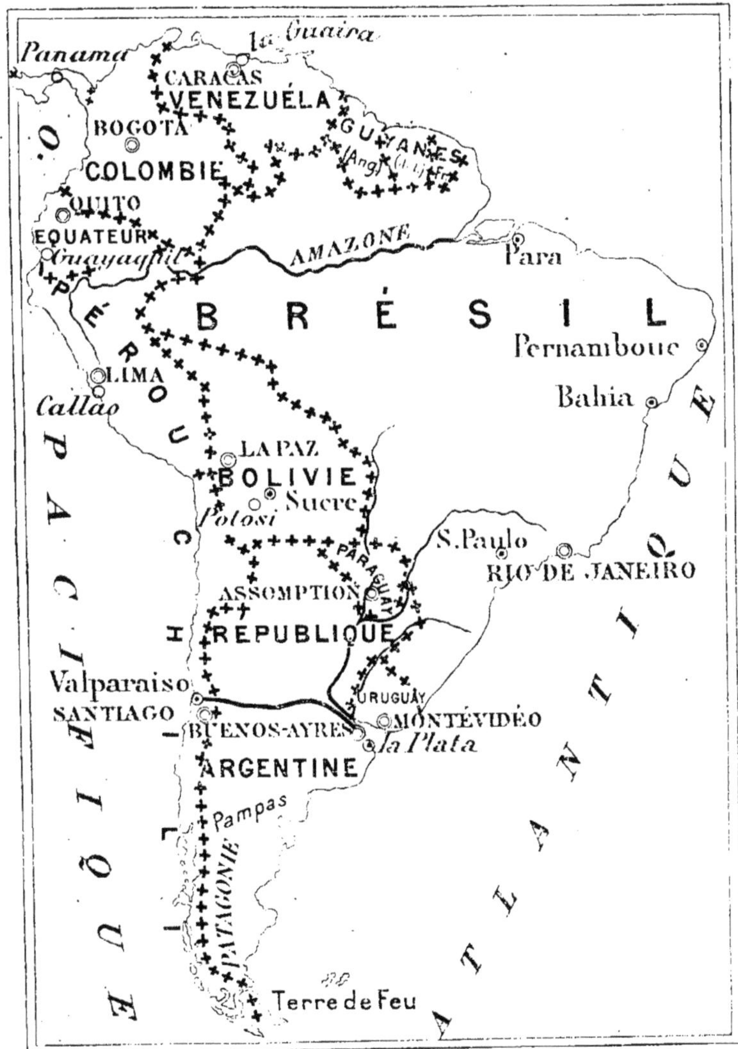

Fig. 109. — Amérique du Sud politique.

couverte de *forêts vierges*, les plus vastes du globe. — Le Brésil n'a que 16 millions d'habitants. La capitale est *Rio-de-Janeiro* (800) sur une admirable baie. — Les principaux ports sont *Bahia* et *Pernambouc*.

53ᵉ Lecture. — *Les anciennes colonies espagnoles.* — Après la découverte de l'Amérique par Christophe Colomb, les Espagnols firent la conquête du Mexique, de l'Amérique centrale, des Antilles et de l'Amérique du Sud (le Brésil fut colonisé par les Portugais).

Pour conserver leur autorité, les Espagnols, peu nombreux, maintenaient la défiance entre plusieurs races jalouses les unes des autres : Espagnols nés en Espagne, Espagnols nés en Amérique ou créoles, nègres amenés d'Afrique, Indiens, véritables bêtes de somme. Pour les mieux dominer, ils les tenaient dans une ignorance complète ; pour les mieux exploiter, ils leur imposaient un joug très dur. L'autorité des vice-rois était absolue ; leurs crimes restaient impunis : « Dieu est trop haut, disaient-ils, le roi est trop loin, et le maître ici, c'est moi. »

De plus, les Espagnols n'ont songé qu'à *exploiter* leurs colonies, qu'à en tirer par la ruse ou la violence le plus de profits possibles.

L'Amérique restait fermée aux produits comme aux influences du dehors ; seuls les Espagnols avaient le droit d'y pénétrer ; aucun navire étranger, même en péril, ne pouvait toucher la côte ; si la tempête le jetait sur le littoral, son équipage était mis aux fers et ses marchandises confisquées.

Les habitants ne pouvaient acheter qu'à la métropole qui vendait aussi cher qu'elle voulait et qui imposait même des produits démodés ou hors d'usage dont ses clients n'avaient nul besoin : des lunettes à des gens qui voyaient très clair, des bas de soie à des Indiens qui marchaient nu-pieds, des parapluies dans des pays où il ne pleut jamais. Les navires qui avaient apporté ces marchandises inutiles repartaient chargés d'or et d'argent, de sucre et de coton. — Ajoutons que certaines cultures étaient interdites pour ne pas faire concurrence aux productions de la métropole ; malheur à qui cultivait la vigne ou l'olivier : il était puni de mort.

L'Espagne a donc gouverné ses colonies par la terreur et par l'oppression, en méprisant les droits les plus sacrés de la justice et de l'humanité.

Épuisées par des fonctionnaires sans pitié, les populations américaines se soulevèrent vers 1810.

La lutte fut longue ; elle dura quinze ans. Mais en 1825, l'Espagne avait perdu ses colonies : elle ne conservait plus que Cuba et Porto-Rico qui devaient lui échapper en 1898. — En 1822, le Brésil s'était séparé pacifiquement du Portugal pour former un Empire ; comme les anciennes possessions espagnoles, c'est aujourd'hui une république.

Mais si l'affranchissement des États-Unis a été pour la grande République américaine le point de départ d'un incomparable essor, il n'en a pas été de même malheureusement pour les divers États de l'Amérique du Sud. Depuis trois quarts de siècle, les guerres internationales et les luttes intestines en ont retardé le développement économique. Malgré un sous-sol riche en mine de toute sorte, un sol qui pourrait nourrir dix fois plus d'habitants, la population est encore trop clairsemée; d'immenses espaces restent incultes, attendant le colon, qui ne vient pas ou qui n'arrive que trop lentement; les communications sont difficiles; il y a peu de bonnes routes et pas assez de chemins de fer. Les républiques américaines ont cependant devant elles un bel avenir si les révolutions disparaissent, si les voies de communication se développent, si les capitaux se font moins rares, si les immigrants viennent en plus grand nombre.

54ᵉ Lecture. — *La pampa.* — « Celui qui a traversé les mers et contemplé l'horizon de l'Océan calme a vu la *pampa*. Immense, sans limites, sans variété, à peine accidentée de quelques plis de terrain plus étendus que profonds, semblables à la longue vague de l'Atlantique, elle apparaît partout comme un désert de verdure; même dans les endroits très peuplés d'animaux, les troupeaux les plus nombreux se voient à peine, ne réalisant en rien l'idée du nombre infini que les statistiques ont laissée dans l'esprit du voyageur. Si vous sortez de Buenos-Ayres, vous la trouvez à la porte, et vous la retrouverez encore toujours semblable à elle-même à cinq cents lieues de là, sans arbres, sans fleuves, sans montagnes, presque sans villages ».

(ÉMILE DAIREAUX. *Buenos-Ayres, la Pampa, et la Patagonie.*)

55ᵉ Lecture. — *Le gaucho.* — « Les unions des Espagnols et des Indiens produisirent un type nouveau, le *gaucho*. Né dans la pampa et formé par elle, le gaucho constitue une race à part dans l'ensemble de celles qui peuplent ces solitudes. Généralement d'une taille élevée, le visage osseux et carré, bruni par l'air vif, les cheveux noirs et durs comme ceux de l'Indien, il est par excellence le centaure moderne : honteux de lui, si par hasard il traverse à pied les rues d'une ville, il est élégant, digne d'attention quand il manie le cheval. Il a de l'Espagnol la fierté de l'allure et la vanité, mais aussi la sobriété incroyable que le Maure a léguée à ses descendants; il abuse de l'eau et vit de viandes sans pain, non qu'il le méprise, mais par horreur du travail. Gagner sa vie, son pain quotidien, lui semblent des mots vides de sens : par contre, le jeu est pour lui une passion assez folle pour qu'il joue jusqu'à son cheval et s'expose à aller à pied, dernière des humiliations! »   (ÉMILE DAIREAUX.)

OCÉANIE

Résumé. — **On entend par Océanie l'ensemble des îles semées à la surface de l'océan Pacifique. — Les plus grandes sont à l'ouest. La plus vaste est l'Australie ; les mines d'or et l'élevage des bœufs et des moutons l'enrichissent. Elle a deux grandes villes, Melbourne et Sydney. L'Australie est à l'Angleterre ainsi que la Tasmanie, la Nouvelle-Zélande et une partie de la Nouvelle-Guinée. — La Hollande possède les îles de la Sonde, dont la plus riche est Java, capitale Batavia. — La France a la Nouvelle-Calédonie et Tahiti ; — l'Allemagne, les Carolines ; — les États-Unis, les Philippines et l'archipel Hawaï.**

Possessions anglaises. — La plus belle des possessions anglaises en Océanie est l'**Australie**. C'est une vaste terre, quinze fois plus grande que la France, peu élevée, sauf au sud-est, chaude et mal arrosée ; aussi y a-t-il de grandes étendues désertes au centre et à l'ouest. — L'Australie est riche en mines : or, houille, cuivre, fer. L'élevage est une grande ressource : la région orientale nourrit beaucoup de bœufs et cent millions de moutons. — L'Australie a 3 millions d'habitants, la plupart d'origine anglaise. Les deux plus grandes villes sont *Melbourne* et *Sydney* ; à elles seules, elles ont presque le tiers de la population totale de l'île ; ce sont de très belles cités et de grands ports en relations directes avec l'Angleterre par des lignes de paquebots, et qui exportent surtout de l'or, des laines, des viandes et des céréales.

La **Tasmanie** a des mines d'étain, pratique l'élevage, récolte des fruits. Sa capitale est *Hobart-Town*.

La **Nouvelle-Zélande** a des mines d'or, de vastes forêts, beaucoup de bœufs, et cultive les céréales.

Possessions hollandaises. — Les Hollandais possèdent les *îles de la Sonde*, dont la plus grande est *Sumatra*, la plus riche *Java* ; la plus grande partie de *Bornéo* ; Cé-

lèbes et les *Moluques*. C'est un empire colonial grand comme
soixante-trois fois la Hollande, peuplé de 30 millions d'individus, *l'un des plus riches du monde*. Les mines renferment
du cuivre et surtout de l'étain; il y a de belles forêts; on
cultive le café, la canne à sucre, le tabac, le riz; on y

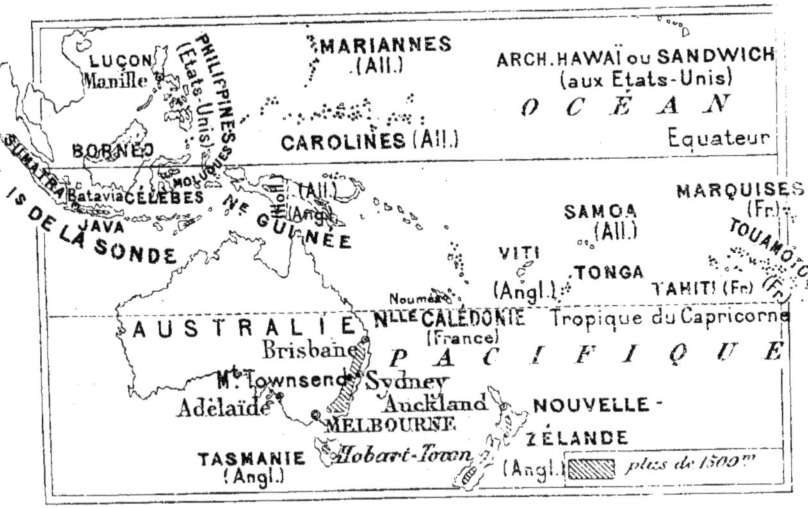

trouve les épices (poivre, cannelle, moutarde, girofle, etc.).
La capitale de ces possessions est *Batavia* (115), port
très important.

Possessions françaises. — En Océanie, la France a
la *Nouvelle-Calédonie*, qui produit du nickel et du café; sa
capitale est Nouméa; — *Tahiti*; les *Marquises* et quelques
autres îlots.

Possessions allemandes. — L'Allemagne a une
partie de la *Nouvelle-Guinée*, les *Carolines* et les *Ma-
riannes*. — Beaucoup de ces îles produisent du café.

Possessions des États-Unis. — Les États-Unis possèdent les *Philippines* et *Hawaï*. — Les Philippines comprennent beaucoup d'îles : la principale est *Luçon*. La
végétation est belle : riz, café, canne à sucre, tabac. — La
capitale est *Manille* (160), très bon port au fond d'une
excellente rade. — Les îles Hawaï, volcaniques, cultivent
la canne à sucre et le riz.

56ᵉ Lecture. — *Quelques productions de l'Australie.* — Dans les îles montagneuses de l'Australie, les *mines* sont nombreuses : or, nickel, étain, houille, cuivre.

Les *plantes* sont celles des régions tropicales. Les grandes îles ont de splendides forêts. Les possessions hollandaises produisent des épices, comme le poivre. Java récolte beaucoup de riz. Les îles basses ont surtout l'igname et le cocotier.

Fig. 111. — Le poivrier avec ses fruits.

Le cocotier est l'arbre par excellence des îles océaniennes. Avec les filaments du pédoncule des feuilles, on fait des sacs et des nattes. La bourre du fruit donne des cordages solides. Les feuilles nattées servent à couvrir les maisons. — Le lait, liquide blanc qui se trouve au centre de la noix, est très hygiénique. L'amande fraîche est comestible; elle a le goût de la noisette; quand elle est sèche, on l'exporte sous le nom de *coprah*; on en extrait de l'huile qui sert à fabriquer des savons.

Les *animaux* indigènes sont rares et curieux. L'un des plus originaux est le kangourou; il avance par sauts en s'aidant de

Fig. 112. — Repiquage du riz.

ses pattes de derrière et de sa queue qui sont énormément développées. Le bœuf et le mouton ont été introduits par les

Européens. — La Nouvelle-Guinée a les magnifiques oiseaux de paradis.

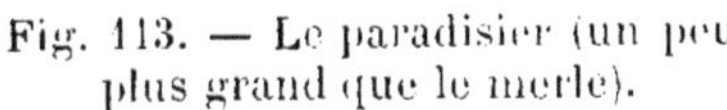

Fig. 113. — Le paradisier (un peu plus grand que le merle).

Fig. 114. — Kangourou géant : assis, cet animal peut atteindre 2 mètres de haut.

Devoirs. — 1. Les grands fleuves de l'Amérique. — 2. Le Canada. — 3. La pêche des morues à Terre-Neuve. — 4. Les grandes villes des États-Unis. — 5. Les productions des États-Unis. — 6. Le Mexique. — 7. Les Antilles. — 8. Les principales ressources de l'Amérique du Sud. — 9. Le Chili. — 10. La pampa et le gaucho. — 11. Le Brésil. — 12. L'Australie. — 13. Les possessions hollandaises en Océanie.

Exercices cartographiques. — 1. Carte générale de l'Amérique. — 2. Terre-Neuve et les bancs. — 3. Carte des États-Unis. — 4. Les républiques de l'Amérique centrale. — 5. Carte politique de l'Amérique du Sud. — 6. Le Chili.

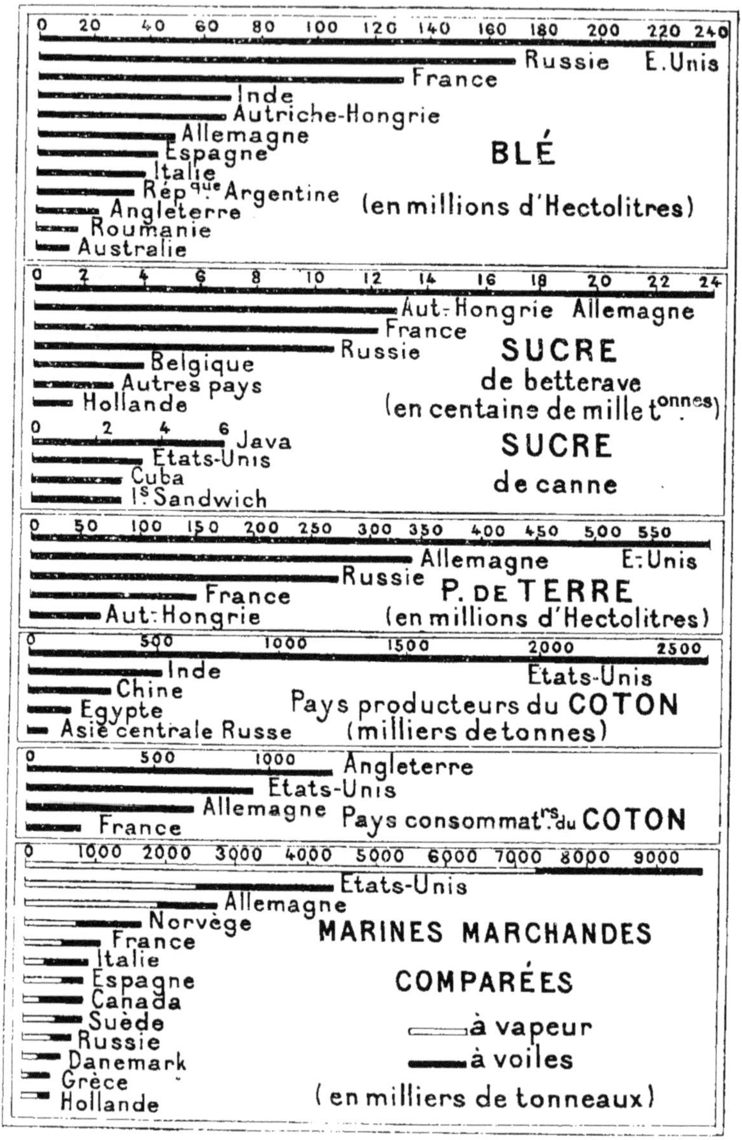

0 20 40 60 80 100 120 140 160 180 200 220 240

Russie   E.Unis
France
Inde
Autriche-Hongrie
Allemagne
Espagne
Italie
Rép.que Argentine
Angleterre
Roumanie
Australie

BLÉ

(en millions d'Hectolitres)

0 2 4 6 8 10 12 14 16 18 20 22 24

Aut.-Hongrie   Allemagne
France
Russie

SUCRE

de betterave

(en centaine de mille t.onnes)

0 2 4 6
Belgique
Autres pays
Hollande

Java

SUCRE

Etats-Unis
Cuba
Is Sandwich

de canne

0 50 100 150 200 250 300 350 400 450 500 550

Allemagne   E.Unis
Russie
France
Aut.-Hongrie

P. DE TERRE

(en millions d'Hectolitres)

0 500 1000 1500 2000 2500

Inde   Etats-Unis
Chine
Egypte
Asie centrale Russe

Pays producteurs du **COTON**

(milliers de tonnes)

0 500 1000

Angleterre
Etats-Unis
Allemagne
France

Pays consommat.rs du **COTON**

0 1000 2000 3000 4000 5000 6000 7000 8000 9000

Etats-Unis
Allemagne
Norvège
France
Italie
Espagne
Canada
Suède
Russie
Danemark
Grèce
Hollande

MARINES MARCHANDES

COMPARÉES

à vapeur

à voiles

(en milliers de tonneaux)

Fig. 115. — Principales

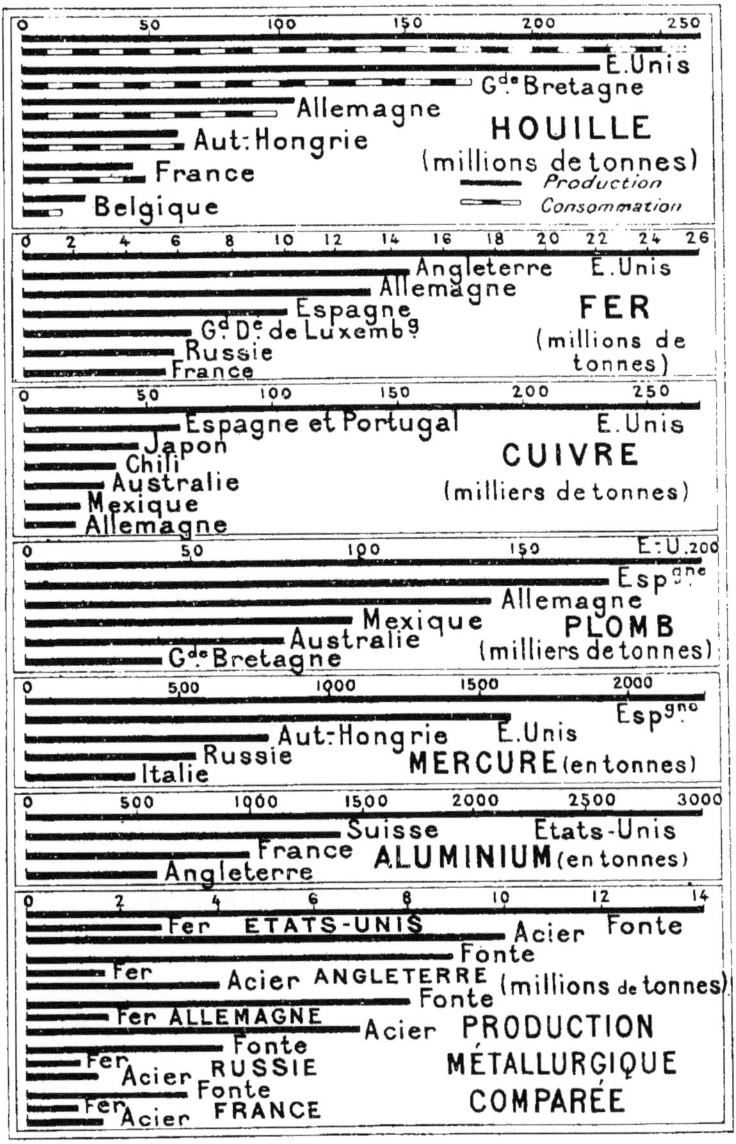

productions comparées.

TABLE DES MATIÈRES

HISTOIRE

Chapitre 1er. — **La Gaule.**

Chapitre II. — **Les Mérovingiens.**

Chapitre III. — **Les Carolingiens.**

Chapitre IV. — **Les Capétiens.**

GÉOGRAPHIE

10517-05. — Corbeil. Imprimerie Ed. Crété.

MASSON & Cie, Éditeurs
120, boulevard Saint-Germain, Paris (6e)

P. n° 362. (Décembre 1903.)

EXTRAIT DU CATALOGUE CLASSIQUE[1]

(Année Scolaire 1903-1904)

ENSEIGNEMENT SECONDAIRE

Cours de Grammaire

Par H. BRELET

Ancien-élève de l'École normale supérieure, Agrégé de Grammaire,
Professeur de Quatrième au lycée Janson-de-Sailly.

Nous avons achevé le *Nouveau Cours de Grammaire française* de
M. H. BRELET, dont les premiers volumes ont trouvé un accueil si
favorable auprès des maîtres et des élèves. Ainsi se trouve rempli le
programme de M. Brelet : il a publié également des cours parallèles de
Grammaire latine et de Grammaire grecque. Est-il nécessaire de
faire ressortir l'avantage de ces trois cours formant un tout dont les
différentes parties ont entre elles des liens de parenté grâce auxquels
les débutants dans l'étude d'une nouvelle langue, loin de se trouver
dépaysés, retrouvent la méthode avec laquelle ils sont déjà familiarisés?

Voir au verso le détail des Cours de Grammaire française,
de Grammaire latine et de Grammaire grecque, ainsi que les
modifications apportées à ces deux derniers cours pour les
mettre en conformité avec les nouveaux programmes de 1902.

---

(1) *En raison des remaniements considérables que viennent
de subir les programmes de l'Enseignement secondaire, nous
avons apporté d'importantes modifications à la plupart de
nos ouvrages classiques. Bien que nous donnions ici l'indi-
cation de ces changements, nous tenons à attirer l'attention
du public sur le caractère provisoire du présent catalogue en
même temps que sur l'importance des réformes déjà faites
pour répondre aux nécessités des nouveaux programmes.
Tous nos ouvrages classiques seront en tous cas transformés
conformément à ces programmes au fur et à mesure que
l'application en sera faite à chaque classe.*

ENSEIGNEMENT SECONDAIRE

Nouveau Cours
de
Grammaire Française
Par H. BRELET

I
CLASSES PRÉPARATOIRES

Premières leçons de Grammaire française, à l'usage des Classes Préparatoires, par H. Brelet et Matiiey, professeur de Huitième au lycée Janson-de-Sailly, *Nouvelle édition*, corrigée. 1 vol. in-16, cartonné toile souple. . . . . **2 fr.**

Ce volume comprend à la fois les leçons et les exercices qui y correspondent.

II
CLASSES ÉLÉMENTAIRES

Éléments de Grammaire française, à l'usage des classes de Huitième et de Septième, par H. Brelet. *Nouvelle édition*, revue et corrigée, 1 vol. in-16, cartonné toile souple. . . . . **2 fr.**

Exercices sur les Éléments de Grammaire française, à l'usage des classes de Huitième et de Septième, par V. Charpy, agrégé de Grammaire, professeur de Quatrième au lycée Janson-de-Sailly. *Nouvelle édition*. 1 vol. in-16, cartonné toile souple. . . . . . **2 fr.**

III
PREMIER CYCLE
Divisions **A** *et* **B.**

Abrégé de Grammaire française, à l'usage des classes de Sixième et de Cinquième, par H. Brelet. *Nouvelle édition*, revue et corrigée. 1 vol. in-16, cartonné toile souple. . . . . **2 fr. 50**

Exercices sur l'Abrégé de Grammaire française, à l'usage des classes de Sixième et de Cinquième, par H. Brelet et V. Charpy, 1 vol. in-16, cartonné toile souple. . . . . **2 fr. 50**

IV

Grammaire française, à l'usage de la classe de Quatrième et des Classes supérieures, par H. Brelet. 1 vol. in-16, cartonné toile. **5 fr.**

Exercices sur la Grammaire française, à l'usage de la classe de Quatrième et des Classes supérieures, par H. Brelet et V. Charpy. 1 vol. in-16 (*sous presse*).

ENSEIGNEMENT SECONDAIRE
NOUVEAU COURS
DE
Grammaire Latine
et de
Grammaire Grecque
Par H. BRELET

Volumes in-16, cartonnés toile anglaise.

Abrégé de Grammaire latine. (*Premier cycle* : Sixième, Cinquième, Quatrième et Troisième A. — *Deuxième cycle* : Secondes-Premières A. B. C.) . . . . **2 fr.**

Abrégé de Grammaire grecque. (*Premier cycle* : Quatrième et Troisième A. — *Deuxième cycle* : Deuxième et Première A). . **2 fr.**

Nous publions ces deux *Abrégés* pour répondre au mouvement d'opinion qui s'est prononcé contre certaines tendances des grammairiens modernes à donner à leurs livres un caractère trop savant. Pour ceux qui voudraient pousser plus loin leurs études, nous continuons à vendre nos Cours supérieurs de Grammaire latine et grecque.

EXERCICES CORRESPONDANTS

Exercices latins (*Versions et thèmes*), (classe de Sixième), par M. V. Charpy, agrégé de grammaire, professeur de Quatrième au lycée Janson-de-Sailly. Nouvelle édition, revue et augmentée. . . . . **2 fr.**

Exercices latins (*Versions et thèmes*), (classe de Cinquième), par MM. Brelet et V. Charpy. Nouvelle édition, revue . . . . **2 fr. 50**

Exercices latins (*Versions et thèmes*), (classe de Quatrième), par MM. H. Brelet et P. Faure, professeur de Rhétorique au lycée Janson-de-Sailly. Nouvelle édition, revue et corrigée. . . . . **2 fr. 50**

Exercices latins (*Versions et thèmes*), (classes supérieures), par MM. H. Brelet et P. Faure. . . . . **3 fr.**

Exercices grecs (*Versions et thèmes*), (classe de Cinquième), (*ancien programme*), par MM. H. Brelet et V. Charpy, Nouvelle édition . . . . . **1 fr. 50**

Exercices grecs (*Versions et thèmes*), sur les déclinaisons et les conjugaisons, (classe de Quatrième) (*nouveau programme*), par MM. H. Brelet et V. Charpy **2 fr.**

Exercices grecs (*Versions et thèmes*), sur la syntaxe (classes supérieures), par MM. H. Brelet et P. Faure. **3 fr.**

COURS SUPÉRIEUR

Grammaire latine (Classes supérieures). Nouvelle édition. **2 fr. 50**
Grammaire grecque (Classes supérieures). Nouvelle édition. **3 fr.** »

Tableau des exemples des grammaires grecque et latine (classe de Quatrième et classes supérieures). 1 vol. petit in-8°. cartonné.. . . . **80 c.**
Chrestomathie grecque, ou Recueil de textes gradués (classes de Quatrième et de Troisième). Nouvelle édition entièrement refondue . . **2 fr. 50**
Epitome historiæ græcæ (classe de Quatrième), avec deux cartes en couleurs et figures dans le texte . . . . **2 fr**

ENSEIGNEMENT SECONDAIRE

Langues vivantes (suite)

ENGLISH GRAMMAR
MANUEL CLASSIQUE DE GRAMMAIRE ANGLAISE
Rédigé conformément aux programmes du 31 mai 1902
par M. VESLOT
Agrégé de l'Université, professeur au lycée de Poitiers

1 vol. in-16, cartonné toile. 1 fr. 50

Grammaire Espagnole
Deuxième édition, revue et augmentée

Par I. GUADALUPE,
professeur au Collège Rollin
et aux Cours de la Ville.

1 volume in-16, cartonné toile anglaise. . . . . 3 fr.

Ouvrages de
MM. E. BAUER et DE SAINT-ÉTIENNE
Professeurs à l'École alsacienne

Premières Lectures Littéraires
Dixième édition revue et augmentée
1 vol. in-16, cartonné toile . . . . 1 fr. 50

Nouvelles Lectures Littéraires
Avec notes et notices, et Préface par M. PETIT DE JULLEVILLE
Cinquième édition
1 vol. in-16, cartonné toile . . . . 2 fr. 50

Récitations Enfantines
à l'usage des classes élémentaires des lycées et collèges
1 vol. in-16 avec figures, cartonné toile. . . . . 1 fr. 25

Cours élémentaire de droit usuel
Par T. VAQUETTE
Docteur en droit
1 vol. in-16, cartonné toile . . . . 2 fr. 50

Ouvrages de M. PETIT DE JULLEVILLE

Professeur à la Faculté des lettres de Paris.

HISTOIRE
DE LA
Littérature Française

Depuis les origines jusqu'à nos jours

Nouvelle édition, augmentée pour la période contemporaine. 1 vol. in-16. Broché. . 3 fr. 50, cart. toile. . 4 fr.

On peut se procurer séparément :

Des origines a Corneille. Seizième édition. 1 vol. in-16, cart. toile. . . . . 2 fr.

De Corneille à nos jours. Seizième édition revue et mise à jour, par M. Auguste Audollent, maître de conférences à l'Université de Clermont. 1 vol. in-16, cart. toile. . . . . 2 fr.

MORCEAUX CHOISIS
des Auteurs français
poètes et prosateurs
AVEC NOTES ET NOTICES

1 vol. in-16, cart. toile . . . . . 5 fr.

Nouvelle édition. — Ce recueil renferme environ 400 extraits des principaux écrivains depuis le onzième siècle jusqu'à nos jours, avec de courtes notices d'histoire littéraire. Cette nouvelle édition a été augmentée d'un choix d'extraits des écrivains contemporains depuis Leconte de Lisle et Flaubert jusqu'à A. Daudet et Pierre Loti.

On vend séparément :

I. Moyen age et xvi° siècle. — II. xvii° siècle. — III. xviii° et xix° siècles. Chaque volume, cart. toile verte, est vendu séparément . . . . 2 fr.

LEÇONS
de Littérature Grecque

Par M. Croiset, membre de l'Institut, professeur à la Faculté des lettres. 8° édition. 1 vol. in-16, cart. toile. . . . . 2 fr.

LEÇONS
de Littérature Latine

Par MM. Lallier, maître de conférences, et Lantoine, secrétaire de la Faculté des lettres de Paris. 7° édition. 1 vol. in-16, cartonné. . . . . . . 2 fr.

PREMIÈRES LEÇONS
D'HISTOIRE LITTÉRAIRE

Littérature grecque, littérature latine, littérature française, par MM. Croiset, Lallier et Petit de Julleville. 7° édition. 1 vol. in-16, cartonné toile . . . 2 fr.

ENSEIGNEMENT SECONDAIRE

COURS COMPLET
DE GÉOGRAPHIE

PUBLIÉ SOUS LA DIRECTION DE

M. MARCEL DUBOIS

Professeur de Géographie coloniale à la Faculté des lettres de Paris,
Maître de conférences à l'École normale de jeunes filles de Sèvres.

Avis important

Nous nous sommes préoccupés, dès la première heure, de mettre en harmonie avec les nouveaux programmes le Cours de géographie de M. Marcel Dubois. C'est ainsi que nous avons publié, au moment de la rentrée d'octobre 1902, le volume destiné à la classe de sixième : Géographie générale, Amérique, Australasie. Quelques mois après, nous avons publié la *Géographie générale*, livre entièrement nouveau, qui a trouvé dans tous les établissements d'instruction l'accueil le plus favorable. C'est maintenant le tour de la *Géographie de la France et de ses Colonies*, dont la nouvelle édition, strictement conforme au plan d'études du 31 mai 1902, ne ressemble en rien aux précédentes. Enfin, nous publierons, dans le courant de la présente année scolaire, deux autres volumes, *Asie, Afrique, Insulinde* et *Europe*, de sorte que, pour la rentrée prochaine, notre cours de géographie se trouvera complètement renouvelé et adapté aux exigences des programmes de 1902.

Voir ci-contre la division du Cours.

CLASSES ÉLÉMENTAIRES

Géographie élémentaire des cinq parties du monde, avec cartes et croquis, avec la collaboration de M. Thalamas, professeur au lycée Condorcet (*Huitième*). . . . . 2 fr.

Géographie élémentaire de la France et de ses colonies. — *Cours élémentaire*, avec cartes et croquis, avec la collaboration de M. Thalamas, professeur au lycée Condorcet (*Septième*) . . 2 fr.

PREMIER CYCLE
Divisions A et B.

Géographie générale. — **Amérique, Australasie,** avec cartes et croquis, avec la collaboration de M. Aug. Bernard, Docteur ès lettres, professeur de Faculté *(Nouveau programme, classe de Sixième)*. . . . . 2 fr. 50

Afrique — **Asie** — **Insulinde,** avec cartes et croquis, avec la collaboration de H. Schirmer, maître de conférences à l'Université de Paris et de M. Camille Guy. gouverneur du Sénégal. *(Nouveau programme, classe de Cinquième)*. . . . . *(Sous presse.)*

Géographie de la France et de ses Colonies. — *Cours moyen*, avec cartes et croquis *(Ancien programme, classe de Cinquième)*. 2ᵉ édition, revue et corrigée, avec la collaboration de F. Benoit, chargé de cours à l'Université de Lille. . . . . 3 fr.

Classe de Quatrième. *(Ancien programme)*. Les élèves de cette classe pourront, pendant la période transitoire, faire usage du volume de la classe de Sixième dont le nouveau programme correspond à leurs études.

DEUXIÈME CYCLE
Sections A. B. C. D.

Géographie générale. Avec cartes et croquis. *(Nouveau programme, classe de Seconde.)*. . . . . 4 fr.

Un atlas de cartes d'études, par MM. M. Dubois et Sieurin, correspond à ce volume (v. page 10).

Géographie de la France et de ses Colonies. — *Cours supérieur*, avec figures et cartes, 5ᵉ édition *(Nouveau programme, classe de Première)*.

DISPOSITIONS TRANSITOIRES

Bien que les nouveaux programmes aient été adoptés dès la rentrée de 1902 dans les classes de Sixième et de Seconde, nous continuons à mettre en vente à titre transitoire les volumes correspondant aux anciens programmes de ces classes.

Géographie générale du monde. — **Géographie du bassin de la Méditerranée,** avec cartes et croquis, avec la collaboration de M. A. Parmentier, professeur au collège Chaptal. *(Ancien programme, classe de Sixième)*. . . . . 2 fr.

Europe, avec la collaboration de MM. Durandin et Malet, professeurs agrégés d'histoire et de géographie. *(Ancien programme, classe de Seconde)*. 3ᵉ édition entièrement refondue. . . . . . 3 fr. 50

ENSEIGNEMENT COMMERCIAL

Précis de Géographie Économique

PAR MM.

MARCEL DUBOIS | **J.-G. KERGOMARD**
Professeur de Géographie coloniale à la Faculté des lettres de Paris. | Professeur agrégé d'Histoire et Géographie au lycée de Nantès.

Deuxième édition entièrement refondue et mise au courant

Avec la collaboration de

M. Louis LAFFITTE
Professeur à l'École de Commerce de Nantes

1 vol. in-8 de 833 pages, broché **8** fr. ; Cartonné toile **9 50**

On vend séparément : La France, l'Europe. 1 vol. **6** fr. ;
L'Asie, l'Océanie, l'Afrique et les Amériques. 1 vol. **4** fr.

Éléments de Commerce
et de Comptabilité

Par **Gabriel FAURE**
Professeur à l'École des Hautes Études commerciales et à l'École commerciale,

CINQUIÈME ÉDITION, revue et modifiée
1 volume petit in-8, cartonné toile anglaise. . . **4** fr.

ENSEIGNEMENT AGRICOLE

Géographie agricole de la France et du Monde

PAR

J. DU PLESSIS DE GRENÉDAN
Professeur à l'École supérieure d'Agriculture d'Angers

AVEC UNE LETTRE-PRÉFACE
de **M. le Marquis DE VOGÜÉ**
Membre de l'Académie française, Président de la Société des Agriculteurs de France

1 vol. in-8° avec 118 figures et cartes dans le texte . . . . . . **7** fr.

Cours Normal de Géographie

PAR

MARCEL DUBOIS

Professeur de Géographie coloniale à la Faculté des lettres de Paris,
Maître de Conférences à l'École normale supérieure de jeunes filles de Sèvres

1ʳᵉ année. — NOTIONS GÉNÉRALES DE GÉOGRAPHIE PHYSIQUE. — L'OCÉANIE, L'AFRIQUE, L'AMÉRIQUE, avec la collaboration de A. Bernard et A. Parmentier. 4ᵉ édition. **2 fr.**

2ᵉ année. — EUROPE, ASIE, avec la collaboration de F. Durandin (Europ.) et de A. Parmentier (Asie). 4ᵉ édit. **2 fr.**

3ᵉ année. — FRANCE ET COLONIES, avec la collaboration de F. Benoît. 3ᵉ édition. . . . . **2 fr.**

Chaque volume in-16, avec cartes et croquis, cartonné . . **2 fr.**

Cartes d'Étude

pour servir à l'Enseignement de la Géographie

Par MM.

MARCEL DUBOIS & E. SIEURIN

Professeur au collège de Melun.

1ʳᵉ année. — Océanie, Afrique, Amérique, précédées de 15 cartes consacrées à la Géographie générale, *septième édition*. 1 vol. in-4°, cartonné.. . . . . **2 fr. 25**

2ᵉ année. — Europe, Asie, *sixième édition, revue et corrigée*. 1 vol. in-4°, cartonné. . . . . **2 fr. 25**

3ᵉ année. — La France et ses colonies, *huitième édition revue*, 1 vol. in-4°, cartonné. . . . . **1 fr. 80**

Cartes d'Étude

pour servir à l'Enseignement de l'Histoire

Par MM.

F. Corréard & E. Sieurin

Fin du Moyen Age, Temps modernes et contemporains (1270-1901)

Deuxième édition, revue et augmentée de 9 cartes.

Un Atlas in-4°. . . . . **2 fr. 50**

BREVET ÉLÉMENTAIRE ET COURS SPÉCIAUX

Histoire de France des origines à nos jours

PAR

E. SIEURIN et C. CHABERT

Professeurs d'Histoire à l'École primaire supérieure de Melun

1 volume in-16. . . . . 2 fr. 50

Géographie de la France et de ses Colonies

PAR

E. SIEURIN

Professeur de Géographie au Collège de Melun

1 volume in-16 avec 119 cartes dans le texte . . . . . . 2 fr. 50

COURS PRÉPARATOIRE AU CERTIFICAT D'ÉTUDES PHYSIQUES CHIMIQUES ET NATURELLES (P. C. N.)

Cours élémentaire de Zoologie, par Rémy Perrier, chargé de cours à la Faculté des sciences de Paris. 2ᵉ *édition*, entièrement revue. 1 vol. in-8° avec 693 figures dans le texte, relié toile. . . . . 10 fr.

Traité des Manipulations de Physique, par B.-C. Damien, professeur et R. Paillot, chef des travaux pratiques à la Faculté de Lille. 1 vol. in-8° avec 246 figures. 7 fr.

Éléments de Botanique, par Ph. Van Tieghem, de l'Institut, professeur au Muséum. 3ᵉ *edition*, revue et augmentée. 2 vol. in-16 de 1170 p. avec 580 fig., cartonnés. 12 fr.

Éléments de Chimie organique et de Chimie biologique, par W. Œchsner de Coninck, professeur à la Faculté des sciences de Montpellier. 1 vol. in-16 . : 2 fr.

Éléments de Chimie des métaux, par W. Œchsner de Coninck. 1 vol. in-16. . . . . 2 fr.

COLLECTION LANTOINE

Livres de Lectures et d'Analyses

Classiques
Grecs et Latins

CHOIX ET EXTRAITS

Traduits et publiés par une réunion de professeurs, sous la direction de M. **H. LANTOINE**, secrétaire de la Faculté des lettres de Paris.

Cette collection a été créée en vue des élèves qui, sans étudier les langues mortes, doivent être cependant à même de lire et d'analyser les chefs-d'œuvre de l'antiquité.

Confiées à des professeurs distingués, qui ont apporté au choix de ces extraits le soin le plus minutieux, qui ont soigneusement revu, quand ils ne les ont pas faites eux-mêmes, les traductions des auteurs publiés, ces éditions, sont en outre accompagnées de notices historiques et littéraires qui en rendent la lecture facile et fructueuse.

Chaque volume est précédé d'une *Notice biographique et bibliographique*, de *commentaires*, et suivi d'un *Index* quand il a paru nécessaire à la lecture du texte.

Voici le détail des **Auteurs publiés**, avec le nom des collaborateurs qui ont bien voulu nous prêter leur concours :

Homère. *Odyssée* (Analyse et Extraits), par M. ALLÈGRE, professeur à la Faculté des lettres de Lyon.

Plutarque. *Vies des Grecs illustres* (Choix), par M. LEMERCIER, maître de conférences à la Faculté des lettres de Caen.

Hérodote (Extraits), par M. CORRÉARD, professeur au lycée Charlemagne.

Homère. *Iliade* (Analyse et Extraits), par M. ALLÈGRE.

Plutarque. *Vies des Romains illustres* (Choix), par M. LEMERCIER.

Virgile (Analyse et Extraits), par M. H. LANTOINE.

Xénophon (Analyse et Extraits), par M. VICTOR GLACHANT, professeur au lycée Buffon.

Eschyle, Sophocle, Euripide (Extraits), par M. PUECH, maître de conférences à la Faculté des lettres de Paris.

Plaute, Térence (Extraits choisis), par M. AUDOLLENT, maître de conférences à la Faculté des lettres de Clermont.

Eschyle, Sophocle, Euripide (Pièces choisies), par M. PUECH, maître de conférences à la Faculté des lettres de Paris.

Aristophane. Pièces choisies par M. FERTÉ, professeur au lycée Charlemagne.

Sénèque. Extraits par M. LEGRAND, professeur au lycée Buffon.

Cicéron. Traités. Discours. Lettres, par M. H. LANTOINE.

César, Salluste, Tite-Live, Tacite (Extraits), par M. H. LANTOINE, secrétaire de la Faculté des lettres de Paris.

Chaque volume est vendu cartonné toile anglaise. **2 fr.**

PHYSIQUE

Nouveau cours

DE

Physique élémentaire

Rédigé conformément aux programmes du 31 mai 1902

SOUS LA DIRECTION DE MM.

FERNET

Inspecteur général de l'Instruction publique.

FAIVRE-DUPAIGRE	CARIMEY
Inspecteur de l'Académie de Paris.	Professeur au lycée Saint-Louis.

3 volumes in-16.

I. *Classe de seconde*. 1 vol. in-16, avec 271 fig., cart. toile. 5 fr.

Ce cours, entièrement nouveau, comprend trois volumes correspondant aux programmes des classes de Seconde, Première, Philosophie et Mathématiques. Les deux derniers volumes paraîtront dans le courant de 1904.

Traité de Physique élémentaire, de Ch. Drion et E. Fernet. *Treizième édition, entièrement refondue*, par E. FERNET, inspecteur général de l'Instruction publique, ancien professeur de Physique au lycée Saint-Louis, avec la collaboration de J. FAIVRE-DUPAIGRE, professeur au lycée Saint-Louis. 1 vol. in-8 avec 665 figures dans le texte. . . . . 8 fr.
Cartonné toile. . . . . 9 fr.

Précis de Physique, par E. FERNET. 27e édition, en collaboration avec J. FAIVRE-DUPAIGRE. 1 vol. in-18, avec 325 fig. cart. 3 fr.

Cours élémentaire de Physique, par E. FERNET. 4e édition. 1 vol. in-16, avec 473 figures, cartonné toile anglaise. 5 fr.

Cours de Physique pour la classe de Mathématiques spéciales. *Quatrième édition* (*rédaction entièrement nouvelle*), par E. FERNET et J. FAIVRE-DUPAIGRE, 1 volume grand in-8, avec 758 figures . . . . 18 fr.

TRIGONOMÉTRIE

Ouvrages de MM.

Ch. VACQUANT
Ancien Inspecteur général
de l'Instruction publique.

A. MACÉ DE LÉPINAY
Professeur de mathématiques spéciales
au lycée Henri IV.

Cours de Trigonométrie. Nouvelle édition.

1re partie (Seconde et Première C et D et candidats aux écoles
du gouvernement). 1 vol. in-8°, broché . . . . 3 fr.

2e partie (Mathématiques). 1 vol. in-8°, broché . . 2 fr. 50

Éléments de Trigonométrie. 2e édit. 1 vol. in-16, cart. toile
anglaise . . . . 2 fr. 80

SCIENCES NATURELLES

Cours élémentaire d'Histoire Naturelle

(Zoologie, Botanique, Géologie et Paléontologie)

Rédigé conformément aux programmes du 31 mai 1902

PAR MM.

M. BOULE
Professeur au Muséum d'histoire
naturelle.

E.-L. BOUVIER
Professeur au Muséum d'histoire
naturelle, Membre de l'Institut.

H. LECOMTE
Professeur au lycée Saint-Louis.

7 volumes in-16, cartonnés toile anglaise et illustrés de très
nombreuses figures

PREMIER CYCLE

Notions de Zoologie (Classes de sixième A et B), par E.-L. Bouvier. 2 fr. 50
Notions de Botanique (Classe de cinquième A et B), par H. Lecomte . . 2 fr. 75
Notions de Géologie (Classes de cinquième B et quatrième A), par
M. Boule . . . . 1 fr. 75
Notions de Biologie, d'Anatomie et de Physiologie appliquées à
l'homme (Classe de troisième B), par E.-L. Bouvier. . . . . 2 fr. 50

SECOND CYCLE

(CES VOLUMES PARAITRONT POUR LA RENTRÉE D'OCTOBRE 1904)

Géologie (Classe de seconde A, B, C, D), par M. Boule.
Anatomie et Physiologie animales et végétales (Classes de philosophie
A et B et de mathématiques A et B), par E.-L. Bouvier et H. Lecomte.
Notions sommaires de Paléontologie (Classe de philosophie A et B et de
mathématiques A et B), par M. Boule.

CHIMIE

Précis de Chimie, par M. TROOST, membre de l'Institut, professeur honoraire à la Faculté des sciences de Paris.
35ᵉ *édition, entièrement refondue conformément aux nouveaux programmes*. 1 vol. in-18, avec 306 figures, cartonné . . . . . **3 fr. 50**

Cette 35ᵉ édition du *Précis de Chimie* est un ouvrage absolument nouveau. Pour répondre à la division des études en deux cycles, deux sortes de caractères ont été adoptés dans ce volume. Les parties imprimées en gros caractères correspondent au premier cycle, et les élèves qui aborderont le second cycle trouveront, imprimées en petits caractères, les parties de la chimie spécialement enseignées dans ce second cycle.

Traité élémentaire de Chimie, par M. TROOST.
Treizième édition entièrement refondüe et corrigée. 1 vol. in-8, avec 551 figures. . . . . **8 fr.**
Cartonné toile . . . . **9 fr.**

MÉMENTOS
à l'usage des Candidats aux Baccalauréats de l'Enseignement classique et moderne et aux Écoles du Gouvernement.

Mémento de chimie, par M. A. DYBOWSKI, professeur au lycée Louis-le-Grand. 7ᵉ *édition*. 1 vol. in-12 . . . . **2 fr.**

Guide pour les manipulations chimiques, par M. KNOLL, préparateur au lycée Louis-le-Grand. 2ᵉ *édition*. 1 vol. in-12, avec figures dans le texte. . . . . **1 fr.**

Questions de Physique. Énoncés et Solutions, par R. CAZO, docteur ès sciences. 3ᵉ *édition*. 1 vol. in-12. **2 fr.**

Mémento d'Histoire naturelle, par M. MARAGE, docteur ès sciences. 1 vol. in-12, avec 102 fig. . . . . . . **2 fr.**

Conseils pour la Composition française, la version, le thème et les épreuves orales, par A. KELLER. 1 vol. in-12. . . . . **1 fr.**

Résumé du Cours de Philosophie sous forme de plans, par A. KELLER. 1 vol. in-12 . . . . **2 fr.**

Histoire de la Philosophie, par A. KELLER. 1 vol. **1 fr.**

BURAT, professeur au lycée Louis-le-Grand.

Précis de Mécanique. 8ᵉ édition. 1 volume in-18, avec 259 figures, cartonné toile . . . . 3 fr.

DUCATEL, professeur agrégé de Mathématiques.

Leçons d'Arithmétique à l'usage des classes élémentaires des lycées et collèges de garçons et de jeunes filles et de l'Enseignement primaire. 3ᵉ édition, revue et corrigée. 1 volume in-18, avec questionnaires, exercices et réponses aux exercices, cartonné toile. . . 2 fr. 50

LAPPARENT (A. de), membre de l'Institut.

Traité de géologie. 4ᵉ édition entièrement refondue et considérablement augmentée. 3 vol. gr. in-8° avec nombreuses figures, cartes et croquis dans le texte. 35 fr.

Abrégé de Géologie. 5ᵉ édition entièrement refondue. 1 vol. in-18, de 424 pages, avec 157 grav. et 1 carte géologique de la France chromolithographiée, cart. toile. 4 fr.

Précis de Minéralogie. 3ᵉ édition, revue et augmentée. 1 vol. in-18, avec 335 figures dans le texte et 1 planche chromolithographiée, cartonné toile. . . . . 5 fr.

Leçons de Géographie physique. 2ᵉ édition, entièrement refondue. 1 vol. grand in-8, avec 163 figures dans le texte et 1 planche en couleurs. . . . . 12 fr.

Notions générales sur l'écorce terrestre. 1 volume petit in-8 avec 35 figures dans le texte. . . . . 1 fr. 20

MAUDUIT, ancien professeur au lycée Saint-Louis.

Précis d'Algèbre. 10ᵉ édition. 1 vol. in-18, cart. 1 fr. 60

Précis d'Arithmétique. 8ᵉ éd. 1 vol. in-18, cart. 1 fr. 40

NEVEU (Henri), agrégé de l'Université.

Cours d'Algèbre, à l'usage des classes de Mathématiques. 2ᵉ édit. 1 vol. in-8 . . . . 8 fr.

PROUST, professeur à la Faculté de médecine de Paris.

Douze conférences d'Hygiène, Nouvelle édition. 1 vol. in-18, cartonné toile. . . . . 2 fr. 50

ROUBAUDI, professeur de mathématiques au lycée Buffon.

Cours de Géométrie descriptive à l'usage des élèves de l'Enseignement secondaire. *Deuxième édition entièrement refondue et mise au courant des programmes de* 1902.

Fascicule I. *Classe de Première C et D.* 1 vol. in-8, avec 136 figures. 2 fr.

Fascicule II. *Classe de Mathématiques,* 1 vol. in-8 avec figures . . . . *(Sous presse.)*